Konzepte der Humanwissenschaften

Texte zur Familiendynamik
Herausgegeben von Helm Stierlin

Kurt Ludewig

Systemische Therapie

Grundlagen klinischer Theorie und Praxis

Klett-Cotta

Klett-Cotta

Printed in Germany
Umschlag: Philippa Walz
Gesetzt aus der 10/12 Punkt Sabon von
Fotosatz Janß, Pfungstadt
Auf säure- und holzfreiem Werkdruckpapier
gedruckt und gebunden von
Ludwig Auer, Donauwörth
Vierte, um ein Vorwort erweiterte Auflage, 1997

Die Deutsche Bibliothek – CIP-Einheitsaufnahme
Ludewig, Kurt:
Systemische Therapie : Grundlagen klinischer Theorie und
Praxis / Kurt Ludewig. – 4. Aufl. – Stuttgart : Klett-Cotta, 1997
(Konzepte der Humanwissenschaften)
ISBN 3-608-91648-2

Der Autor:
Kurt Ludewig ist Dr. phil. und Dipl.-Psychologe. 1942 in Chile geboren, lebt er seit 1965 in Deutschland. Er war von 1974–1992 Dozent an der Abteilung für Kinder- und Jugendpsychiatrie des Universitäts-Krankenhauses Hamburg-Eppendorf. Derzeit ist er Leitender Psychologe an der Klinik für Kinder- und Jugendpsychiatrie der Universität Münster und Direktor des Instituts für Systemische Studien e. V. Hamburg. Er ist Verfasser von zahlreichen Aufsätzen zur wissenschaftlichen und praktischen Bedeutung der systemischen Therapie. Sein Buch »Systemische Therapie« wurde mittlerweile ins Polnische, Tschechische und Spanische übersetzt.

INHALT

Vorwort zur vierten Auflage

Das vorliegende Buch wurde zu Beginn der neunziger Jahre verfaßt und 1992 veröffentlicht. Als eines der ersten seiner Art faßte es den »state of the art« der systemischen Therapie zusammen. Die damals vorhandenen Texte hatten sich zumeist darauf beschränkt, spezifische Aspekte zu thematisieren. Schon zu jener Zeit aber lag im systemischen Feld ein ansehnliches Korpus von Konzepten und Modellen vor, die es nahelegten, eine umfassende klinische Theorie der systemischen Therapie zu entwerfen. Zudem war das Interesse an psychotherapeutischer Aus- und Weiterbildung in systemischer Therapie und Beratung bemerkenswert angestiegen. Der Wunsch nach einem umfassenden Grundlagenwerk war also nicht nur wissenschaftlich motiviert, sondern ergab sich auch aus der beruflichen Praxis und Ausbildung: gefragt war ein Lehrbuch für Ausbildungszwecke. Alle diese Aspekte waren maßgeblich für die Entstehung dieses Buches. Als Grundlagenwerk zur systemischen Therapie sollte es metatheoretische, klinisch-theoretische und praktische Aspekte dieses Therapieansatzes zu einem Ganzen verarbeiten[1].

Seit der Veröffentlichung des Buches sind fünf Jahre vergangen. Nun liegt die vierte Auflage vor. Daher erscheint es mir sinnvoll, einen kurzen Überblick über die Entwicklungen der systemischen Therapie, die in diesen fünf Jahren zu verzeichnen waren, voranzustellen. Allgemein läßt sich feststellen, daß der Stand, den der Diskurs der systemischen Therapie zu Beginn der neunziger Jahre erreicht hatte, seitdem nicht wesentlich überschritten worden ist. Die neueren Beiträge zum metatheoretischen Überbau sind mit den Grundprämissen *systemischen Denkens,* wie sie in diesem Buch erörtert werden, nicht nur vereinbar, sondern konsolidieren und ergänzen sie. Nennenswert erscheint mir hier das Anliegen, den systemischen Denkrahmen durch spezielle sozialwissenschaftliche Konzepte zu erweitern. Dazu gehört die Auseinandersetzung mit Macht, Gewaltausübung, Ausnutzung bzw. Mißbrauch von Schwächeren sowie die Berücksichtigung der spezifischen Einflüsse des Geschlechts *(gender)* auf das menschliche Miteinander und auch auf die Therapie. Ferner haben der narrative Ansatz nach Michael White u. a. und die Position des Sozialen Konstruktionismus nach Kenneth Gergen u. a. an Gewicht gewonnen. Zugleich ist eine immer intensivere Auseinandersetzung mit den Besonderheiten der therapeutischen Beziehung zu beobachten, vor allem mit den dieser Beziehung zugrundeliegenden emotionalen Prozessen *(Affektive Kommunikation)*, nicht zuletzt infolge neuerer Erkenntnisse der Emotionspsychologie und der Säuglingsforschung. Diese speziellen Themen konnten in diesem Buch nur beiläufige Berücksichtigung finden.

Im Feld der Methodologie trat in den letzten Jahren ein Perspektivenwechsel mit bislang unabsehbaren Folgen zutage. Es handelt sich um die Einbeziehung und Anpassung zentraler Postulate der Chaostheorie, der Theorie komplexer, nicht-linearer Systeme und der Synergetik in das Verständnis von Systemen. Diese Konzepte erscheinen insofern aussichtsreich, als sie mathematische Modelle liefern, die es erlauben, das Verhalten von Systemen mit hoher Komplexität komplexitätsgerecht zu simulieren und empirisch zu analysieren. Im deutschsprachigen Raum war es besonders Günter Schiepek[2], der die adäquate Integration dieser Elemente aus den formalen und den Naturwissenschaften für die Untersuchung klinischer Phänomene vorangetrieben hat. Die Fortschritte in diesem Bereich lassen hoffen, daß wir in den nächsten Jahren über eine empirische Methodologie verfügen werden, welche die Untersuchung komplexer Systeme ohne den Blick verstellende Reduktionismen ermöglichen wird, also eine genuine *systemische* Methodologie.

In der Psychotherapieforschung sind bedeutsame innovative Schritte in Richtung auf die empirische Evaluation der systemischen Praxis zu verzeichnen. Hier sind zum Beispiel die methodologisch gut abgesicherten Meta-Analysen der Arbeitsgruppe um William Shadish[3] in den USA zu erwähnen. Diese Autoren schließen aus ihren Arbeiten, daß die systemische Therapie z. B. mit Paaren und Familien ihre Effizienz eindeutig nachgewiesen hat. Ein ähnliches Ziel verfolgen zur Zeit in Deutschland die drei Verbände, die die systemischen Therapeuten und Therapeutinnen hierzulande vertreten[4]. Mit der Durchführung dieses Projekts wurde Günter Schiepek beauftragt. Die bisherigen Ergebnisse entsprechen denen aus den USA. Die Rückbesinnung auf die empirische Forschung bedeutet im Endeffekt, daß die Hindernisse, die sich die systemische Therapie zu Beginn der achtziger Jahre aus ideologischen Gründen selbst auferlegt hatte, auf dem Wege sind, überwunden zu werden. Zu jener Zeit, als das konstruktivistische Denken zur Grundlage systemischen Denkens gemacht wurde, schien es zunächst angezeigt, sich radikal von allen Auffassungen von linearer Kausalität und den entsprechenden Methodologien zu lösen und so jedem empirischen und statistischen Forschungsvorhaben zu mißtrauen. Jene Radikalität der Anfangszeit wird gegenwärtig von einer gemäßigteren und souveräneren Einstellung abgelöst, die den internen Diskurs erleichtert und die Basis schafft für eine positivere und respektvollere Einschätzung der systemischen Therapie in der Gemeinschaft der Psychotherapeuten. Darüber hinaus läßt diese veränderte Einstellung günstigere Ergebnisse hinsichtlich der kassenärztlichen Anerkennung des systemischen Ansatzes erwarten.

Im Hinblick auf die Praxis haben die Weiterentwicklungen der systemischen Therapie in den letzten Jahren im wesentlichen dazu beigetragen, die in den achtziger Jahren eingeführten Ansätze zu verbessern und zu konsolidieren. Ein wichtiger Aspekt betrifft die Einbeziehung von behandlungstechnischen Elementen aus anderen Psychotherapieverfahren. In Deutschland war es vor allem Klaus Grawe[5] von der Universität Bern, der diese Auseinandersetzung angeregt hat. Unter Rückgriff auf seine ausführlichen Meta-Analysen der empirischen Psychotherapieforschung schlägt er die Etablierung einer *Allgemeinen Psychotherapie* vor, die all jene Elemente aus den unterschiedlichen Verfahren zu einem Ganzen bündelt, die wissenschaftlicher Forschung zugänglich sind und sich praktisch bewährt haben. Auf diese Weise könnte es gelingen, die Psychotherapie, die in der Vergangenheit oft genug den Charakter einer »Konfession« hatte, zu einer »Profession« umzugestalten. Grawes Werk hat einen außerordentlichen Einfluß auf die Psychotherapie gehabt und so dazu geführt, daß viele Vertreter der verschiedenen Psychotherapieschulen bereit waren, umzudenken und sich in einem bisher unbekannten Ausmaß füreinander zu öffnen. In der systemischen Therapie wird diese Öffnung zur Folge haben, daß Techniken und Methoden, die in anderen Schulen entwickelt worden sind, integriert werden, so z. B. die Berücksichtigung der Emotionen und des Übertragungskonzepts aus den individuumzentrierten Therapien, die Einbeziehung von konfrontativen und desensitisierenden Ansätzen aus den Verhaltenstherapien und der Einsatz von inszenierenden Aktualisierungen traumatischer Erlebnisse aus dem Psychodrama und den Gestalttherapien.

Alles in allem läßt sich aufgrund der Beiträge aus den letzten fünf Jahren feststellen, daß die systemische Therapie, getreu ihrem Selbstverständnis, »im Fluß« bleibt und dabei immer bessere Konzepte und Handlungsweisen hervorbringt. Zugleich wird deutlich, daß der zu Beginn der neunziger Jahre erreichte Entwicklungsstand in Theorie und Praxis seitdem nicht wesentlich überschritten worden ist. In diesem Sinne darf ich wohl sagen, daß das vorliegende Buch nach wie vor den »state of the art« der systemischen Therapie wiedergibt, also seinen Charakter als Grundlagentext nicht eingebüßt hat.

Münster, im Sommer 1997 *Kurt Ludewig*

1 1996 erschien das »Lehrbuch der systemischen Therapie und Beratung« von Arist von Schlippe und Jochen Schweitzer, Göttingen: Vandenhoeck u. Ruprecht. Dieses vornehmlich auf die Praxis ausgerichtete Lehrbuch eignet sich besonders als Ergänzung zum vorliegenden Grundlagentext.
2 vgl. z. B. G. Schiepek, G. Strunk: Dynamische Systeme. Grundlagen und Analysemethoden für Psychologen und Psychiater. Heidelberg: Asanger 1994.
3 vgl. z. B. W. R. Shadish, K. Ragsdale, R. R. Glaser, L. M. Montgomery: The efficacy and effectiveness of marital and family therapy: A perspective from Meta-Analysis. J. Marital & Family Therapy 21: 345–360, 1995 (deutsch: Effektivität und Effizienz von Paar- und Familientherapie: Eine metaanalytische Perspektive. Familiendynamik 22: 5–33, 1997).
4 Deutsche Arbeitsgemeinschaft für Familientherapie DAF, Dachverband für Familientherapie und systemisches Arbeiten DFS und Systemische Gesellschaft – Deutscher Verband für systemische Forschung, Therapie, Supervision und Beratung.
5 vgl. z. B. K. Grawe, R. Donati, F. Bernauer: Psychotherapie im Wandel. Von der Konfession zur Profession. Göttingen: Hogrefe 1994.

Geleitworte

Die systemische Therapie, um die es in diesem Buch geht, hat sich in den letzten Jahrzehnten stürmisch entwickelt. Dies trug wesentlich dazu bei, daß die sogenannte Psychoszene sich sowohl für Mitglieder der helfenden Berufe als auch für Klienten immer komplexer und unübersichtlicher darstellt. Um so notwendiger scheint der Text, der dieser Komplexität gerecht wird, ohne sich davon überwältigen zu lassen, der das Wesentliche erfaßt und auf den Begriff bringt, dabei den historischen und kulturellen Hintergrund in Rechnung stellt und bei aller notwendigen Reflexion der theoretischen Grundlagen doch immer praxisbezogen bleibt. Einen solchen Text legt Kurt Ludewig mit diesem Buch vor. Es steckt darin die Denkarbeit vieler Jahre, nicht zuletzt die Arbeit, die aufgebracht werden mußte, um das eigene therapeutische Vorgehen immer wieder kritisch zu hinterfragen und gelegentlich zu ändern. Diese Arbeit hat sich meiner Meinung nach voll ausgezahlt: Es gelang dem Autor ein Werk, das einen weiten Bogen spannt und doch, was Prägnanz und innere Geschlossenheit anbelangt, seinesgleichen suchen dürfte.

Ludewig läßt erkennen, daß heute insbesondere zwei Autoren systemisches Denken befruchtet haben: der Chilene Humberto Maturana und der Deutsche Niklas Luhmann. Der eine konzipierte seine Systemsicht aus einer biologischen, der andere aus einer soziologischen Perspektive. Beide regen uns an, Grundannahmen über Bedingungen und Möglichkeiten von sozialem Verhalten und damit auch von Psychotherapie neu zu überdenken. Beide tun dies auf einem oft hohen Abstraktionsniveau und in einer nicht selten schwer verständlichen Sprache. Beide zeigen sich, obzwar sie selbst keine Kliniker sind, relevant für die systemische therapeutische Praxis. Aber beide scheinen sich auch, gerade was solche Relevanz anbelangt, aufgrund ihrer Leitannahmen und Leitunterscheidungen in wichtigen Punkten zu widersprechen.

Nicht zuletzt an der Weise, wie Ludewig sich mit dieser Widersprüchlichkeit auseinandersetzt, erweist er seine Fähigkeit, das Wesentliche zu erfassen und zugleich von unterschiedlichen Perspektiven her zu beleuchten, erweist er aber auch seine Fähigkeit und Bereitschaft zum eigenständigen Denken. So steuert er zu dem angedeuteten Diskurs einen eigenen originellen Beitrag bei. Dieser Beitrag bezeugt sich vor allem in dem von ihm vorgeschlagenen Konzept des Mitgliedes. Damit schlägt er gleichsam eine Brücke zwischen Maturana und Luhmann und läßt gleichzeitig die Wichtigkeit beider für die systemische klinische Arbeit transparent werden.

Die Implikationen, die sich aus Ludewigs Überlegungen für das Verständnis nicht nur von systemischer Therapie, sondern von Psychotherapie überhaupt ergeben, sind weitreichend. Man könnte sagen: Diese Therapie läßt sich von einem radikal entpathologisierten System- und Klienten- bzw. Kundenkonzept leiten. Das jeweilige Vorgehen bestimmt sich vom Anliegen des oder der Kunden her. Es bezeugt sich darin Respekt für deren Sinnkonstruktionen, Lebensentwürfe und auch bisherige Problemlösungsversuche, Respekt vor allem aber für deren Autonomie. Und das bedeutet auch: Letztlich werden ihre Wahrnehmungs-, Erkenntnis- und Motivationsstrukturen den Ausschlag dafür geben, ob und wie sie sich von einem Therapeuten oder einer Therapeutin anregen bzw. verstören lassen werden. Was dies im einzelnen für die Praxis bedeutet, illustriert Ludewig dann in den letzten Kapiteln.

Dieses Buch wird sich, daran hege ich keinen Zweifel, seinen Platz unter den vergleichsweise wenigen grundlegenden und wegweisenden Texten zur systemischen Theorie und Therapie sichern.

Heidelberg, im Mai 1992 *Helm Stierlin*

Ich fühlte mich geehrt und war entzückt, als Kurt Ludewig mich einlud, ein paar Worte seinem Buch voranzuschicken. Es fügt sich nicht oft, daß Gedanken, ihre Entstehung, ihre Entwicklungsgeschichte und ihre Übersetzung in verantwortungsvolle und oft lebensentscheidende Handlungen, wie sie in dem vorliegenden Werk über systemische Therapie aufleuchten, fast auf jeder Seite zu Gesprächen mit dem Autor oder mit sich selbst anzuregen imstande sind. Vor über einem halben Jahrhundert habe ich als junger Mensch die großen Umwälzungen im physikalischen Weltbild mit Faszination miterlebt und mitgemacht: die erstaunlichen Resultate der Relativitätstheorien wie die Äquivalenz von Masse und Energie oder die Krümmung unseres Raums und die Folgen dieser Einsichten für die Struktur und Geschichte unseres Weltalls; oder die zunächst unbegreiflichen Ergebnisse von dem sprunghaften Verhalten der Welt im kleinsten, etc., etc.

Mit ähnlicher Faszination bestaune ich heute die große geistige Umwälzung, die nicht so sehr unser Wissen von der physikalischen Welt als unser Wissen von unserem Wissen (oder Unwissen) von jedweder Art von Welt betrifft. Ja, es ist schon der Schritt, bei dem der Besucher sich herumdreht und sich selbst zu sehen und zu verstehen sucht, der Ungeahntes aus den tiefsten Tiefen unseres Menschseins zur Oberfläche bringt.

Was für erstaunliche erkenntnistheoretische Wendungen ergeben sich doch, wenn man zum Beispiel nicht nur das Problem des Lernens irgendeines Fachgebiets in Betracht zieht, sondern das Lernen selbst zum Fachgebiet wird und man jetzt dem Problem des Lernens von Lernen gegenübersteht; oder wenn man über Bewußtsein von Bewußtsein, also Selbstbewußtsein reflektiert oder gar die Doppelzüngigkeit der Sprache zu durchschauen versucht, die das eine Mal so tut, als spräche sie über Gegenstände, das andere Mal so, als spräche sie über sich selbst.

Es ist das explizite oder implizite Studium der Begriffe, die auf sich selbst anwendbar sind, manchmal sogar sich selbst benötigen, um zu entstehen, das Studium der Begriffe »zweiter Ordnung«, die das Tor zu einer Epistemologie geöffnet haben, die einerseits aus der Praxis jener professionellen Helfer hervorgeht, die geistig Geplagten, Hilfesuchenden zu Hilfe kommen, und andererseits wieder als Leitfaden und Wegweiser in diese Praxis zurückfließt.

Das vorliegende Buch ist ein Musterbeispiel für diesen Kreisprozeß, bei dem während jeder Umschreitung philosophische Grundlagen weiter vertieft werden.

Von welcher Art sind diese Grundfragen, diese treibenden Kräfte der heutigen Umwälzung unseres Denkstils?

Obwohl es zunächst so aussieht, als wären diese Fragen verschiedenen Ursprungs, sehe ich doch ein ihnen Gemeinsames, nämlich die Bemühung, sich von der tausendjährigen Doktrin des unbeteiligten, unberührten, unbeeinflußbaren, isolierten, vereinsamten, objektiven Beobachters loszusagen und sich zu fragen: Was sind denn die Eigenschaften dieses Beobachters; wie kommt es, daß der eine dieses, der andere jenes erzählt? Ja, wie kommt es überhaupt zum Erzählen? Das Gemeinsame dieser neuen Fragestellungen sehe ich in der Verabschiedung ontologischer Perspektiven.

Ontologie ist bekanntlich die Wissenschaft, die Theorie, das Studium vom »Sein« oder, anders ausgedrückt, die Erforschung des »Wie-es-ist«. Es gibt aber eine große Klasse von Phänomenen, die ontologisch unerklärbar, die der Ontologie unzugänglich sind. Ludewigs zahlreiche Beispiele möchte ich hier komplementieren!

Ontologisch gesehen ist unser Nabel sinnlos: ein rätselhafter Schnörkel auf dem sonst so glatt geformten Bauch. Ontogenetisch jedoch ist der Nabel eine Notwendigkeit: Er ist die Spur unseres Entstehens.

Ontologisch gesehen ist unsere Sprache sinnlos: ein monologisches Geklapper und Gezische. Große Fachgelehrte haben Regeln und Gesetze in diesem Geklapper und Gezische festgestellt, aber was es mit diesem seltsamen

Verhalten für eine Bewandtnis hat, worum es geht, das gehört offenbar nicht zum orthodoxen Thema.

Aber schon Martin Buber sagt in *Das Problem des Menschen*:

»Und der Monolog mag sich wohl eine Weile kunstreich als Dialog verkleiden, wohl mag eine unbekannte Schicht des menschlichen Selbst nach der anderen auf die Innenanrede antworten, so daß der Mensch immer neue Entdeckungen macht und dabei vermeinen kann, wirklich ein ›Rufen‹ und ein ›Hören‹ zu erfahren: aber die Stunde der nackten letzten Einsamkeit kommt, wo die Stummheit des Seins unüberwindlich wird und die ontologischen Kategorien sich auf die Wirklichkeit nicht mehr anwenden lassen wollen.«

Fragen wir doch wiederum: »Was ist Sprache?«, dann müßte man ja schon die Antwort wissen, denn sonst hätte man nicht fragen können. Das heißt, man kann doch nur eine Antwort erwarten, wenn man auf das *Entstehen* der Frage eingeht, sie setzt das Dialogische voraus.

Deshalb besteht Kurt Ludewig in seinen Betrachtungen des Menschseins – oder hätte ich besser sagen sollen: in seinen Betrachtungen des »Ein-Mensch-zu-werden« – darauf, nicht das einsame »Ich« im einsamen »Du« zu spiegeln, sondern im dynamischen »Ich-Du«, dem »Wir«, die Wurzel der Menschlichkeit zu suchen.

Anders als Descartes, der in seinem »Cogito ergo sum« ja nur sich selbst bestätigt, weist Ludewig den Weg der Heilung durch eine Haltung des Zusammenseins, der Zugehörigkeit, der Einbezogenheit, der Dialogik, der Systemik etc., durch eine Haltung die, kurz gefaßt, vielleicht heißen könnte:

»Cogitamus ergo sumus.«

Kalifornien, im Juni 1992 *Heinz von Foerster*

Vorwort zur ersten Auflage

Im folgenden beschreibe ich die theoretischen Grundlagen und den aktuellen Stand eines seit 1978 laufenden Projekts, mit dem die therapeutischen Möglichkeiten des »systemischen Denkens« im psychosozialen Bereich ausgelotet werden sollen. An der 1974 gegründeten Station für Jugendliche der Abteilung für Kinder- und Jugendpsychiatrie des Universitäts-Krankenhauses Hamburg-Eppendorf hatten wir bis dahin mehrere Therapieansätze erprobt, gute Resultate aber meist nur bei »leicht gestörten« Jugendlichen (und deren Familien) erzielt.

Angesichts dieser mißlichen Lage begannen wir, uns nach anderen Therapieformen umzusehen. Dabei stießen wir auf das Buch *Paradoxon und Gegenparadoxon* des Mailänder Teams um Mara Selvini Palazzoli. Es bot nicht nur einen neuartigen, vielversprechenden Ansatz für die Therapie »psychotischer« Jugendlicher, sondern verhieß auch rasche Erfolge bei anderen »schwer gestörten« Patienten. Zudem überzeugte das Buch durch die Klarheit und Eleganz seiner »systemischen« Prämissen und seiner Methodik. Bald begannen wir, die Familien psychotischer Jugendlicher nach Mailänder Modell *im Team* zu behandeln. Die Erfolge waren so beeindruckend, daß wir diesen Therapieansatz als Basis einer speziellen Arbeitsgruppe und eines Forschungsprojekts wählten, über deren Ergebnisse ich hier berichte.

Nachdem wir anfangs nur geplant hatten, das »Mailänder Modell« in der Praxis zu erproben, begannen wir 1982 – durch unsere guten Resultate ermutigt –, einen eigenständigen Beitrag zur Fundierung der »systemischen Therapie« zu formulieren. Aus dieser gemeinsamen Arbeit ging dieses Buch hervor: Es stellt *unser* Verständnis der theoretischen und praktischen Grundlagen des systemischen Ansatzes umfassend dar.

Unter »systemischer Therapie« verstehe ich, die Praxis an Systemtheorie und konstruktivistischer Erkenntnistheorie zu orientieren. Wesentlich ist, daß dieser geistige Hintergrund es erlaubt, Therapie als Hilfe für *autonome* Menschen zu begreifen, um mit minimaler Einmischung optimale Veränderung zu ermöglichen.

Da der »systemische Ansatz« relativ neu ist, beleuchte ich hier seinen theoretischen Hintergrund, um die vorgetragenen Argumente transparent zu machen, erörtere aber auch praktische Konsequenzen, damit der Therapeut sein Handeln angemessen prüfen und ausrichten kann. Zudem stelle ich erste Erfahrungen mit der empirischen Evaluation dieses Ansatzes dar. Mein Buch ist also weder eine rein theoretische Abhandlung noch ein bloßer »Leitfaden« für Praktiker, sondern eher eine monographische Synthese beider Aspekte. Um das zu unterstreichen und um die Orientierung zu erleichtern, habe ich jedem Kapitel ein kurzes »Resümee« angefügt.

Dank

Idee und Konzeption dieses Buches entstanden in jahrelanger Arbeit und Diskussion mit Freunden und Kollegen: Rosemarie Schwarz und Rudolf Dürr gehörten zu den Gründungsmitgliedern der im Vorwort erwähnten Arbeitsgruppe, der sich später Ludger Diekamp, Ulrich Hausa und Hans Kowerk anschlossen. Nachdem 1984 das Hamburger »Institut für Systemische Studien« entstanden war, kamen die Mitarbeiter dieser Einrichtung hinzu. Ihnen allen verdanke ich weit mehr, als ich hier ausdrücken kann. Darüber hinaus danke ich:

- den Studenten, die mich bei der Durchführung der empirischen Projekte unterstützten;
- meinen geistigen Vätern, Humberto Maturana und Heinz von Foerster, die mich freundschaftlich bei der Arbeit ermutigten;
- dem faszinierenden Praktiker Steve de Shazer und dem Vordenker der systemischen Therapie, Harry Goolishian, der zu meiner tiefen Betroffenheit im Herbst 1991 unerwartet verstarb: beide ließen mich an ihren praktischen Erfahrungen und an ihren Ideen unmittelbar teilhaben;
- meinen Kollegen und Kolleginnen in der Klinik, die zeitweise in der Arbeitsgruppe mitwirkten, besonders meiner ehemaligen Vorgesetzten, Frau Thea Schönfelder, die unsere Arbeit großzügig förderte, obwohl wir weder ihren Arbeitsstil noch die therapeutischen Gepflogenheiten der Klinik übernahmen;
- den Mitarbeitern der Kinderstation unserer Abteilung, die es mir ermöglichten, mich zeitweise ganz auf das Schreiben zu konzentrieren.

Da ich in Chile geboren und aufgewachsen bin, beherrsche ich die deutsche Sprache nicht als »native speaker«. Mein besonderer Dank gilt daher allen, die bei der Überarbeitung des Textes halfen. Die erste Fassung lasen und korrigierten Rosemarie Schwarz, Ludger Diekamp, Ulrich Hausa und Ulrich Wilken. Teile des Textes revidierten Eva-Maria Spiller und Ursula Jaspersen (aus »nichtsystemischer« Perspektive), Axel Wrede in Bonn und Walter Schwertl in Frankfurt. Hans Günter Holl half, bei aller kritischen Distanz zum Thema, mit großem Engagement bei der Vorbereitung der Publikation. Ihnen allen verdanke ich nicht nur stilistische Korrekturen, sondern auch sachliche Anregungen.

Schließlich möchte ich meiner Frau Raili und unseren Kindern Sonia und Matti von Herzen danken. Sie haben es mir in liebevoller Geduld und Zurückhaltung ermöglicht, eine mehr als zweijährige selbstgewählte »Klausur« zu ertragen. Ihnen sei dieses Buch in Liebe gewidmet.

Hamburg, im Herbst 1991

I. URSPRÜNGE

1. Heilen im Kontext

In den beiden folgenden Kapiteln sondiere ich die Wurzeln der systemischen Therapie in der kulturellen Tradition des Heilens und in der Geschichte der Psychologie und Psychotherapie. Dabei wird sich zeigen, daß alles Heilen fest im Selbstbild des Menschen und in seinen Weltkonzepten – kurz: in seiner Lebensweise – verankert ist. Heilen und Kultur stehen in Wechselwirkung, und da die kulturelle Entwicklung ein offener Prozeß ist, können auch Theorie und Praxis des Heilens nie einen letztgültigen Endpunkt erreichen.

Das systemische Therapieverständnis ist – wie jedes andere – an den jeweiligen Stand der Geistes- und Sozialgeschichte gebunden. Daher skizziere ich einleitend den kulturellen Rahmen, in dem sich das soziale Phänomen »Heilen« als Koevolution von Leidenden und Heilenden darstellt. Auf dieser Basis leite ich die Denkmuster, die das Heilen seit der Antike steuern, aus zwei Dichotomien der menschlichen Existenz ab: *Sein und Werden* sowie *Autonomie und Heteronomie.*

Der kulturelle Rahmen

Koevolution von Leiden und Heilen

Für den »Urmenschen« war alles Leiden eine naturbedingte Quelle der Hilflosigkeit. Mit erwachendem Selbstbewußtsein durch Sprache und Denken gewann er jedoch neue Möglichkeiten, sein Leben zu gestalten. Das belegt die Paläopathologie, eine Disziplin, die sich mit vorzeitlichen Krankheiten befaßt. Sie lehrt nicht nur, daß viele heutige Gebrechen bereits vor Jahrtausenden auftraten – und daher zu Unrecht »Zivilisationskrankheiten« genannt werden –, sondern zeigt auch, daß schon der Urmensch zum Beispiel Frakturen gezielt heilen konnte.[1] Heilen setzt stets die Mitwirkung anderer voraus: Menschen und höhere Tiere besitzen also eine auf Empathie beruhende Neigung, angesichts fremden Leidens helfend einzugreifen. Aufgrund dieses Vermögens konnte sich der Mensch davon befreien, alles Leiden als unausweichlich anzusehen, und entdeckte sein Potential, körperliche Vorgänge bewußt zu steuern. Angesichts seiner Grenzen unterschied er »unabänderliches« und »beeinflußbares« Leiden. Der »Urhelfer« mußte die Natur des betreffenden Leidens erkennen, um mit diesem Wissen schicksalhaft verhängte Krankheiten empathisch begleiten, beeinflußbare heilen zu können.

Solange Krankheiten auf »übernatürliche« Einflüsse zurückgeführt werden, fehlt die heute meist übliche Differenzierung zwischen biologischen, sozialen und psychischen Faktoren: Durch Heilung soll vor allem das Gleichgewicht zwischen dem Leidenden, seinem Umfeld und dem Übernatürlichen wiederhergestellt werden.[2] So führen die Mapuche, ein »primitiver« Indianerstamm in Südchile, Krankheiten auf die Einmischung unsteter Geister in das Leben der Menschen zurück. Das Ausüben der Heilkunst obliegt daher Menschen – meist Frauen (*machi*) –, die privilegierten Zugang zur Welt der Geister haben und die Kraft des Guten gegen das Böse mobilisieren können. Ihre Heilungsrituale beschränken sich jedoch nicht auf individuelle Gebete und die Verabreichung »guter« Heilkräuter, sondern sie beziehen auch die Familie in ihre zeremoniellen Maßnahmen ein.[3]

Die antiken Kulturen Chinas, Indiens und Mesopotamiens stützten ihre Heilkunst bereits auf organische Vorgänge und wandten neben magischen Ritualen auch direkt körperbezogene Verfahren an. So wurde im ganzen indoeuropäischen Kulturkreis prinzipiell zwischen drei Heilmitteln unterschieden: Messer (Chirurgie), Pflanzen (Medikation) und Wort bzw. heilige Formel (Besprechen, magisches Ritual – im heutigen Verständnis: Psychotherapie).[4] An diese frühe Tradition konnten Heilkunde und Heilkunst in der griechischen Antike anknüpfen.

In Griechenland begannen Philosophen ab dem 7. Jahrhundert v. Chr. (von Thales bis Demokrit), den naiven Empirismus früherer Zeiten zu überwinden und die Medizin begrifflich zu fundieren. Mythisches und Rationales, ursprünglich verbundene Aspekte eines Ganzen, traten mit fortschreitender Entwicklung der Naturkunde ab dem 6. Jahrhundert zunehmend auseinander: Manche Heilkundler betonten den Primat des Mythischen und hüteten weiterhin religiöse Arkana; andere wandten sich jedoch der empirischen Forschung am Körper zu. Aus der Einheit von Soma und Psyche wurde ein unversöhnlicher Gegensatz.

Wie der Historiker Baissette zeigte, hat erst Heraklit der Medizin neue Denkgrundlagen gegeben, mit denen sie eine fundierte Methodologie entwickeln konnte.[5] Aufgrund seiner Dialektik öffnete sich der Medizin ein Weg, Organisches und Physikalisches, belebte und unbelebte Materie, Prozeß und Struktur konstitutiv aufeinander zu beziehen. Damit begann eine mächtige Tradition der empirischen Forschung. Die Ursachen der Krankheit und die Möglichkeiten des Heilens wurden im Kranken selbst gesucht, so daß der Einfluß des Übernatürlichen in den Hintergrund trat – ohne jedoch ganz zu verschwinden.

Als zunehmend geeignete Methoden aufkamen, Leiden zu lindern oder zu beheben, spezialisierte sich auch das entsprechende Wissen und geriet in die Verfügungsgewalt weniger Experten. Dadurch gewann das Heilen die Bedeutung einer eigenständigen sozialen Rolle. Für die Leidenden, denen der Komplementärpart zufiel, wurden die Vorgänge immer undurchschaubarer: Sofern sie Laien waren, konnten sie nicht mehr unmittelbar überprüfen, was mit ihnen geschah.

Auch jene gesellschaftlichen Instanzen (Gesetzgeber, Gerichte usw.), vor denen sich die Heilkundler zu verantworten hatten, konnten ihre Kontrolle nicht mehr in eigener Kompetenz ausüben – sie mußten sich auf das Ethos und die freiwillige Selbstkontrolle der heilenden Zunft verlassen.

Diese neue Rolle der Heilenden zog ambivalente Erwartungen der Kranken nach sich. Einerseits gewährten sie ihnen die nötige Macht (im Sinne von Verfügungsgewalt), um das Leiden besiegen zu können, verbunden mit hohem sozialen Status. Andererseits wurde dies durch jenes tiefe Mißtrauen begleitet, das Abhängigkeit unweigerlich erzeugt. Dieser zwiespältigen Einstellung ist wohl zuzuschreiben, daß bestimmte Heilkundler zuweilen in Ungnade fielen und ausgegrenzt oder gar verfolgt wurden. So verunglimpfte die Inquisition Anatomen als »Leichenschänder« und ließ unliebsame Ärzte als Ketzer verbrennen. Daher verwundert es nicht, daß Mediziner immer schon bemüht waren, ihre Glaubwürdigkeit nachzuweisen, um gesellschaftlich akzeptiert zu werden und es auch zu bleiben.

Wer heilend tätig ist, erfüllt einen prinzipiell widersprüchlichen gesellschaftlichen Auftrag – er muß dem Fortschritt der Heilkunde dienen und zugleich berechenbar bleiben. Der Auftrag an die Mediziner lautet, kurz gefaßt: *Heilt immer besser, aber bleibt verständlich!*

Dieser komplexe, fast paradoxe Auftrag ist nur erfüllbar, wenn immer speziellere, für Laien unbegreifliche Behandlungsmethoden entwickelt werden, ohne daß es zu einem Vertrauensschwund kommt. Die Heilkunst balanciert also zwischen Fortschritt und Bewahrung, Innovation und Tradition. Überwiegt das Neue, Erstmalige, drohen Ächtung und Strafe (früher gar der Tod). Steht dagegen das Alte, Bekannte im Vordergrund, können Vertrauens- und Statusverlust die Folge sein. Um überzeugen zu können, muß sich die Heilkunst dem »Zeitgeist« anpassen – ihn aber gleichzeitig überwinden, da er stets bessere Resultate fordert. Die Geschichte des Heilens verläuft – wie die der Hexerei – im Spannungsfeld zwischen Althergebrachtem und Neuem.[6]

Den Erwartungen an Heilende – zu bewahren und fortzuschreiten – entspricht innerhalb ihres eigenen Systems die Aufspaltung in ein progressives und ein konservatives Lager. Dieses Schisma hat für die Kranken insofern etwas Beruhigendes, als es ihnen garantiert, daß ihre widersprüchlichen Interessen berücksichtigt werden. Dadurch können sie sich mit dem Gesamtsystem identifizieren und ihre Furcht vor der ärztlichen Macht in Grenzen halten: Angesichts des inneren Konflikts liegt es nahe, auf die Selbstkontrollen des Systems zu vertrauen.

Aufgrund dieser regulativen Eigendynamik des Systems ist Skepsis gegenüber Neuem eines seiner wichtigsten Merkmale. Das zeigt sich nicht zuletzt in den traditionell starken Bemühungen um effiziente Prüfverfahren. Spätestens seit der griechischen Antike machen sich Ärzte relevante Erkenntnisse der Naturforschung zu eigen, die für Glaubwürdigkeit bürgen sollen. Das brachte ihnen allerdings nicht nur Vorteile, denn nun mußten sie auch bei ihren eigenen Verfahren die objektive Gültigkeit von Naturgesetzen nachweisen.

Die »Logik des Leidens«

In modernen Gesellschaften etablierte sich die Heilkunst als Wissenschaft und entwickelte anspruchsvolle Theorien nebst entsprechenden Effizienznachweisen. Dennoch gelang es bisher keiner Grundlagenforschung, alle internen Widersprüche zwischen den unterschiedlichen Ansätzen zu beseitigen oder die Rudimente »primitiver« Heilpraktiken auszurotten.

Als das quantifizierende, naturwissenschaftliche Denken im Materialismus des 19. Jahrhunderts seinen Höhepunkt erreichte, rückten der Körper, seine Organe und Funktionen ins Zentrum des Interesses. Die Medizin unterwarf sich dem Objektivitätspostulat und begann, ihren Gegenstand – den kranken Menschen – nach dem herrschenden Modell zu betrachten: als mechanisches System. Dadurch wurden Subjektivität und Emotionalität ihres »Gegenstandes« – und des Arztes selbst – zu Störfaktoren. Eine mechanistisch aufgefaßte Heilkunde mußte Verfahren entwickeln, die sich unabhängig von den jeweils Beteiligten anwenden ließen; andernfalls galten sie nicht als objektiv. Unwägbarkeiten wie Gespür und Charisma des Arztes oder Suggestibilität des Kranken, »Placebo-Effekte« und die subjektiv emotionalen Aspekte der sozialen Interaktion zwischen beiden waren auszuschalten. Die Arzt-Patient-Beziehung drohte »trivialisiert« zu werden.[7]

Die Verwissenschaftlichung des Heilens stieß bei den Kranken auf tiefe Skepsis. Nur so läßt sich erklären, daß weltweit neben den offiziell anerkannten Ärzten zahlreiche andere Praktiker – etwa Naturheilkundige – zugelassen wurden. Darin offenbart sich eine Besonderheit der Heilkunde, die in anderen Disziplinen weniger stark ausgeprägt ist: Neue Erkenntnisse und Methoden lösen die alten nicht zwangsläufig ab. Der emotionale Druck des Leidens läßt sich durch bloßes Appellieren an die rationale Einsicht nicht lindern – schon gar nicht, wenn rationale Verfahren im konkreten Einzelfall unwirksam oder aussichtslos bleiben.

Leiden und Heilen folgen einer komplexen Dynamik des Hoffens, der Angst und der Ungewißheit, die sich jeder rein rationalen Deutung entzieht: Das »irrationale« Hoffen auf Heilung muß selbst dann nicht unmittelbar in Resignation umschlagen, wenn alle rationalen Möglichkeiten ausgeschöpft sind. Doch um wirklich beruhigen zu können, muß ein therapeutisches Instrument Anlaß zur Zuversicht geben. Andernfalls wenden sich die Kranken den »irrationalsten« Alternativen zu. Hoffnung – Kampf gegen Resignation – ist derart entscheidend, daß ihr zuliebe oft sogar die Grenzen von Kulturen und Traditionen überschritten werden: Die *machi* der Mapuche läßt sich notfalls vom Arzt in der Stadt Antibiotika verschreiben, und manche westliche Ärzte gehen entweder selbst zum Heilpraktiker oder schicken einzelne Patienten hin.

Die Medizin folgt also einer gesellschaftlichen Dynamik, in der sich widersprüchliche, wandelbare Erwartungen äußern. Bis heute genügt sie aber weder ihrem naturwissenschaftlichen Ideal noch ersetzt sie alle neben ihr existierenden »unwissenschaftlichen« Heilverfahren.[8] In diesem doppelten Mangel bleibt die tiefe Kluft zwischen Leiden und Heilen geöffnet. Die Dynamik des Leidens (und Hoffens) trotzt aller Rationalität: Sie folgt einer mehrwertigen »Logik«, so daß die Heilenden ihren gesellschaftlichen Auftrag nur erfüllen können, wenn sie stets die Balance zwischen Überschreiten und Bewahren halten. Dem dient ein Berufsethos, das sich am Empfinden der Kranken orientiert. Ärzte müssen zwar überzeugen und insofern ihr Denken an der geltenden Norm ausrichten. Vergessen sie jedoch diesen Zusammenhang, werden sie zu Opfern der eigenen Setzungen und erliegen jener »Versuchung der Gewißheit«,[9] die ich weiter unten skizziere.

Jede Epoche benötigt Modelle des Heilens, die ihrem historischen Selbstverständnis entsprechen, zugleich aber verheißen, im Jetzt die Grenzen der Zeit zu sprengen. Dieses Selbstverständnis ist in Leitmotiven verankert, die der menschliche Geist zum Zwecke der Orientierung hervorbringt. Betrachten wir also einige wichtige Motive, die unser Denken prägen.

Alle Geistesgeschichte ist ein ständiges Ringen mit Gegensätzen, die das Denken im Wechselspiel von Frage und Antwort beim Streben nach Erkenntnis hervorbringt. So beschrieb Heraklit, der Denken und Dialektik gleichsetzte, den Kosmos als eine Einheit von Gegensätzen. In neuerer Zeit lehren Denker wie Gregory Bateson, daß alle Erkenntnis aus dem Unterscheiden resultiert: Was sich nicht unterscheiden läßt, kann auch nicht gedacht werden. Niklas Luhmann formuliert dieses Motiv wie folgt: »Differenzerfahrung ist Bedingung der Möglichkeit von Informationsgewinn und Informationsverarbeitung.«[10] Wissenschaft soll nach Luhmann nicht bloß etwas widerspiegeln, sondern Differenzerfahrung, also Informationsgewinn *organisieren*: Alle Theorien stützen sich auf »Leitdifferenzen«, die den Erkenntnisprozeß steuern (in der Evolutionstheorie etwa »Variation/Selektion«, in der Systemtheorie »System/Umwelt«).

Im Fall von Leiden und Heilen bilden beide Begriffe selbst schon eine Leitdifferenz, die unsere medizinischen Theorien prägt, aber beide Aspekte erfordern eine weitere Differenzierung, die sich am sozialen Handeln ausrichtet. In diesem Sinne unterscheiden wir zwischen *Heilkunde* und *Heilkunst*, setzen also theoretische und praktische Akzente. Die Begriffe definieren:

- Gesundheit und Krankheit und leiten diese Konzepte vom jeweiligen Menschenbild ab, und
- das Konzept einer speziellen menschlichen Interaktion, mit der angestrebt wird, heilend auf andere einzuwirken.

Ordnet man Begriffspaare wie Struktur und Prozeß, Gesundheit und Gesundung, Wesen und Erscheinung, Substanz und Akzidens, Inhalt und Kontext beiden Bereichen zu, ergeben sich zwei grundlegende Leitdifferenzen, die unsere Erkenntnis im Bereich des Heilens steuern: SEIN/WERDEN und AUTONOMIE/HETERONOMIE. Die erste liegt unserem Denken über Mensch und Natur zugrunde, markiert folglich auch die jeweilige Grenze zwischen Gesundheit und Krankheit. Damit umfaßt sie alle Konzepte und Ziele des Heilens in der Heilkunde. Die zweite definiert den Rahmen der menschlichen Interaktion, darunter jene zwischen Arzt und Kranken, betrifft also die Methoden der Heilkunst.

Eine erste bewußte Ausgestaltung fanden diese Leitdifferenzen in der griechischen Antike. Sie bildeten den geistigen Rahmen, um Gesundheit und Krankheit konzeptuell abzugrenzen und die Ziele und Methoden des Heilens entsprechend festzulegen. Grundsätzlich wirken sich die Leitdifferenzen Sein/Werden und Autonomie/Heteronomie wie folgt auf die Begründung von Zielen und Methoden aus:

Heilungsziel: Je nach Menschenbild ergeben sich grundverschiedene Auffassungen von Gesundheit und Krankheit. Faßt man Menschsein als übergeordnete, vom Individuum und vom Wandel unabhängige Idee auf, gilt Gesundheit als die verbindliche Norm. Wird das Wesen des Menschen hingegen als etwas Individuelles, Wandelbares verstanden, bezeichnet »Gesundheit« einen aktuellen Entwicklungsstand. Entsprechend ist Krankheit entweder Abweichung vom Ideal oder eine vorübergehende Phase des Lebensprozesses. Mit der Heilung wird entweder die Wiederherstellung des Ideals oder der Übergang in eine andere Phase des individuellen Lebensprozesses angestrebt.

Heilmethoden: Alle Heilmethoden resultieren aus dem Heilungsziel. Der Mensch kann jedoch prinzipiell als autonom oder als heteronom begriffen werden. Im ersten Fall läßt sich die Heilung bestenfalls fördern, im zweiten ist der Kranke von fremder Hilfe abhängig. Der Arzt muß sich also entweder mit einer begleitenden Rolle begnügen, oder er ist befugt, ja geradezu verpflichtet, für Gesundung zu sorgen. Dabei leitet die Differenz Autonomie/Heteronomie seine Interaktion mit dem Kranken, auch im Sinne der ethischen Haltung. Der Arzt ist entweder ein gleichberechtigter Partner des Kranken, der sein Wissen und seine Erfahrung kooperativ bereitstellt; oder er betont seine Überlegenheit, indem er kraft »besseren« Wissens handelt und Macht ausübt, einseitig Maßnahmen verordnet – notfalls auch gegen den Willen des Kranken.

Die Geschichte des Heilens präsentiert sich – bis zur heutigen Psychotherapie – als ein Schwanken zwischen den beiden Polen. Wir wissen, daß alle gemäßigten Zwischenformen heilsam sein konnten, während der Hang zu den Extremen oft menschenunwürdige Methoden hervorbrachte. Besonders das Streben nach Gewißheit, bei dem alle denkbaren Alternativen ausschieden, ließ ärztliche Maßnahmen bis in den Bereich des Grausamen hineinreichen. Wenn es ihnen jedoch gelang, das Wechselspiel oder die Komplementarität der Gegensätze im Blick zu behalten, genügten sie meist auch der Forderung, das Neue mit dem Alten, das Allgemeine mit dem Besonderen zu versöhnen.

Leitdifferenz Sein/Werden

Mit der »Entdeckung des Geistes«[11] als Kristallisation des begrifflichen Denkens war das Problem von Sein und Werden geboren. Alle vorsokratischen Denker beschäftigte die Frage, was das Eine, das Bleibende im Wandel und in der Vielfalt sein könnte. Heraklit und Parmenides formulierten die extremen Positionen und steckten damit den Rahmen ab. Beide waren insofern radikale Denker, als sie das Unvermögen der Begriffe betonten: Heraklit variierte das Thema der Differenz in allem *Sagen*, führte also vor, wie Begriffe, ins Werden verstrickt, am Problem des Seins scheitern müssen. Dagegen beschwor Parmenides die Differenz in allem *Zeigen*; der Widerspruch des Begriffs sollte auf die Einheit des Seins verweisen.

Heraklit kleidete den Widerspruch des Begriffs in die Metapher des Wandels: Alles fließt, aber niemand steigt zweimal in denselben Fluß. Überall herrschen Gegensätze, die den Prozeß des Werdens unaufhörlich vorantreiben; Konstanz ist ebenso illusionär wie *das* Werden, als Einheit aufgefaßt. Parmenides verwarf dagegen jede Alternative zum Sein als begrifflich unhaltbar. Für ihn war die Einheit des Seins über das Werden und die Differenz erhaben, war alle Veränderung scheinhaft, da sie das Sein negieren und damit dem begrifflichen Denken die Grundlage entziehen würde.

Platon und Aristoteles haben die weitere Geschichte des Denkens geprägt, indem sie den Gegensatz dieser Positionen aufzulösen versuchten. In seiner mittleren Schaffensphase, mit der er oft identifiziert wird, überwand Platon den Widerspruch zwischen Sein und Werden (Identität und Wandel) durch eine »hierarchische« Konzeption. Das wahre, unvergängliche Sein der Idee transzendiert das Einzelne, sinnlich Erscheinende. Die sinnlich wahrnehmbaren Einzeldinge und unsere Sinnesorgane selbst wandeln sich stetig. Deshalb haben wir keinen unmittelbaren Zugang zum Wesen der Dinge, müssen unseren Erfahrungen mißtrauen. Die »Ideen« enthüllen sich uns allein in der selbstkritischen Reflexion: Dem wandelbaren Einzelnen, also der empirischen Welt des Werdens, kommt nur wahres Sein zu, sofern es am Allgemeinen teilhat.

Aristoteles wandte sich der empirischen Welt zu und setzte dem »vertikalen« Dualismus Platons einen »horizontalen« von Stoff und Form entgegen. Die materiellen und geistigen Einzeldinge streben in vielfältiger Vernetzung nach der in ihnen angelegten Vollkommenheit (Entelechie). Der Stoff, als das gestaltlos Zugrundeliegende, findet in der Form seine Ausgestaltung. Stoff (oder Materie) ist reine Möglichkeit, das potentielle Ding, wie es sich durch Formgebung mit bestimmten Eigenschaften aktualisiert. Alles Seiende ist durch Werden geformt und verliert seine Form im Vergehen. Durch die Formgebung erhalten alle Dinge ihre wesentlichen Eigenschaften – etwa Sinn und Zweck. Das Allgemeine verwirklicht sich also stets im Besonderen und ist daher durch empirische Untersuchung des Individuellen zugänglich. Sein ist aktualisierte Potenz oder Verwirklichung des Möglichen: Das Sein entäußert sich im Werden.

Da Aristoteles ein Schüler Platons war und beider Ansätze viele zeitbedingte Ähnlichkeiten aufweisen, haben ihre Nachfolger teils das Gemeinsame, teils die Unterschiede betont. Mir geht es jedoch im folgenden primär um die Differenz zwischen der »vertikalen« und »horizontalen« Ausrichtung des Denkens – eine Weichenstellung, die sich in der westlichen Tradition nachhaltig ausgewirkt hat.

Als »vertikal« bezeichne ich ein Denken, das sich deduktiv an der Differenz »oben/unten« orientiert, also zwischen Wesen (Wahrheit, Idee, Begriff) und Erscheinung (Einzelnes, Empirie) unterscheidet. »Horizontales« Denken ist dagegen durch die Differenz »dies/jenes« gekennzeichnet und abstrahiert die Wahrheit allgemeiner Konzepte induktiv aus den Einzeldingen.

Der Einfluß beider Positionen auf das Heilen läßt sich pointiert wie folgt zusammenfassen:

Vertikales Verständnis: Heilen muß ganzheitlich orientiert sein, darf sich nicht nur auf einzelne Aspekte beziehen. Die Heilkunst ist ein ästhetisches, auf Wiedererlangen der inneren und äußeren Harmonie zielendes Tun. Zudem muß sie eine dem Wesen des Menschen entsprechende Prophylaxe anstreben und geeignete Wege finden, das Gesunde zu fördern. Der Kranke findet durch Selbsterkenntnis und geregelten Lebenswandel zur Harmonie des guten, gemäßigten Lebens (Gesundheit) zurück.[12]

Horizontales Verständnis: Heilen muß sich im Rahmen des jeweils Machbaren halten und dem Kranken zu einem ihm gemäßen Zustand der relativen Gesundheit verhelfen. »Gesund« bezieht sich immer auf das Individuum und sein Milieu, ist also nichts Absolutes. Alle Maßnahmen gehen vom Einzelfall aus und bereichern das Wissen über die allgemeine Funktionsweise des Organismus um die so gewonnenen Einsichten.

Aus »vertikaler« Sicht strebt jede Behandlung einen Idealzustand an. Als Abweichung gelten alle Formen von Krankheit, Mangel oder Defizit. Liegt eine Krankheit vor, muß die verlorene Harmonie der Teile wiederhergestellt werden, indem man die pathogenen Faktoren beseitigt. Bei Mängeln oder Defiziten muß das Heilen ausgleichend wirken, sei es durch Ersatz (Prothetik), Nacherziehung im Bereich der Lebensführung (Diät, Psychagogik) oder Eingriffe in Umweltfaktoren (Hygiene). Das Vorgehen des Arztes ist regelgeleitet und soll verbindliche Normwerte wiederherstellen: er ist also »Hüter« und »Erzieher«.

»Horizontal« gesehen, deutet der Arzt den aktuellen Zustand des Kranken zunächst nach Erkenntnissen, die er durch individuelle biographische Rekonstruktion gewinnt, um von ihnen ausgehend zu verallgemeinern. Daraus ergibt sich jeweils das (fallbezogene) Behandlungsziel, das den Möglichkeiten des Kranken im weiteren Verlauf der Behandlung fortwährend angepaßt werden muß. Der Arzt wählt seine therapeutischen Ziele also zugleich als »Forscher« und »Begleiter«.

Leitdifferenz Autonomie/Heteronomie

Die zweite Leitorientierung des Heilens steuert die Interaktion zwischen Arzt und Patient. Sie prägt die Haltung des Arztes zum Kranken und legitimiert damit die jeweilige Praxis des Heilens. Im einzelnen ergeben sich folgende Konstellationen:

Heteronomie. Wird der Mensch als heteronomes Wesen aufgefaßt, das nur am Menschsein »teilhat«, gilt der einzelne als unvollkommen und bedarf fremder Hilfe. Das Ideal der Vollkommenheit kann aber nur durch eine Lebensweise angestrebt werden, die den Maßstäben der Gemeinschaft genügt. Diese verpflichtet den einzelnen, notfalls durch Ausübung von Macht und Kontrolle, sich dem Ideal zu beugen. Insofern dient Heilen dem gesellschaftlichen Ziel, den Kranken zum Idealzustand – Gesundheit als das Gute – zurückzuführen. Vom Arzt wird erwartet, daß er die Maßnahmen seiner Behandlung diesem Ziel unterordnet.

Autonomie. Gilt der einzelne grundsätzlich als autonomes Ganzes, so verwirklichen Menschen in Gemeinschaft mit anderen *individuelle* Möglichkeiten. Der Arzt ist also nicht berechtigt, äußere Maßstäbe anzulegen: Alles Heilen erfolgt zwischen autonomen, unabhängigen, gleichberechtigten Menschen, ist also Kooperation bzw. »Hilfe zur Selbsthilfe«. Maßnahmen und Ziele werden stets von den Beteiligten gemeinsam festgelegt.

Die Spannung zwischen Autonomie und Heteronomie beeinflußt alle Bereiche der menschlichen Lebenspraxis – besonders Wissenschaft und Politik. In der existenziellen Sphäre des Heilens wurden zwar aus beiden Grundorientierungen nützliche Theorien und Methoden abgeleitet, dies aber mit unterschiedlichen ethischen Konsequenzen. Dogmatisch verhärtet, legitimiert die Affinität zu einem der beiden Extreme entweder ein Bekenntnis zum generellen »Laisser-faire« des ohnmächtigen »Mitmachers«, dem die Maßstäbe fehlen und der sich mit jedem Individuellen identifiziert, oder die Haltung eines autoritären »Machers«, der das Individuelle für die Norm opfert.

Eine alte Kontroverse

Beide Positionen und ihre praktischen Folgen lassen sich bereits an einflußreichen Schulen der griechischen Antike erkennen: Die rivalisierenden Ärztegruppen von Knidos und Kos vertraten – heute noch aktuelle – Ansätze, die trotz grundlegender Differenzen weithin anerkannt und sehr erfolgreich waren.[13] In ihnen erkennen wir grundlegende Orientierungen der Heilkunde, die sich auch in der Psychotherapie niedergeschlagen haben. Zudem lehren sie uns, daß jede übertriebene Spezialisierung zur Dogmatik neigt und damit ihre Relevanz einbüßt.

Die Vertreter der knidischen Schule verfaßten ihre Schriften in »Teamarbeit«, weshalb ihre Namen in Vergessenheit geraten sind. Medizinhistoriker beschreiben sie als gewissenhafte, ganz dem selbstlosen Helfen verpflichtete Praktiker. Sie sollen sich der Grenzen ihrer Kunst bewußt gewesen sein und großen Wert auf die genaue Dokumentation krankhafter Zustände gelegt haben. Primär an der Praxis orientiert, waren sie ernstzunehmende Chirurgen und erfanden diagnostische Methoden wie die Auskultation.

Die Systematisierung ihrer Erkenntnisse blieb jedoch rudimentär, und bei den Heilmaßnahmen kamen sie nicht über einfache Rezepte hinaus. Als detailverliebte Empiriker vernachlässigten sie den Gesamtzusammenhang und behandelten jedes Symptom eigenständig. Ihr Denken fiel – historisch gesehen – dem engen analytischen Streben zum Opfer: Sie blieben buchstäblich im Detail stecken.

Bekannter sind uns die Ärzte der Schule von Kos, besonders durch Hippokrates. Sie lehnten die knidische Medizin kategorisch ab – kritisierten ihre theoretische Begründung als oberflächlich und rein deskriptiv, geißelten ihre Heilverfahren als willkürlich, ja sogar schädlich.

Hippokrates gab der Medizin eine praktikable Theorie, indem er ihre Methoden auf das Menschenbild seiner Zeit abstimmte. Der Arzt sollte zwar Abweichungen vom Zustand völliger Gesundheit feststellen, zugleich aber die besondere Situation des Kranken berücksichtigen – das Individuum und seine Symptome ebenso respektieren wie das Wesen des Menschen und der Krankheit. Zudem sollte der Arzt das gesamte Umfeld des Kranken einbeziehen. Damit vertrat Hippokrates eine ganzheitliche Medizin, die kritisches Denken mit genauer Beobachtung verbinden und die Theorie an der Praxis ausrichten sollte. Es verwundert daher nicht, daß Platon wie Aristoteles ihren Respekt vor Hippokrates bekundeten.

Anders als die stur klassifizierenden knidischen Ärzte gingen die Mediziner in Kos flexibel mit Befunden aus Anamnese und Diagnose um. Voreilige Prognosen waren verpönt, da sich jede Erkrankung im Einzelfall anders darstellt. Medikamente verabreichte man aus Furcht vor iatrogenen Krankheiten sehr sparsam. Medizinhistoriker heben hervor, daß Hippokrates seine Kranken nie als »Patienten«, sondern nur als »geschwächte Menschen« bezeichnet hat. Aus der Schule von Kos stammen die Maximen:

Die Natur ist der beste Arzt.
Die ärztliche Kunst vermittelt zwischen der Krankheit, dem Kranken und dem Arzt.
Wer das Bewährte mißachtet und nur Neues gelten läßt, täuscht sich und andere.[14]

Während in Knidos einzelne Symptome immer genauer beobachtet und getrennten analytischen Kategorien zugeordnet wurden, strebte die Schule von Kos ein Gleichgewicht von Theorie und Praxis an. Das beeinflußte die weitere Entwicklung der Medizin zwar nachhaltig, aber auch diese Lehre verhärtete sich zu einem »Dogmatismus«, der bis in die letzten Jahrhunderte hinein wirksam blieb. Zum Beispiel begründete eine dogmatisierte »Säftelehre« bedenkliche Praktiken wie den Aderlaß, der – geradezu theatralisch inszeniert – nicht selten den Tod der Kranken herbeiführte.

Bleibt anzumerken, daß es in der hellenischen Antike neben diesen beiden großen Schulen noch andere Strömungen gab, darunter die »theoretischen« und die »religiösen« Ärzte. Sie trieben rational-deduktive Spekulation oder beschworen geheimnisvolle Kräfte und wandten die resultierenden Heilverfahren in rituellen Prozeduren an. Im Bereich der Heilkunst herrschte eine so große Vielfalt, daß man auch hier Paul Valérys Behauptung zustimmen muß, die Griechen hätten bereits alles Wesentliche gesagt: Außer vielen Details ist seither kaum Neues hinzugekommen. Da es in aller Heilkunst auch um Grundfragen der menschlichen Existenz geht, scheinen die Lösungen, trotz großer Formenvielfalt, einen geradlinigen Fortschritt nicht zuzulassen. Vielleicht müssen wir uns damit abfinden, daß Heilen – als Antwort auf die grundlegende Angst, Ungewißheit und Hoffnung des Menschen – keine verbindlichen Lösungen hervorbringen kann.

Resümee

Zum Schluß dieses einführenden Kapitels möchte ich die Leitideen, die das Heilen orientieren, in einem Schema zusammenfassen. Dabei verwende ich die genannten Leitdifferenzen Sein/Werden und Autonomie/Heteronomie als Koordinaten eines fiktiven zweidimensionalen Raumes. Die senkrechte Achse verläuft zwischen den Zielvorstellungen des Heilenden, die waagrechte zwischen dessen Interaktionskonzepten (vgl. Abbildung 1). Die Orientierungen oberhalb der Waagerechten sind strukturbezogen und zielen auf die Wiederherstellung des Sollzustands (*Reparatur*), die darunterliegenden betonen den je individuellen Lebensprozeß und zielen auf den Übergang in einen alternativen Zustand (*Korrektur*). Die Interventionskonzepte links von der Senkrechten legen den Schwerpunkt auf die *Behandlung* des

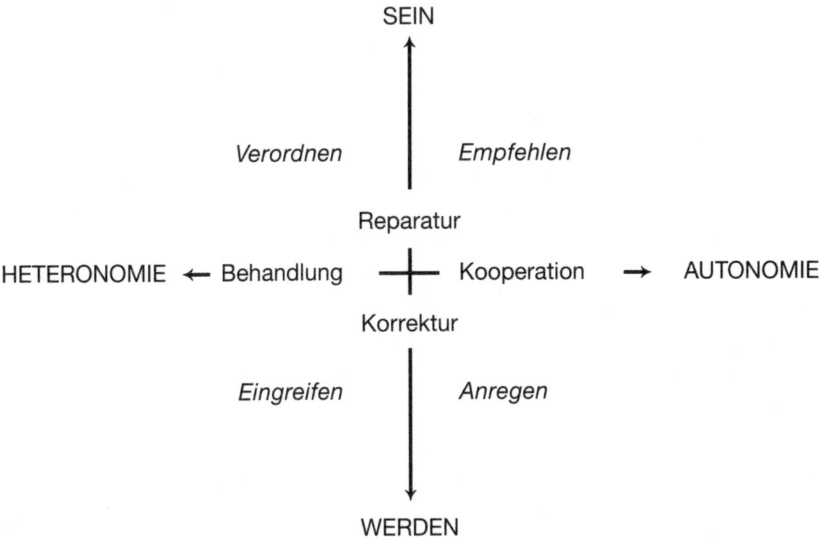

Abbildung 1. Orientierungen des Heilens.

Leidens, jene auf der rechten Seite beziehen den Leidenden ein und sind auf *Kooperation* angelegt.

Den so entstehenden Quadranten lassen sich, je nach Orientierung des Arztes an Sein und Werden, Autonomie oder Heteronomie, vier idealtypische Grundformen des Heilens zuordnen: Verordnen und Eingreifen, Empfehlen und Anregen.

Wer als Arzt verordnet oder eingreift, muß Ziele und Methoden des Heilens bestimmen, versteht sich als Experte, der seinen Patienten kraft besseren Wissens nach eigenen Maßstäben behandelt. Die Eigenart des Leidenden ist hier ein Störfaktor und wird nur zu dem Zweck beachtet, daß sie der Gesundung nicht im Wege steht. Mißlingt die Heilung jedoch, ohne daß der Patient sie bewußt sabotiert oder der Arzt einen Kunstfehler begeht, kann das dem Patienten als »Widerstand« oder »non-compliance« angelastet werden. Im einzelnen gilt:

- *Verordnen*: Der Arzt ist bestrebt, die Abweichung vom Normzustand nach allgemeingültigen Parametern zu beheben. Am deutlichsten tritt die einseitige »Reparatur« da zutage, wo der Arzt selbst die Initiative ergreift, also etwa bei bewußtlosen Patienten im Notfall oder bei Vollnarkose.

- *Eingreifen*: Der Arzt interveniert in einen krankhaften Prozeß mit dem Ziel, ihn in einen alternativen zu überführen, will also entweder gezielt verändern oder die aktuelle Entwicklung »blockieren«. Typische Beispiele sind die einseitige Verordnung von Medikamenten und der psychotherapeutische »Trick«.

Begreift der Arzt den Kranken als autonomes Wesen, verbietet sich kausales Handeln. Da er den Leidenden als Subjekt in seine Intervention einbezieht, kann er allenfalls Maßnahmen empfehlen oder Prozesse anregen. Der Arzt muß versuchen, Einsicht in die Notwendigkeit seiner vorgeschlagenen Maßnahmen zu wecken, oder offen zu intervenieren – hilft also bei der Selbsthilfe, etwa indem er Vorschläge macht, die Mängel beseitigen sollen, oder den Leidenden beim Auffinden und Erproben von Alternativen unterstützt und begleitet. Hier stellt der Arzt dem »Kunden«[15] sein Wissen und Können zur Verfügung, geht mit ihm ein partnerschaftlich kooperatives Verhältnis ein. Mißlingt die Heilung, ohne daß Eigenarten des Kunden oder Kunstfehler des Arztes dafür verantwortlich wären, muß dieser sich und seine Methoden kritisch überprüfen. Im einzelnen gilt:

- *Empfehlen*: Der Arzt ist bemüht, die krankhafte Abweichung vom Sollzustand zu korrigieren, stellt sich aber auf die Eigenart des Kranken ein und strebt seine Mitarbeit an. Er stützt sich daher auf geeignete Argumente, um die Durchführung oder Einhaltung der als ideal gebotenen Maßnahmen gegenüber dem Kranken zu rechtfertigen. Die Empfehlung resultiert aus einem dialogischen Verhandeln mit dem Kranken, in dem das Wissen des Arztes den Möglichkeiten des Kranken integriert wird.
- *Anregen*: Der Arzt tritt in einen Dialog mit dem Kranken ein, in dem beide ihre unterschiedlichen Kompetenzen wahren und gemeinsam Ziel und Methode der Behandlung festlegen. Dabei suchen sie nach geeigneten Alternativen zum krankhaften Zustand.

In ihrer idealtypischen Abgrenzung dürften sich diese vier Orientierungen praktisch nie durchsetzen. Jede anhaltende Interaktion zwischen Arzt und Kranken enthält, ob bei medikamentösen, chirurgischen oder psychotherapeutischen Maßnahmen, Aspekte aller vier Formen, die Schwerpunkte richten sich aber unweigerlich nach der Orientierung des Arztes. Da die komplexe Dynamik des Heilens stets der Irrationalität des Leidens verhaftet bleibt und sich daher einer dualen Logik von Richtig und Falsch entzieht, eignet sich das Schema primär als Appell an Heilende, ihr Tun selbstkritisch zu prüfen und an den ursprünglichen Absichten zu messen.

2. Heilen durch das Wort

»Heilen durch das Wort« oder Psychotherapie hat zwar eine lange Tradition, etablierte sich als eigenständige Disziplin aber erst gegen Ende des vorigen Jahrhunderts und blieb zunächst ganz der Medizin als Mutterdisziplin verhaftet. Mitte des 20. Jahrhunderts – als an nordamerikanischen Universitäten erste Abteilungen für Klinische Psychologie gegründet wurden – begannen auch die Einflüsse der akademischen Psychologie zu wirken.[16] Diese hatte sich im letzten Drittel des 19. Jahrhunderts ebenfalls als eine eigenständige wissenschaftliche Disziplin etabliert, verfolgte jedoch zunächst keine »klinischen« Interessen. Vielmehr mußte sie in der Gründungsphase zunächst ihre religiösen, philosophischen und medizinischen Wurzeln freilegen und um gesellschaftliche wie wissenschaftliche Anerkennung kämpfen.

In diesem Kapitel rekapituliere ich die Entwicklung psychologischer und psychotherapeutischer Modelle unter zwei Gesichtspunkten: Zum einen möchte ich das historische Fundament skizzieren, auf das sich die »systemische Therapie« als eine neuere Form des Heilens durch das Wort stützt, und dieses Therapieverständnis historisch einordnen; zum anderen geht es mir darum, übertriebene Erwartungen an die Originalität dieser historisch gewachsenen Methode einzudämmen.

Im Sinne dieser beiden Ziele rekonstruiere ich zunächst die wichtigsten Grundmotive des psychologischen Denkens und suche – systemtheoretisch gesprochen – nach den gemeinsamen Wurzeln der Psychologie und der Psychotherapie.[17] Daraus leiten sich unterschiedliche Lösungen für folgende Grundprobleme ab:
- Wissenschaftliche Definition des psychischen Geschehens.
- Wahl einer geeigneten Methodologie.

In der Folge zeige ich, welche psychotherapeutischen Grundmodelle den jeweiligen Lösungen entsprechen. Dabei werden viele Elemente sichtbar, die Theorie und Praxis der systemischen Therapie geprägt haben.

Driftende Psychologien

Ein flüchtiger Gegenstand

Erst gut ein Jahrhundert alt, hat sich die Psychologie schon stark verzweigt. Analog zum »natürlichen Driften«[18] in der Evolution kann man ihre Entwicklungspfade als Versuche deuten, gültige Antworten auf die oben genannten Grundprobleme zu liefern. Ihre Ansätze reichen vom reduktionistischen bis zum holistischen Extrem. Manche versandeten folgenlos, andere nährten die weitere Entwicklung, und wieder andere behaupteten sich bis heute. Doch eine einheitliche Psychologie – als widerspruchsfreier Fundus verknüpfter Theorien (von führenden Psychologen häufig gefordert) – ist bisher nicht entstanden: Heute fungiert die Disziplin als ein gemeinsames »Reservoir« für ganz unterschiedliche Auffassungen des seelischen Geschehens. In diesem Reservoir finden sich:

- die alte Psychophysik (Grundproblem: Verhältnis von äußeren Vorgängen und seelischem Abbild, Reiz und Empfindung, Leib und Seele);
- die Gestaltpsychologie (Grundproblem: Organisation der diffusen Empfindungen zu geordneten Wahrnehmungen);
- die Tiefenpsychologie (Grundproblem: Verhältnis von Antrieb und Handlung, psychische Determiniertheit menschlichen Verhaltens);
- die Verhaltenspsychologie (Grundproblem: Verhältnis von Reiz und Reaktion, Determiniertheit menschlichen Verhaltens durch die Umwelt);
- die humanistischen Psychologien (Grundproblem: Verhältnis von Potential und Verwirklichung der Person);
- die transpersonale, interaktionelle Psychologie (Grundproblem: Verhältnis zwischen Personen, Stabilität und Wandel in Gruppen); und
- das Projekt einer systemischen Psychologie (Grundproblem: Verhältnis von Beobachter und Beobachtetem, Kommunikation und Realität).

Der »flüchtige« Gegenstand. Psychologisches Denken muß sich an der Flüchtigkeit seines Gegenstandes bewähren: den momentanen, stets vergänglichen Ereignissen (Äußerungen, Gedanken, Gefühlen usw.), die nur in der Interaktion (Beobachtung, Kommunikation) erfaßbar sind. Da jede Interaktion dem Wandel unterliegt, gehören Subjekt und Objekt der Untersuchung einem variablen Geschehen an; kaum meint man, seinen Gegenstand erfaßt zu haben, ist dieser und man selbst bereits ein anderer. Die ohnehin fragwürdige Trennung von Subjekt und Objekt wissenschaftlicher Erkenntnisse (allenfalls gegenüber der unbelebten Materie eine praktikable Verkürzung) ist in einer phänomengerechten Psychologie vollends unhaltbar. Angesichts dieser Schwierigkeit haben Psychologen oft dazu geneigt, ihren flüchtigen Gegenstand aufzuspalten, um Aspekte »einzufrieren«. Das Verfahren wäre durchaus legitim, beschränkte man die so gewonnenen Erkenntnisse auf die jeweiligen Teilaspekte, statt sie auf andere Bereiche zu übertragen oder über Gebühr zu verallgemeinern.

Seit sie als Wissenschaft auftrat, hatte sich die Psychologie der positivistischen Kritik zu erwehren, letzten Endes nur Physiologie oder Physik zu sein und daher keinen eigenen Gegenstand zu haben. Schon für Kant war die rationale Psychologie theoretisch weniger grundlegend als Erkenntnistheorie und Metaphysik, im Praktischen sekundär gegenüber der Ethik – und im Bereich der Naturforschung fehlten ihr die Merkmale einer exakten Wissenschaft.[19] In diesem Sinne schrieb William James,[20] einer der Väter der naturwissenschaftlich orientierten Psychologie, die Disziplin brauche einen Galilei, um ihre »wissenschaftlichen Hoffnungen« erfüllen zu können; vorerst müsse sie ihre Annahmen jedoch als provisorisch und revisionsbedürftig betrachten.

Nach fast hundert Jahren erfolglosen Wartens sollte man heute wohl eher die Konsequenz ziehen, den Gegenstand der Psychologie als dem Wandel unterworfene Größe neu zu bestimmen. Das hingegen von James und vielen seiner Zeitgenossen erwünschte Menschenbild der »harten« Wissenschaften wäre nur haltbar, wenn der Mensch immer radikaler verdinglicht würde.[21] Zudem hat die Orientierung an den Naturwissenschaften der Psychologie wenig gebracht. Bis heute ist kein einziges ihrer »Gesetze« mehr als provisorisch. Wir sollten also erkennen, daß die Psychologie nur vorläufig versuchen kann, den Menschen aus einem gewählten Blickwinkel und mit der Brille ihrer Epoche zu betrachten: Sie spiegelt jeweils Phasen des wandelbaren menschlichen Selbstbildes und Ausschnitte des zeitbedingten Denkens wider.

Das psychologische Denken hat im Verlauf seiner Geschichte viele Wandlungen durchlaufen. Als Ende des 19. Jahrhunderts erstmals versucht wurde, den flüchtigen Gegenstand zu fixieren, ging die Psychologie entweder analytisch vor, suchte – ganz ihrer Epoche verhaftet – nach den Grundelementen des Psychischen oder knüpfte an die philosophische Tradition an und betonte die Ganzheit des Seelischen. Mit der Gestaltpsychologie entstand zu Beginn des 20. Jahrhunderts eine erste Synthese. Ihr folgten Variationen im Geist des mechanistischen Denkens, auf die innere oder äußere Dynamik des menschlichen Erlebens und Handelns gerichtet. Dann kam die Rückbesinnung auf humanistische Werte; die »Person« stand im Mittelpunkt. Nach einer weiteren Wandlung hin zu einer pragmatisch orientierten Vision des »Zwischenmenschlichen« folgte schließlich die Rückwendung auf den »Beobachter« als die zentrale Erkenntnisquelle.

Analytisches und ganzheitliches Denken

In ihrem Selbstverständnis als Grundlagenforscher näherten sich die frühen Psychologen ihrem Gegenstand auf zwei Wegen: Je nach geistes- oder naturwissenschaftlichen Präferenzen trieben sie Psychologie »mit« oder »ohne Seele«.[22] Im ersten Fall verfolgten sie idiographische Ziele und versuchten, die seelischen Vorgänge aus der Ganzheit und Einmaligkeit des Individuums zu begreifen. Dabei gingen sie methodologisch vor allem introspektiv vor. Die zweite Gruppe verfuhr nomothetisch, wollte überindividuelle, allgemeine Gesetzmäßigkeiten psychischer Phänomene aufdecken. Methodologisch richtete sie sich nach dem Vorbild der Physik, bevorzugte also die kontrollierte Beobachtung und das Experiment. Diese beiden Ansätze blieben lange verhärtet und standen unversöhnlich nebeneinander. Erst in den letzten Jahrzehnten kam es zu einer gewissen Annäherung.

Um die tiefe Krise ihres wissenschaftlichen Selbstverständnisses zu überwinden und praktischen Forderungen zu genügen, öffnet sich die Psychologie heute zunehmend für die Erkenntnis, daß angesichts der Komplexität ihres Gegenstands weder ein streng nomothetisches noch ein rein idiographisches Verständnis angemessen sein kann. Metzger fordert von der Psychologie, endlich – wie jede andere Wissenschaft – zu erkennen, daß sie sowohl nomothetische als auch idiographische Aufgaben zu bewältigen hat:

> Die Psychologie ist eine experimentierende und zugleich verstehende, eine phänomenologisch beschreibende und, wo die Umstände es zulassen, auch messende und rechnende Wissenschaft.[23]

Das Ziel der frühen Psychologen, die sich gemäß ihrer Herkunft an Physik, Medizin und Biologie orientierten, war jedoch genauer definiert. Sie wollten das Verhältnis zwischen äußeren Gegebenheiten (Reizen) und inneren Empfindungen (Reaktionen) experimentell erforschen. Dabei suchten sie nicht nur nach den »Elementen« des Psychischen, sondern auch nach seinen Gesetzmäßigkeiten. Vertreter dieser Psychophysik waren Naturforscher wie Weber, Fechner und Wundt; letzterer gründete 1879 in Leipzig das erste psychologische Labor, machte also den entscheidenden Schritt zu einer »objektiven« Psychologie. Geistig-seelische Zustände sollten objektiviert, gemessen und möglichst auf physiologische Vorgänge zurückgeführt werden. Der Ansatz war – seiner Zeit gemäß – atomistisch und reduktionistisch.

Den Gegenpart bildete eine »verstehende« Psychologie, die mit den Namen Dilthey, Spranger und Jaspers verbunden ist. Sie begriff sich als phänomenologisch und anthropologisch, knüpfte also an geisteswissenschaftliche und philosophische Traditionen an. Ihre Vertreter lehnten die naturwissenschaftlich experimentelle Methode als zu oberflächlich ab, wollten menschliche Erfahrungen im Rahmen des sinnerfüllten Lebens verstehen und beschreiben. Methodisch griffen sie vor allem auf Introspektion und Hermeneutik zurück, ließen aber auch Raum für Intuition. Es galt, das Menschliche in seiner ganzheitlichen Dynamik zu erfassen; nicht die Elemente oder deren Zusammenwirken steuerten die seelischen Vorgänge, sondern das Ganze, die »Person«. Da das Ganze alles Einzelne bedingte, ließ sich das Besondere nur aus dem Gesamtzusammenhang verstehen.[24] Diese Auffassung setzte sich in der akademischen Psychologie zunächst nicht durch: Gegenüber den »abgesicherten« Ergebnissen einer »objektiven« Experimentalpsychologie erschien sie als zu spekulativ und daher unangemessen.

Ordnende Integration

Um die Jahrhundertwende entstanden Spielarten einer ganzheitlichen Psychologie, die eine Synthese der analytisch-experimentellen und der holistisch-funktionalen Ansätze herbeiführen sollte.[25] Ihr erklärtes Ziel war, das theoretische Interesse an der Komplexität menschlicher Erfahrung mit der geltenden naturwissenschaftlichen Methodologie zu verbinden. In der Frage, wie sich Sinneseindrücke zu Einheiten (Wahrnehmungen, Erlebnissen, Gefühlen) organisieren, knüpfte diese Bewegung an das Konzept der Selbstorganisation aus dem 19. Jahrhundert und methodologisch an Husserls Phänomenologie an.[26] Ihre Grundfrage lautete gemäß Metzger:

> Wie und auf welche Weise kann in der Welt so etwas wie Ordnung 1. zustande kommen, 2. auf die Dauer erhalten bleiben und 3. bei Störungen wiederhergestellt werden?[27]

Ihre Antwort:

> Es gibt ... Arten des Verhaltens und des Geschehens, die, frei sich selbst überlassen, einer ihnen selbst gemäßen und aus ihnen selbst entspringenden Ordnung fähig sind.[28]

Nach diesem »Grundsatz der natürlichen Ordnung« mußte die damals vorherrschende, elementar ausgerichtete Psychologie ihr Blickfeld erweitern: Neben Zuständen fremddeterminierter Ordnung waren auch die Gesetzmäßigkeiten interner Strukturbildung zu erforschen. Wenn Elemente von den konstituierten Gesamtheiten abhingen, ließ sich das spontane Auftreten von Ordnung nicht auf isolierte Zustände oder Vorgänge zurückführen. Eigenschaften hatten die Elemente nur im Verbund, so daß die analytische Methode weder zum Verständnis der Ganzheit noch der Elemente beitrug. Insofern war das Element der »Atomisten« eine unzulässige Verkürzung, eine willkürliche Reduktion, die das prägende Umfeld des Elements außer acht ließ. In der Gestalttheorie sollten statt dessen Ganzheiten (wie Figuren und Gestalten) erforscht werden.

Nach Herrmann[29] hatte die »Berliner Schule« der Gestaltpsychologie bis 1925 ein wissenschaftliches Gebäude errichtet, das später nur noch in den Details modifiziert wurde. So entwickelte sich ihre Gestalttheorie nach und nach von einer Psychologie zur Weltanschauung, die in der Wissenschaft ebenso gültig sein sollte wie im Leben.[30] Doch auch sie unterlag, wie alle psychologischen Theorien, den Forderungen ihrer Zeit, nämlich objektive, universell gültige Aussagen anzustreben. Ihr Grundpostulat lautete, daß zwischen den Gestalten der Psyche und der physikalischen Welt eine Isomorphie herrscht. Über der vergeblichen Suche nach Beweisen für diese Isomorphie verlor sie zunehmend an Bedeutung und Aktualität. Als Dekaden später die Systemtheorie aufkam, gewann der gestalttheoretische Ansatz jedoch wieder an Bedeutung.[31]

Innen und Außen

Etwa gleichzeitig mit der Gestalttheorie entstanden zwei weitere einflußreiche psychologische Ansätze – die Tiefen- und die Verhaltenspsychologie oder Psychoanalyse und Behaviorismus. Jene blickt tief ins Innere des Seelischen, diese auf das äußere, beobachtbare Verhalten. Die Tiefenpsychologie ging von klinischen Erfahrungen aus und übertrug das mechanistische Weltbild des späten 19. Jahrhunderts auf eine allgemeine Theorie des Psychischen, zog aber auch Konsequenzen für die Anthropologie und Gesellschaftstheorie. Die Verhaltenspsychologie wandte sich dagegen dem unmittelbar Beobachtbaren zu und entwickelte ein kausales Modell von Reiz und Reaktion. Primär im russischen und angelsächsischen Sprachraum entstanden, begriff sie sich als die direkte Antithese zur »mentalistisch« orientierten Bewußtseins- und Tiefenpsychologie. Auf der Basis von Experimenten formulierte sie eine Theorie des Lernens, die sie später auf alle psychischen Vorgänge ausdehnte.

Ich kann hier nicht auf Einzelheiten der beiden Systeme eingehen, sondern beschränke mich darauf, wie sie ihre Ziele bestimmten und ihre Methodologie begründeten. Obwohl die Ansätze auf den ersten Blick gegensätzlich wirken, sind sie programmatisch eng verwandt: Beide sollten die Determiniertheit allen menschlichen Verhaltens enthüllen und sich dabei auf analytische Methoden stützen.

Wendung nach innen: Das anfängliche Ziel der Tiefenpsychologie war aus der Sicht ihres Begründers Sigmund Freud, den inneren Zusammenhang zwischen seelischen und neurophysiologischen Prozessen aufzudecken und die Psyche naturwissenschaftlich zu erklären. In der 1896 erstmals so genannten »Psychoanalyse« erschien die Psyche als eine komplexe Wechselwirkung energetischer Kräfte. Diese Energien dienten teils der Selbsterhaltung, teils wirkten sie – angestaut oder fehlgeleitet – hinderlich.[32] Alles, was sich in den Tiefen der Seele abspielte, entsprach in der Theorie einem relativ einfachen Modell: Es gab einen »Regler« (Ich), eine Energiequelle (Es) und eine durch Sozialisation aufgebaute Kontrollinstanz (Überich). Die seelischen Prozesse gestalten eine Dynamik – Psychodynamik –, die dem Bewußtsein nicht zugänglich und nur indirekt erschließbar ist. Daher versteht sich die Tiefenpsychologie als eine Theorie des Unbewußten, das seinem Wesen nach irrational ist. Man nennt sie auch eine »Es-Psychologie«.[33] Ihre Methodologie ist analytisch angelegt, die intrapsychische Dynamik läßt sich allein durch die Zerlegung des Geäußerten in Elemente rekonstruieren. In der Praxis erfüllt sie hermeneutische Funktionen der Sinnstiftung, deren Nutzen nur kasuistisch oder intern nachweisbar ist.[34]

Freuds Psychoanalyse reduzierte das Psychische anfangs – sehr zum Groll seiner viktorianischen Zeitgenossen – auf Biologie. Der Mensch galt als prinzipiell oberflächlich zivilisiertes Wesen, das stets damit zu kämpfen hat, seine Triebe im Zaum zu halten. Durch Instinkte getrieben, trotze der Mensch dem unvermeidlichen Sieg der Entropie, dem Todestrieb, der auf Rückkehr in den anorganischen Zustand ziele; er verdamme den Menschen zur Aggression gegen sich und seine Spezies. Diese kulturkritischen (»metapsychologischen«) Grundannahmen veranlaßten später interne Revisionen der psychoanalytischen Theorie[35] und förderten die Gründung neuer Schulen im klinischen Bereich.[36]

Das Hauptproblem der frühen Psychoanalytiker bestand darin, ihre Methode auf die Dynamik des strukturell konzipierten psychischen Apparats anzuwenden. Da unbewußte Prozesse nur indirekt zugänglich waren, galt es, das Bewußtsein gleichzeitig zu nutzen und zu umgehen. Unter der Annahme, daß es in jeder Interaktion zum Austausch von psychischer Energie zwischen den Beteiligten kommt, konzentrierte sich die psychoanalytische Methode auf die energetische Besetzung des Analytikers durch den Analysanden und verwendete diese als Informationsquelle für die psychische Ausstattung des Untersuchten. Der Analytiker wurde also zum Forscher und Forschungsinstrument zugleich.

Einige Grundideen der Psychoanalyse haben das Menschenbild unseres Jahrhunderts nachhaltig beeinflußt, darunter folgende: Erleben und Verhalten des Menschen sind durch das Unbewußte determiniert; das Kind durchläuft in seiner Entwicklung graduelle Phasen der Objektbesetzung und bildet stabile innere Repräsentanzen aus. Diese Annahmen formten die pädagogische und juristische Praxis, beeinflußten soziologische, anthropologische und philosophische Theorien und prägten die nachfolgenden klinischen Konzepte, auch der systemischen Therapie.[37]

Wendung nach außen: Wissenschaftstheoretisch gesehen, ist die Verhaltenspsychologie ebenso wie die Psychoanalyse ein Kind des mechanistischen Weltbildes. Ihre Anfänge liegen im zaristischen Rußland, wo »Psycho-Reflexe« im Geiste des britischen Empirismus erforscht wurden.[38] In ihrer heutigen Form und Bedeutung, zumindest für die westliche Psychologie, geht sie jedoch auf den Amerikaner John B. Watson zurück.[39] Er prägte 1913 den Begriff »Behaviorismus« und knüpfte daran ein ganzes Programm: Die wissenschaftliche Forschung sollte deterministisch, empirisch, reduktionistisch und umweltorientiert ausgerichtet sein.[40] Methodologisch entschied er sich für das Experiment, die exakte Beobachtung und die induktive Analyse. Von allem »Ballast« des Mentalen, des Bewußtseins und des Subjektiven befreit, war die Verhaltenspsychologie als reine Naturwissenschaft angelegt. Das entsprechende Menschenbild war nach dem Modell eines Mechanismus von Reiz und Reaktion konzipiert, der ein undurchschaubares System nicht beobachtbarer Variablen bildete: die »black box«. Watson verwarf Instinkte und vererbte Dispositionen; nur der unbedingte Reflex blieb als Relikt angeboren. Um ihn gruppieren sich im Lauf des Lebens die bedingten Reflexe – als Gewohnheiten (*habits*) oder Grundeinheiten allen menschlichen Verhaltens.

Ab den dreißiger Jahren wurde der Behaviorismus, zunächst in den USA und später weltweit, zum bedeutendsten Ansatz der akademischen Psychologie. Hull, Tolman und Skinner waren die Pioniere, die das rein mechanistische Verständnis Watsons vorantrieben und ausdifferenzierten.[41]

Anfangs verfolgten Tiefen- und Verhaltenspsychologie trotz aller Unterschiede im Endeffekt das gleiche Ziel: Den Menschen analytisch zu erforschen und kausale Zusammenhänge festzustellen. Beide strebten die objektive Geltung ihrer Aussagen und Erkenntnisse an, beide generalisierten ihre klinischen oder experimentellen Befunde und übertrugen sie auf die »Natur des Menschen«. Beide wählten das Individuum als Grundeinheit ihrer Denksysteme, wobei Überindividuelles nur eine sekundäre Rolle spielte – als Objekt, Repräsentanz, sozialer Reiz, Verstärker usw.[42]

Beide Denkweisen wurden Mitte des 20. Jahrhunderts zu tragenden Säulen der Psychologie. Doch ihr gemeinsames – durch die Erfolge der Naturwissenschaften im 19. Jahrhundert gefördertes – Bild des Menschen als »mechanisches System« veranlaßte nach dem Zweiten Weltkrieg viele amerikanische Psychologen, sich zu einer »Dritten Kraft« zu formieren. In dieser

Sammelbewegung vereinigten sich alle, die mit dem mechanistischen Denken unzufrieden waren.

Infolge des Krieges hatten sie sich nicht nur auf ethische Werte, sondern auch auf die gesellschaftlichen Bedingungen menschlichen Verhaltens besonnen. Zudem weckte die Wiedereingliederung der ehemaligen Frontsoldaten ins Zivilleben einen gewaltigen Bedarf an psychologischer Beratung und Maßnahmen zur Rehabilitation. Dadurch entstand in der Folgezeit ein regelrechter »Psycho-Boom«, und man dachte neu über die Ziele der Psychologie nach. Die Experimental- und Persönlichkeitspsychologen, bis dahin ganz auf das Individuum fixiert, berücksichtigten zunehmend den Kontext,[43] und die Kliniker interessierten sich verstärkt für die soziale Einbindung ihrer Patienten.[44] Im Zusammenhang mit diesen Wandlungen rückten auch andere, bis dahin weitgehend vernachlässigte Aspekte menschlichen Lebens ins Blickfeld: Verantwortung, Kreativität und Liebe. Aus dieser Konzentration auf ethische und kontextuelle Momente gingen zwei neue psychologische Orientierungen hervor: die humanistische und die transpersonale Schule.

Hinwendung zur Person

Die phänomenologisch orientierte Humanistische Psychologie wollte nicht nur den Kulturpessimismus überwinden, den Psychoanalyse und Behaviorismus hinterlassen hatten, sondern trat auch mit dem Ziel an, das Reifen einer gesunden, moralisch integren Persönlichkeit zu studieren.[45] In dieser »Humanistischen Bewegung« schlossen sich so unterschiedliche Denker wie Fromm, Maslow, Perls und Rogers zusammen. Ihren Ansatz formulierte Erich Fromm 1949 wie folgt:

> Die wichtigste Lebensaufgabe des Menschen liegt darin, sich zu gebären und zu werden, was er potentiell ist.[46]

Aus humanistischer Sicht ist der Mensch prinzipiell gut, strebt nach Reifung und sozialer Integration, Wachstum und Verwirklichung seiner Möglichkeiten. Daher betont diese psychologische Strömung:
- die ganze Person und ihre Selbstverwirklichung;
- die Kreativität des Miteinanders; und
- die menschliche Liebe.[47]

Für C. R. Rogers bedeutete humanistische Psychologie, das Selbst in seinem individuellen Wahrnehmungsfeld und in der personalen Begegnung zu verstehen.[48] Seine ethischen Maximen waren Akzeptanz und Respekt vor dem Anderen; damit wollte er anderen die Möglichkeit eröffnen, aufrichtig über ihre Erfahrungen zu berichten. Die Erfahrung galt als alleinige Quelle der Wahrheit, so daß verläßliche Erkenntnis vor allem auf Empathie beruhte. Dennoch vertrat die humanistische Psychologie keinen Subjektivismus, suchte vielmehr in der Erfahrung des einzelnen das allgemein Menschliche und die Gesetze des menschlichen Miteinanders: »Es gibt ein echtes Miteinander, zu dem niemand gedrängt werden muß, weil es unmittelbar unserer Natur entspricht.«[49]

Rogers wollte jedoch – als Forscher – menschliches Verhalten nicht nur verstehen, sondern auch vorhersagen, beeinflussen und kontrollieren. Seine wissenschaftliche Zielsetzung unterschied sich also nicht grundsätzlich vom Projekt früherer Psychologien. Neu war jedoch der Respekt vor dem untersuchten Menschen, den er nicht als Objekt, sondern als autonomes Subjekt ansah. Rogers' Denken kreiste um das Konzept des Selbst als ein Komplex von Wahrnehmungen, Bedeutungen und Werten. Dieses organisierte System bleibe solange relativ konstant und stabil, bis das aktuelle Selbstkonzept in Widerspruch mit neuen Erfahrungen gerate. Sofern der dabei ausgelöste Konflikt emotional abgewehrt werde, stehe er der weiteren Selbstverwirklichung im Wege. Für eine gesunde Entwicklung sei entscheidend, daß Kinder in einem Klima der Offenheit, Authentizität und Zuwendung aufwüchsen; nur so könnten sich ihre Potentiale frei entfalten.

Diese ethischen Maximen prägten – wenngleich nicht unumstritten – die Pädagogik der sechziger und siebziger Jahre und bildeten die Grundlage der nicht-direktiven, klientenzentrierten Psychotherapie.[50]

Die »humanistische« Bewegung veränderte das Menschenbild der Psychologie ganz im Sinne Alfred Adlers: Statt seine Energien egoistisch auf realitätsgerechte Anpassung zu richten oder den Bedingungen seiner Umwelt hilflos ausgeliefert zu sein, war der Mensch prinzipiell gut und strebte in Gemeinschaft mit anderen nach Selbstverwirklichung. Die wichtigste ethische Maxime lautete daher: »Du kannst!« Der Mensch wurde ganzheitlich gesehen. So war die Psychologie aufgefordert, nicht naturwissenschaftlich zu denken, sondern nach eigenen, ihrem Gegenstand gemäßen Kriterien zu forschen. Diese sollten, im Sinne des Respekts vor der Person, Subjektivität, Emotionalität, Integrität und Ethik einbeziehen.[51]

Den Höhepunkt ihres Einflusses erreichte die humanistische Psychologie gegen Ende der sechziger und zu Beginn der siebziger Jahre, doch danach verlor sie an Bedeutung. Zum einen gelang es ihr nicht, ein »humanistisches« Wissenschaftskonzept durchzusetzen, da sie sich nur halbherzig vom gängigen Schema des Positivismus löste: Ihre quantitativen Arbeiten wurden von seiten der akademischen Psychologie zu Recht als methodologisch unsauber kritisiert. Zum anderen war sie durch einen subtilen inneren Widerspruch zwischen Respekt vor dem Individuum und einem verborgenen Imperativ geprägt: Der Grat zwischen »Du kannst!« (authentisch, reif, offen usw. sein!) und der Forderung »Du sollst!« war so schmal, daß sich die erreichte Stufe der Selbstverwirklichung wie von selbst in eine Hierarchie fügte, woraus humanistische Psychologen das Recht ableiteten, »bessere Menschen« zu erziehen; das relativierte ihre »humane« Einstellung drastisch und stieß auf erheblichen Widerspruch.

Über die Person hinaus

In den fünfziger Jahren übernahm die Psychologie einen Ansatz, der in den Naturwissenschaften entstanden war: die Systemtheorie. Mit ihm konnten Ganzheiten, früher eine Domäne der Metaphysik, anhand mathematischer und technischer Verfahren erforscht werden. Damit war ein neuer Weg eröffnet, nicht mehr isolierte Ereignisse, sondern die konstitutiven Relationen zwischen Ereignissen in großen Ensembles zu untersuchen.

Die Systemtheorie suchte vor allem nach *globalen Isomorphien* und begriff sich als ein den Einzelwissenschaften übergeordneter, sie verbindender holistisch-organismischer Ansatz. Lebende Systeme wurden als offene, umweltbezogene Ganzheiten gesehen, deren Ziele und Funktionen, Elemente und Verbindungen stets dem Ganzen untergeordnet sind. Das Prinzip der linearen Kausalität (Ursache-Wirkung) mußte in diesem Modell einer zirkulären Kausalität weichen, in der jedes Verhalten auf das betreffende Lebewesen zurückwirkt (*feedback*).

Der Biologe Ludwig von Bertalanffy, Begründer der »Allgemeinen Systemtheorie«, konnte Ende der sechziger Jahre feststellen, daß seine Disziplin als »new science« oder »viewpoint« anerkannter Bestandteil des akademischen Alltags geworden war, wobei er jedoch die akademische Psychologie bewußt aussparte: Noch heute hat sich das systemtheoretische Denken in diesem Fach nicht auf breiter Basis durchgesetzt, auch wenn klinische Forscher und Praktiker begannen, das neue Paradigma für ihre Arbeit zu nutzen.[52] In der Soziologie gewann dieses Denken durch T. Parsons und seine Schüler jedoch relativ früh an Bedeutung.[53]

Erste Erfolge des systemtheoretischen Denkens in der Psychologie brachten die Ansätze der Kommunikationstheorie. Mit ihnen ließen sich kommunikative Vorgänge transpersonal beschreiben, ohne auf biologische oder physikalische Analogien zurückzugreifen. Paul Watzlawick und seine Mitarbeiter erforschten redundante, in der Kommunikation entstehende Interaktionsmuster.[54] Durch die empirische Untersuchung zwischenmenschlichen Verhaltens sollten Regeln aufgestellt werden, denen diese Muster folgen. Watzlawick faßte soziale Interaktion als offenes System auf, das mit seiner Umwelt Informationen austauscht. Zum Beispiel ließ sich Familie als System begreifen, das sein inneres Gleichgewicht wahrt, indem es spezifische Beziehungsregeln befolgt.

Mit der Kommunikationspsychologie vollzog sich der entscheidende Übergang zum transpersonalen Denken. Zwar hatten auch schon die interaktionelle und die humanistische Psychologie ähnliche Ansätze vertreten, blieben jedoch durch Konzepte wie Bedürfnis, Charakter, Wachstum usw. dem Individuum verhaftet. Die Systemtheorie machte es hingegen möglich, menschliches Verhalten als eigenständiges, überindividuelles Phänomen zu beschreiben, das sich aus seinem jeweiligen »Kontext« erklären ließ. Damit war das psychologische Denken um die Dimension des Kontextuellen erweitert, hatte den Schritt zur »Systemwissenschaft« vollzogen. Allerdings war die Kommunikationstheorie ihrerseits in einem epochebedingten Kontext entstanden, in dem Pragmatismus und eine »Kybernetik erster Ordnung«[55] herrschten, was die Definition ihres Gegenstandes und die Wahl ihrer Methoden einengte:

– Sie beschränkte sich auf das direkt Beobachtbare, griff also auf die »black box« als heuristisches Modell zurück. Zudem wurde die empirische Kommunikationsforschung auf funktionale Aspekte wie »Input« und »Output« eingestellt, konzentrierte sich also auf das »Wie« von Abläufen. Zwar umging sie damit die spekulative Frage nach dem innerpsychischen »Warum«, handelte sich aber das nicht minder spekulative, funktionale »Wozu« (Systemerhaltung) ein. Insofern setzte sich die Kommunikationstheorie dem Vorwurf aus, wider Willen positivistische Verhaltenspsychologie zu treiben.
– Soziale Systeme galten als »offen«. Davon versprach sich zum Beispiel Watzlawick, das klassische Konzept des Individuums durch den Informationsaustausch im Rahmen von Beziehungen zu überwinden. Auf dieser Basis fiel es jedoch schwer, System und Umwelt klar voneinander abzugrenzen. Man konzipierte daher soziale Systeme analog zu »russischen Puppen« als verschachtelte Elemente einer hierarchischen Ordnung, in der jede Ebene als Kontext der unter ihr liegenden aufgefaßt wurde. Konsequent angewandt, hätte man also die Kommunikation eines Ehepaares nur verstehen können, wenn man die Großfamilie, die Nachbarschaft etc. einbezog oder eine rein willkürliche Abgrenzung vornahm.
– Der Beobachter blieb unbeteiligt. Kommunikationsabläufe sollten – ge-

mäß dem damaligen Stand der Systemtheorie – objektiv erfaßt werden, um die Funktionen und Regeln des jeweiligen Systems zu dokumentieren und gezielt auf dieses einzuwirken.

Rückwendung auf den Beobachter

Die interaktionelle Psychologie war ebenso wie die humanistische in den Jahren des materiellen und moralischen Wiederaufbaus nach dem Krieg entstanden; dagegen sprach die Systemtheorie eine Generation an, die sich Ende der sechziger Jahre kritisch mit dem Lebens- und Denkstil ihrer Eltern auseinandersetzte.

In der deutschen Psychologie leitete K. Holzkamp die Rückwendung auf den Beobachter ein, indem er für einen wissenschaftstheoretischen Konstruktivismus optierte und dessen kritisch-emanzipatorisches Potential hervorhob. In den USA war ihm G. Kelly bereits mit einer ähnlichen Initiative vorausgegangen.[56] Dadurch vollzog sich ein kritischer Wandel in der theoretischen Psychologie, der aber die Praktiker kaum erreichte: Erst in den achtziger Jahren erfaßte eine zweite Welle viele klinisch tätige Psychologen. Nach einem Jahrzehnt der Theoriefeindlichkeit und des Rückzugs in die »Innerlichkeit« besannen sie sich nun wieder auf Grundprobleme wie Kognition und Kommunikation. Manche fanden die gesuchten Antworten in der »kognitiven Psychologie«, andere entdeckten den »radikalen Konstruktivismus«.[57]

Wollte ich hier die »systemische Psychologie« als einen neuartigen Ansatz vorstellen, der konstruktivistische und systemtheoretische Elemente verbindet, so müßte es sie als einen etablierten Fundus von Ideen geben. Derzeit kann aber allenfalls von einer systemischen *Psychotherapie* die Rede sein. Daher möchte ich versuchen, das bevorstehende Projekt einer »systemischen Psychologie« aus heutiger Sicht zu skizzieren:

Eine systemisch konzipierte Psychologie müßte den konstitutiven Zusammenhang von Forscher und Erforschtem ernstnehmen und ihre Fragestellungen wie Methoden daran ausrichten. Behandelte man die nur künstlich simulierbare Trennung zwischen beiden als das, was sie ist – nämlich ein erkenntnistechnischer Notbehelf, aber kein Faktum –, könnte sich darauf eine »Wissenschaft vom Psychologen« stützen. Sie entspräche der epistemologischen Einsicht, daß jede Theorie – zumal wenn sie den Menschen erklären soll – wesentliche Züge ihres Urhebers trägt.

Heinz von Foerster meinte, die Theorie des Beobachters falle in die Domäne der Biologen – jener Lebewesen, die Theorien über das Leben aufstellen. Doch auch wenn den psychischen Vorgängen des Beobachtens, Beschreibens und Erklärens biologische Mechanismen zugrunde liegen, läßt sich die Psyche als eigenständige Dynamik betrachten, die sich nicht auf Körperlichkeit reduzieren läßt. Daher obliegt es den Psychologen, die zur Erfahrung gewordenen Ergebnisse jenes biologischen »Operierens« sowie deren Manifestationen als Verhalten zu »beobachten«, zu beschreiben und zu erklären. Da alle untersuchten Phänomene, einschließlich jener aus der Selbstbeobachtung, nur als beschriebene zugänglich und kommunikativ vermittelt sind, muß die Psychologie erforschen, was Selbstbeobachtung, Beschreibung und Mitteilung für die Erkenntnis bedeuten.

Psychotherapie im Wandel

Im folgenden skizziere ich die Entwicklung der vier wichtigsten psychotherapeutischen Schulen bis zur Entstehung der systemischen Therapie: Psychoanalyse, Verhaltenstherapie, humanistische Therapie und Familientherapie.

Diese Ansätze bildeten – metaphorisch gesprochen – vulkanische Inselreiche im Meer, deren Bewohner »geographiegemäß« je eigene Kulturen entwickelten und im Lauf der Zeit kaum noch voneinander erfuhren. Sie trieben ihre einst revolutionären Grundthesen bis zu dem Punkt voran, wo sie im Sinne Kuhns »normale Wissenschaften« wurden, also nicht mehr nach Neuem suchten, sondern Bewährtes in vielen Variationen wiederholten.

Hier interessieren vor allem die Antworten, die sie auf folgende Grundfragen der klinischen Theoriebildung gaben:

- Welcher Anlaß führt zum Nachsuchen um professionelle Hilfe?
- Wie entwickelt man eine darauf abgestimmte Methodologie des Helfens (Therapiekonzept)?

In den jeweiligen Antworten erkennen wir das vertraute Theorie-Praxis-Dilemma aller Disziplinen: Bei der ersten Frage sorgt das Bemühen um Wissenschaftlichkeit für eine relativ enge Annäherung an die zugrundeliegenden Theorien; bei der zweiten verselbständigen sich die Antworten, da sie meist von erfahrenen Praktikern stammen, die ihre alltägliche Arbeit begründen und vereinfachen wollen. Vermutlich wurden fast alle psychotherapeutischen Verfahren – wenn überhaupt – erst im nachhinein wissenschaftlich untermauert: Die Praxis der Psychotherapie ist weit mehr »Kunst« als Wissenschaft.[58]

Für das Verhältnis von Theorie und Praxis in der Psychotherapie gilt, wie Schiepek[59] kürzlich treffend zusammenfaßte: Die Praxis kommt gut ohne

Theorie aus, die Theorie ist der Praxis systematisch nachgeordnet, und die Praxis läßt sich so oder so – und doch konsistent – erklären. Erst wenn der »Deduktionsmythos«, die Praxis leite sich aus der Theorie ab, als solcher entlarvt sei, könne man theoretische Ansätze optimal nutzen. Dann trage Theorie dazu bei, die Praxis besser zu verstehen, sie heuristisch anzuregen, zu kritisieren und (im Phänomenbereich) zu begrenzen.

Übertragung und Gegenübertragung

Mit der Psychoanalyse entstand im psychosozialen Bereich erstmals eine vollständige Klinische Theorie. In der Folge wurde sie jedoch zu einem ausufernden Komplex anthropologischer, methodologischer und technischer Konzepte, den nur noch Experten überschauen. Daher beschränke ich mich auf jene ihrer therapeutischen Aspekte, die den Umgang mit zwischenmenschlichen Beziehungen und ihren Folgen betreffen. In ihnen sehe ich zugleich den bleibenden Beitrag der Psychoanalyse.

Wenn jemand um ihre Hilfe nachsuchte, erforschten die Psychoanalytiker anfangs die Möglichkeiten des *Ich*, seine integrative Funktion ohne innere Konflikte und die daraus resultierende Abwehr zu erfüllen. Später, beim Übergang zur »Ich-Psychologie«, rückte das *Selbst* in den Mittelpunkt der psychopathologischen Überlegungen. Mit Selbst sind jene organisierten Repräsentanzen und Affekte gemeint, aus denen die Kontinuität der Person und die Abgrenzung vom Nicht-Selbst resultiert. Als System aufgefaßt, ist das Selbst »das organisierte persönliche Weltmodell eines Menschen, einschließlich aller Regulationsvorgänge, die an seiner Organisation teilhaben«.[60] Damit ist das Selbst als psychisches System sowohl für innere Unregelmäßigkeiten als auch für umweltbedingte Belastungen anfällig.

Alle Störungen der Ich-Funktion oder Selbstregulation äußern sich letzten Endes auch in Beziehungen: Der Betroffene erlebt sich und andere verzerrt, deutet Beziehungsrealitäten unangemessen, richtet in der Gegenwart sein Verhalten nach früheren negativen Erfahrungen (Wiederholungszwang) oder läßt sie in neuen sozialen Situationen aufleben (Übertragung). Er kann sich also nicht für Neues öffnen. Das beeinträchtigt seine Liebes-, zuweilen auch Arbeitsfähigkeit.

Die Therapie muß also im Rahmen einer Beziehung erfolgen, in der neue, adäquate Erfahrungen entstehen können. Sie resultieren aus der Interaktion mit dem Therapeuten, indem der Patient für ihn neue, bisher blockierte oder unbekannte Beziehungsformen erprobt. So bildet er alternative Verhaltens- und Erklärungsmuster aus, die ihn weniger behindern sollen als die gewohnten. In dieser Hoffnung äußert sich der sinnstiftende, konstruktiv-hermeneutische Aspekt des psychoanalytischen Therapieverständnisses.

Therapeut und Patient gehen ein Zweckbündnis ein, in dem die »Übertragungsneurose« entsteht[61] – eine künstliche Krankheit, die den ursprünglichen Konflikt im Hier und Jetzt therapeutischer Situationen nachbildet und für den Therapeuten zugänglich macht. Daraus resultieren alle bedeutsamen Aspekte der Therapie. Der Therapeut nutzt seine Eindrücke aus dem Erleben der therapeutischen Interaktion (»Gegenübertragung«), um den Patienten zu verstehen und die Beziehung angemessen zu deuten. Durch seine Deutungen stellt er, auf einzelne Aspekte in der Vergangenheit des Patienten angewandt, einen neuen, kohärenten Sinnzusammenhang her (Konstruktion). Indem er sich an gewisse Beziehungsregeln hält, kann der Therapeut klar zwischen eigenen Interessen und Belangen des Patienten unterscheiden und diese Differenz therapeutisch nutzen. Zugleich helfen diese Regeln dem Patienten, die Abwehr gegen das Bewußtwerden innerer Konflikte und damit den Widerstand gegen die Therapie aufzugeben.

In den letzten Jahrzehnten hat die psychoanalytische Therapie einige Wandlungen durchlaufen, von denen ich drei besonders hervorheben möchte:[62] Der Therapeut gilt nicht mehr als neutraler Beobachter, sondern als Teilnehmer einer sozialen Interaktion;[63] das soziale Umfeld, vor allem die Familie, rückte mit ins Blickfeld;[64] und die Therapiedauer wurde durch Beschränkung auf »fokale Konflikte« verkürzt.[65]

Mut zum Handeln

Die Verhaltenstherapie[66] entwickelte sich aus Verfahren, die während der fünfziger und sechziger Jahre im angelsächsischen Sprachraum getrennt erarbeitet und erprobt worden waren. Zu ihren Wegbereitern zählten Eysenck und Shapiro (England), Wolpe, Lazarus und Rachman (Südafrika) sowie Skinner und Bandura (USA). Gemeinsam verfolgten sie das Ziel, Therapie empirisch zu fundieren und ihre Effizienz experimentell nachzuweisen. Jegliche Therapie sollte in den Bereich der Pragmatik eingegliedert werden und zu meßbaren Ergebnissen führen: Vom Therapeuten erwartete man gezieltes Handeln. Nach nunmehr vier Jahrzehnten ihres Bestehens ist die Verhaltenstherapie zu einer der erfolgreichsten Methoden geworden, die vielfältige Strategien einsetzt. Ihre Praxis ist durch mehr oder minder direkte Anleihen bei den Lerntheorien des Behaviorismus geprägt.

Die Verhaltenstherapie bestimmt den Anlaß, Hilfe zu suchen, nach dem lerntheoretischen und dem sozialwissenschaftlichen Modell abweichenden

Verhaltens.[67] Nach beiden unterscheidet sich »abnormes« Verhalten nicht qualitativ, sondern nur quantitativ vom »normalen«: Abnormes Verhalten gilt nicht als ein Symptom, sondern ist die Krankheit selbst. Nach dem lerntheoretischen Modell gehen Abweichungen von der Norm darauf zurück, daß adaptives Verhalten nicht, mangelhaft oder »falsch« erlernt wurde.[68] Dagegen bestimmt das sozialwissenschaftliche Modell abnormes Verhalten als Folge von Wertungen (»labeling«), die erst in der klinischen Situation anhand der geltenden normativen Erwartungen vorgenommen werden.[69]

Methodologisch greift diese Therapieform teils auf neue, teils auf sehr alte Verfahren der Verhaltenskontrolle zurück. Meist wurden sie nicht in klinischen, sondern in wissenschaftlichen Einrichtungen empirisch erprobt, so daß Theorie und Praxis auch hier auseinanderklafften. Viele der zunächst eindrucksvollen Resultate konnten nicht direkt auf psychiatrische Kliniken und andere klinische Einrichtungen übertragen werden: Oft waren die Methoden zu simpel, und die Bedeutung des sozialen Umfeldes wurde übersehen.[70]

In der Praxis richtet sich die Verhaltenstherapie nach folgendem Grundschema:

- Funktionale Analyse der verhaltensbedingten, kognitiven oder sozialen Faktoren, die Probleme und Störungen erzeugen und aufrechterhalten (Verhaltens- bzw. Problemanalyse).
- Motivierung des Betroffenen zur aktiven Mitarbeit, etwa durch Aufklärung über die pathogenen Faktoren und über den geplanten Therapieverlauf.
- Wahl geeigneter Handlungsstrategien, um die pathogenen Faktoren zu beseitigen und die Störung(en) zu beheben.
- Evaluation der erreichten Resultate und kausale Erklärung durch die angewandten Verfahren.

Die Verhaltenstherapie sollte das noch in der Psychoanalyse vertretene »medizinische Modell«[71] und die mit ihm verbundene nosologische Diagnostik überwinden, behielt aber in der Praxis das traditionelle medizinische Vorgehen – erst Diagnose, dann kausale Therapie – bei.[72] Daran änderten auch die später aufkommenden kognitiven Therapien nichts. Zudem zeigte sich, daß die Praxis, anders als ursprünglich angenommen, durch lerntheoretische Prinzipien nicht angemessen zu fundieren war.

Das Hauptverdienst der Verhaltenstherapie dürfte darin liegen, daß sie eine erste Alternative zu den herkömmlichen Ansätzen bot und den Horizont der Psychotherapie entsprechend erweiterte. Außerdem brachte sie mehrere wichtige Neuerungen, darunter einen ersten Versuch zur Überwindung des medizinischen Krankheitsmodells, die aktive Einbeziehung des Therapeuten und die Abkürzung der Therapie, förderte aber auch eine kritische Rückbesinnung auf Effizienz und entwickelte viele nützliche Handlungsstrategien.

Respekt als Grundhaltung

Die humanistische Bewegung brachte unter anderen zwei sehr einflußreiche Ansätze hervor: die Gestalttherapie (F. Perls) und die klientenzentrierte Gesprächstherapie (C. R. Rogers). Beide gründen auf der Ansicht, daß eine gesunde Persönlichkeit nur heranreift, wenn sich die im Menschen angelegten Wachstumspotentiale frei entfalten können. Abnormes Verhalten resultiere, wenn die freie Entfaltung infolge widriger Umstände der individuellen Entwicklung blockiert werde.[73] Im einzelnen:

- Aus gestalttherapeutischer Sicht strebt jeder Mensch nach Reifung, um seine »gute Gestalt« selbstverantwortlich abzuschließen. Dabei muß er jedoch bestimmte leidvolle Erfahrungen – etwa die Ablösung von den Eltern – annehmen, durchstehen und integrieren. Ansonsten belasten sie ihn stets als »unbewältigte Aufgabe« (»unfinished business«), so daß er nicht selbstverantwortlich handeln kann, sondern in dem Gefühl lebt, noch ein Kind oder das Opfer seiner Lebensbedingungen zu sein.
- Gemäß der klientenzentrierten Therapie ist eine Persönlichkeit gesund, wenn sie neue Erfahrungen integrieren kann. Die Kongruenz zwischen Selbst und Erfahrung läßt keine Abwehr aufkommen und öffnet den Menschen für Neues. Bei Inkongruenzen zwischen aktuellen Erfahrungen und den im Selbstkonzept angelegten Erwartungen kommt es zu einer psychischen Fehlanpassung. Bedrohliche, das innere Gleichgewicht störende Erfahrungen werden mittels starrer defensiver Haltungen abgewehrt. Daraus resultiert unter anderem, daß Wahrnehmungen verzerrt, Gefühle unterdrückt und intime Beziehungen gemieden werden.

Beide Therapieformen sollen den in seiner Reifung behinderten Menschen veranlassen, seine Vermeidungs- und Defensivstrategien aufzugeben. Der Therapeut strebt eine egalitäre Beziehung zu seinem »Klienten« an. Im Hier und Jetzt können die hinderlichen Defizite und Inkongruenzen nochmals erlebt und durch sinnvolle Alternativen ersetzt werden. Differenzen bestehen nur bezüglich des Wie. Ein wesentlicher Aspekt dabei ist, in welchem Maße der Therapeut direktiv handeln und »fördernd« eingreifen soll.

- Der Gestalttherapeut geht – anders als der Psychoanalytiker – bewußt direktiv vor. Durch Techniken (Rollenspiel, Traumdeutung, Körperübun-

gen usw.), die den Klienten anregen, seinen aktuellen Zustand zu äußern und intensiv zu erleben, soll dieser seine Umwelt bewußt, wach und aufmerksam wahrnehmen (»awareness«). Das befreie ihn von inneren und äußeren Zwängen. Die auf kurze Behandlungsdauer angelegte Gestalttherapie dient nicht dem Ziel, alle »offenen Gestalten« abzuschließen, sondern will dem Klienten erstmals Möglichkeiten eröffnen, für sich selbst einzustehen.
- Der klientenzentrierte Therapeut unterstützt die Tendenz seines Klienten zur Selbstverwirklichung, indem er sich eher zurückhält und dessen Streben einfühlsam, zugewandt und aufrichtig begleitet. Jeder gezielte Eingriff mit Blick auf Denkkonstrukte und Normen – etwa Diagnostik, psychopathologische Kategorisierung, kausale Intervention, Belehrung, Enthüllung usw. – gilt nicht nur als überflüssig, sondern als unmoralisch und respektlos, wird also abgelehnt.

Die zentralen Beiträge des humanistischen Ansatzes zur Entwicklung der Psychotherapie sind: Betonung des Hier und Jetzt (Orientierung an der Gegenwart), Konzentration auf die Eigenarten des Hilfesuchenden (Klientenzentriertheit) und auf die Beziehung zwischen Klient und Therapeut (Interaktionsansatz). Zudem fördert die humanistische Therapie, was ohnehin im Klienten angelegt ist (orientiert sich also an den »Ressourcen«), und berücksichtigt dabei die Autonomie des Klienten (»Respekt als Grundhaltung«).

Zirkularität und Homöostase

Bis Mitte des 20. Jahrhunderts lag es im Selbstverständnis der Psychotherapie, ständig Anleihen bei Physik und Medizin zu machen, doch neuerdings bevorzugt sie genuin psychosoziale Modelle, sucht den Ursprung pathologischer Prozesse weniger im Psychischen als im Interpersonellen: Der Therapeut gab zunehmend seine distanziert analytische Haltung auf und wurde zum aktiv Involvierten. Dadurch wanderte der beobachtende Blick vom Individuum auf die Gruppe und das soziale Netzwerk. Die Familientherapie war geboren.

Erste Versuche, Familienangehörige in die Therapie von Kindern einzubeziehen, soll A. Adler im Wien der zwanziger Jahre gemacht haben. Eine eigenständige familientherapeutische Praxis entstand aber erst Anfang der fünfziger Jahre in den USA; Europa folgte ein Jahrzehnt später. H. Goolishian berichtete, daß in den USA einzelne Teams unabhängig voneinander begannen, mit Familien zu arbeiten. Einige Kliniker fragten sich, warum Jugendliche, die erstmals an »Schizophrenie« erkrankt waren, nach stationär erzielter Besserung und Entlassung in ihre Familien häufig mit schweren Rückfällen in die Klinik zurückkamen. Sie luden die Eltern zu Gesprächen ein oder suchten sie auf. Dabei erkannten sie Regelmäßigkeiten im Interaktionsverhalten der Familien, stellten aber auch fest, daß sich der gebesserte Zustand ihrer Patienten stabilisieren ließ, wenn man diese Muster durchbrach.[74]

Diese klinisch gewonnenen Erkenntnisse waren zunächst *ad hoc* entstanden und theoretisch nicht adäquat fundiert. Da sich die Psychotherapie am Individuum ausrichtete, reichte ihr theoretischer Überbau nicht aus, um das komplexe Geschehen in Familien zu verstehen. Viele Pioniere der Familientherapie – etwa Boszormenyi-Nagy, Bowen, Minuchin und Satir – mußten ihre erfolgreiche Praxis also mit provisorischen Konzepten erklären.

Diese Situation zwang zum Umdenken. Wichtige Anregungen kamen von dem vielseitigen Anthropologen Gregory Bateson, der sich gerade mit Problemen der psychiatrischen Forschung befaßte.[75] Er trug seine Kenntnisse aus Ethnologie, Kybernetik, mathematischer Logik, System- und Informationstheorie in die aufkeimende Praxis der Familientherapie. Nicht zuletzt dank seiner Initiativen gelang es dieser, eigenständige Konzepte zu entwikkeln: Die Systemtheorie setzte sich auch in der Psychotherapie durch. Damit rückten statt psychischer Elemente und Zustände verbindende Muster und Prozesse ins Zentrum des Interesses; als Grundbegriffe dienten nicht mehr Eigenschaften, Konstanz und lineare Kausalität, sondern Ganzheit, Rückkopplung und Zirkularität.

In den siebziger Jahren fand die Familientherapie bei Klinikern großen Anklang. Alle führenden Schulen – darunter Psychoanalyse, Verhaltens-, Gestalt- und klientenzentrierte Therapie – nahmen die Arbeit mit Familien in ihr Repertoire auf. Meist erweiterten sie ihr »Setting« vom Individuum auf die Familie, trugen aber nicht wesentlich zur konzeptuellen Weiterentwicklung des neuen Ansatzes bei. Ausnahmen bildeten in der humanistischen Tradition verwurzelte, »wachstumsorientierte« Therapeuten wie Virginia Satir und einzelne Psychoanalytiker.

Den Kern der neu formierten Familientherapie bildeten jedoch der strategische, der strukturelle und der systemische Ansatz.[76] Zwischen ihnen bestehen mehrere konzeptuelle und methodologische Gemeinsamkeiten. Pragmatisch an Effizienz orientiert, fassen sie Familien auf als offene soziale Systeme, die sich strukturell durch Interventionen gezielt verändern lassen. Die Familie bildet ein Netz von Verhaltensregeln, mit denen sie ihr inneres Gleichgewicht – die »Homöostase« – wahrt.[77] Innere und äußere Bedrohungen der Homöostase werden durch »negatives Feedback« – oft als »Symptom« bewertet – neutralisiert oder ausgeblendet. Symptomatisches Verhalten hat also eine wichtige Funktion für den Bestand der Familie und ist insofern nicht Ausdruck einer »individuellen Pathologie«. Von außen betrachtet, kann es sich jedoch als korrekturbedürftige Dysfunktionalität des Systems darstellen. Man spricht dann von »psychotischen« oder »psychosomatischen« Familien, mit Blick auf den Einzelnen vom »Symptomträger« oder »Indexpatienten«. Die drei genannten Ansätze lassen sich wie folgt skizzieren:

Strategische Familientherapie. (Hierzu zählen die Beiträge Jay Haleys und die frühen Arbeiten des Mental Research Institute in Palo Alto.) Therapeutisch relevante Probleme entstehen durch den wiederholten Versuch, ungeeignete Lösungen auf Schwierigkeiten des Alltags anzuwenden. Fehllösungen lassen sich in drei Grundformen gliedern: Eine Schwierigkeit wird geleugnet, so daß die Lösung unterbleibt; es wird versucht, eine unlösbare oder inexistente Schwierigkeit zu lösen; die Lösung basiert auf einem logischen Irrtum, was Paradoxien zur Folge hat, etwa wenn eine »Veränderung erster Ordnung« (mehr desselben tun) angestrebt wird, obwohl eine solche »zweiter Ordnung« angebracht wäre (etwas anderes tun). Sind Lösungen untauglich und haben sich festgefahren, muß die Therapie darauf zielen, die problemerzeugenden Prozesse durch strategisches Eingreifen zu unterbrechen.

Strukturelle Familientherapie. (Begründet durch den Argentinier Salvador Minuchin). Ausgangspunkt ist ein normatives Modell der funktionierenden Familie, in dem sich viele Elemente des »American dream« nachweisen lassen:[78] Familien sollen klare Grenzen zwischen den Generationen ziehen, die Kompetenzen hierarchisch verteilen und diese innere Struktur den eigenen Entwicklungszyklen und der Umwelt anpassen. Weichen Familien von dieser Norm ab, scheitern sie an den wandelbaren Bedingungen, und es kommt zu Störungen in Form von Symptomen. Der Therapeut hat diese Störungen zu erkennen und durch korrigierende Eingriffe in die Struktur der Familie zu beseitigen.

Systemische Familientherapie. (Geprägt durch M. Selvini Palazzoli und ihre Mailänder Arbeitsgruppe). Dieser Ansatz geht von der klinischen Arbeit Haleys und Watzlawicks aus und orientiert sich an der Epistemologie Batesons. Er bestimmt die Familie prinzipiell als ein selbstorganisiertes System, wobei pathologische Familien als Opfer eines unentrinnbaren »Spiels« gelten. In diesem Spiel seien die Teilnehmer zu paradoxen Interaktionsformen gezwungen, deren Redundanz die Homöostase schütze. Die Therapie muß sich also gegen das Spiel selbst richten, also Gegenparadoxien entwickeln. Dabei wird das pathologische Verhalten durch geeignete Interventionen »funktionalisiert«, was die Familie zum Widerspruch und zur Veränderung des Spiels provoziert. Dabei befolgt das Therapeutenteam drei Richtlinien: Hypothetisieren (funktionale Einordnung des Symptoms in das Spiel der Familie), Zirkularität (Prüfung der Hypothese durch zirkuläres Befragen und Orientierung an den Antworten) und Neutralität (Wahrung der Allparteilichkeit gegenüber allen Familienmitgliedern). Jede Sitzung endet mit einem Kommentar oder einer Verschreibung, die paradox zum pathologischen Spiel der Familie stehen und es daher »blockieren« (»verunmöglichen«).

Insgesamt hat die Familientherapie folgende wichtige Neuerungen herbeigeführt: Die Übertragung des zirkulären Denkens auf das Verständnis der Interaktion und, damit verbunden, die Abkehr von linear-kausalen Erklärungsmustern sowie die Verlagerung pathologischer Phänomene von der Person auf zwischenmenschliche Prozesse. Durch Orientierung an kybernetischen Modellen gelang es zudem, die Therapieabläufe zu verkürzen, zu vereinfachen und effizienter zu gestalten.

Resümee

Die Geschichte der Psychotherapie zeigt, daß spätere Ansätze die vorgefundenen Konzepte meist als Bausteine oder als Negativfolien verwendeten. Abbildung 2 geht von den theoretisch und praktisch zu lösenden Grundproblemen aus: Konzeptualisierung des Anlasses der Bitte um Fremdhilfe und eines darauf abgestimmten Therapiekonzepts. Diese Konzepte werden im Hinblick auf folgende Aspekte zusammengefaßt: Therapieziel; Form der therapeutischen Beziehung; Haltung des Therapeuten; und technisches Vorgehen.

Die Abbildung skizziert wichtige Stationen in der Entwicklung der Psychotherapie. Auf der linken Seite finden sich jene Schulen, die den zwischenmenschlichen Prozeß von Therapeut und Klient betonen. Rechts habe ich die Ansätze dargestellt, die Problemlösung und Intervention hervorheben. Dadurch wird sichtbar, daß Schulen der Psychotherapie jeweils Fragen beantworten, die psychisches Leiden im Kontext seiner Zeit und vermittelt durch den jeweiligen Forschungsstand aufwirft. Jede Therapieform ähnelt also einer Stufe auf Eschers kurioser Treppe – die immer höher zu führen scheint, aber in sich geschlossen ist und so zum Ausgangspunkt zurückführt, wo die Auf- oder Abwärtsbewegung jeweils von vorne beginnt.

GRUNDFRAGEN

1. Problemverständnis
2. Therapiekonzept:
   a. Therapieziel
   b. Therapeutische Beziehung
   c. Haltung des Therapeuten
   d. Technisches Vorgehen

PSYCHOANALYTISCHE THERAPIEN

1. Psychischer Konflikt/Defizit
2. a. Korrigierende Erfahrung
   b. Übertragung/Gegenübertragung
   c. Aufmerksamkeit, Zurückhaltung
   d. Deutung, Konstruktion

VERHALTENSTHERAPIEN

1. Lernstörung/-defizit
2. a. Um-, Verlernen, Anpassung
   b. Problemzentr. Lernsituation
   c. Aktivität, Transparenz
   d. Symptombezogene Intervention

HUMANISTISCHE THERAPIEN

1. Blockiertes Selbstpotential
2. a. Selbstentfaltung
   b. Klientenzentrierter Dialog
   c. Zuwendung, Echtheit, Respekt
   d. Verbalisierung, Aktualisierung

FAMILIENTHERAPIEN

1. Dysfunktionalität in der Familie
2. a. Veränderung der Familie
   b. Problemzentriertes System
   c. Zirkularität, Neutralität
   d. Systembezogene Intervention

SYSTEMISCHE THERAPIE

1. Lebensproblem
2. a. Problemverwindung
   b. Öffnender Dialog
   c. Nutzen, Respekt, Schönheit
   d. Fragen, Reflektieren, Empfehlen

Abbildung 2. Stationen der Psychotherapie.

II. SYSTEMISCHES DENKEN

3. Biologische Grundlagen

Im folgenden entfalte ich den metatheoretischen Denkhintergrund des systemischen Denkens, beschränke mich jedoch auf biologische und sozialtheoretische Gesichtspunkte, da alles therapeutische Helfen biologisch-individuelle und sozio-kommunikative Vorgänge betrifft. Die biologischen Grundlagen betreffen das Menschenbild, Kognition und Lebenspraxis, die soziologischen das Verständnis menschlicher Kommunikation und sozialer Systeme.

Beide Grundpfeiler des systemischen Denkens stützen auch die im Anschluß dargestellte Klinische Theorie, als Präzisierung der Begrifflichkeit. Allerdings soll nicht der Eindruck entstehen, Psychotherapie werde »biologisiert« oder »soziologisiert«.

Was heißt »systemisch«?

Das Adjektiv »systemisch« kennzeichnet hier einen allgemeinen Denkansatz, ein *konstruktivistisches* Verständnis von Systemtheorie. Bezogen auf Therapie meint es die Umsetzung dieses Denkansatzes in die helfende Praxis. In negativer Abgrenzung setzt systemisches Denken keinen »analytischen Atomismus« voraus, es fördert keinen »ontologischen Reduktionismus« und stützt sich nicht auf »lineare Kausalität«. Vielmehr gelten »Systeme« als Konstrukte der menschlichen Erkenntnis oder »Kognition« (sind also nicht Modelle objektiver Sachverhalte). Aufgrund ihrer Abhängigkeit von der Kognition kommen diese Muster nicht durch kausale Verkettung zustande, sondern folgen der zirkulären Bewegung von Beobachten und Denken.

Systemisches Denken hat, als Grundstruktur der Kognition, zwar einen umfassenden Geltungsanspruch; da es aber ein *geschlossenes* System bildet, in dem alle Sätze miteinander verknüpft sind, kann es nur intern Geltung beanspruchen. Für »systemische Therapeuten« ist diese Kennzeichnung daher ein Pleonasmus und dient allenfalls der Selbstkontrolle, wenn sie ihr Denken und Handeln am Anspruch der theoretischen Vorgabe messen.

Insofern ist systemisches Denken keine Theorie, sondern eher eine »Supratheorie« im Sinne Luhmanns.[1] Es definiert eine ontologische und epistemologische Positionsbestimmung, also eine »Sichtweise« (Steier), ein »Paradigma« (Kuhn) und eine »Kultur« (Wittgenstein, Maturana). Wissenschaftstheoretisch und lebenspraktisch gesehen, grenzt es einen Bereich des

»Selbstverständlichen« (Hofstätter) ab, einen Kontext verflochtener Erkenntnisse, die das Miteinander und die alltägliche Verständigung steuern. Das bleibt weitgehend unbemerkt, denn das Eingebettetsein in einen Konsens spürt man in der Regel nur bei der Gegenüberstellung mit dissonanten Alternativen, an denen die spontane Verständigung scheitert.

Im direkten Umfeld des Adjektivs »systemisch« liegen Konzepte wie »Kybernetik«, »Synergetik«, »Selbstorganisation«, »Selbstreferenz« und »radikaler Konstruktivismus«. Sie alle variieren *ein* Thema und unterscheiden sich nur im Sprachgebrauch der Ursprungsdisziplinen. Ich habe hier den Terminus »systemisches Denken« gewählt, weil er im psychotherapeutischen Bereich geläufig ist. Viele definieren ihn im Gegensatz zum »analytischen Denken«, aber das engt seinen Geltungsbereich unnötig ein, da er auch analytische Elemente einbeziehen kann.

Das systemische Denken verflüssigt den analytischen Diskurs des Westens und bildet eine Synthese, in der alle wichtigen Ansätze der traditionell eher künstlich geschiedenen Natur-, Geistes- und Sozialwissenschaften Platz finden.[2] In dieser »neuen Synthese« fungiert der Mensch als Erfinder und Bewahrer seiner geistigen Welten.

Biologie und Erkenntnis

Bei den biologischen Grundlagen systemischen Denkens beschränke ich mich auf die relevanten Konzepte des chilenischen Neurobiologen Humberto Maturana. Sie betreffen die Biologie der Kognition und die Definition des Lebens als Autopoiese, mit den entsprechenden ethischen und wissenschaftstheoretischen Konsequenzen. Angesichts der Bedeutung Maturanas für die systemische Therapie verzichte ich auf eine vergleichende Gegenüberstellung mit verwandten Positionen wie denen Piagets, Riedls, Hakens oder Batesons.[3]

Erkennen: Ein biologisches Phänomen

Biologie des Erkennens. Für manche wirkt die Auseinandersetzung mit den Gedanken Maturanas wie ein »Schock«. Er selbst formulierte zu Beginn des gemeinsam mit Francisco Varela verfaßten Buches *Der Baum der Erkenntnis* folgende Warnung:

> ... dieses Buch kann als Aufforderung angesehen werden, unsere habituelle Versuchung der Gewißheit aufzugeben.[4]

Schockieren dürfte vor allem, daß ein Neurobiologe als Vertreter der »harten« Naturwissenschaften behauptet:

- Menschliches Erkennen ist ein biologisches Phänomen und nicht durch die Objekte der Außenwelt, sondern durch die Struktur des Organismus determiniert.
- Menschen haben ein operational und funktional geschlossenes Nervensystem, das nicht zwischen internen und externen Auslösern differenziert; daher sind Wahrnehmung und Illusion, innerer und äußerer Reiz im Prinzip ununterscheidbar.
- Menschliche Erkenntnis resultiert aus »privaten« Erfahrungen, ist als Leistung des Organismus grundsätzlich subjektgebunden und damit unübertragbar.
- Der Gehalt kommunizierter Erkenntnisse richtet sich nach der biologischen Struktur des Adressaten.

Diese vier Thesen bilden meines Erachtens den Kern der Kognitionstheorie Maturanas.[5] Bezüglich der wissenschaftstheoretischen Frage, was der Mensch sicher erkennen kann, folgt daraus:

- Erkennen ist weder getreue Abbildung (Repräsentation) einer vom Erkennenden unabhängigen Realität noch willkürliche oder beliebige Konstruktion. Vielmehr dient es der Lebenserhaltung und entspricht damit den strukturellen Möglichkeiten und dem jeweiligen Zustand des Erkennenden.
- Die traditionelle Forderung nach Objektivität als Entsprechung von Außen und Innen (*adaequatio rei et intellectus*) übersteigt die Erkenntnismöglichkeiten des Menschen – auch in der Psychologie. Die biologische Gebundenheit allen Erkennens und das Fehlen eines Mechanismus, um zwischen Illusion und Wahrnehmung zu unterscheiden, beschränkt das Kriterium der Objektivität auf rein kommunikative Zwecke.
- Kommunikation ist ein fortlaufender, erneuerungsbedürftiger Prozeß, dessen Effizienz und Informationsgehalt nur der Adressat bestimmt. Gleichheit der strukturellen Zustände von »Sender« und »Empfänger« läßt sich weder gezielt herbeiführen noch von einem Beobachter feststellen. Sie entfällt daher als Kriterium der wissenschaftlichen Erkenntnis oder Wahrheit.

Der Nutzen von Erkenntnissen. Will man dennoch Beliebigkeit und Intransparenz im wissenschaftlichen Diskurs begrenzen, kommt nur ein pragmatisches Kriterium in Betracht. Als ein solches schlage ich *kommunikative Brauchbarkeit* vor. Dieses Kriterium betrifft die operationale Koordination derer, die an einem Kommunikationsprozeß beteiligt sind und gleiche Ziele verfolgen. Es ist erfüllt, wenn Sprecher und Adressat ihr zielgerichtetes Vorgehen durch Austausch optimal koordinieren können. Eine Erkenntnis ist kommunikativ brauchbar, wenn sie sich beschreiben, also mitteilen läßt, eine angestrebte Koordination fördert und einen Vorteil (Zugewinn) gegenüber anderen Erkenntnissen oder der Unkenntnis bedeutet. Brauchbarkeit heißt also, daß eine Erkenntnis von Menschen mit gleichen Nützlichkeits- oder Geltungskriterien als nachvollziehbar, effektiv und gewinnbringend bewertet wird.

Eine Herausforderung. Systemisches Denken nimmt dem Wissenschaftler die Hoffnung, sicher erkennen zu können, wenn er nur die Spielregeln einhält. Das wissenschaftliche Projekt, »der Welt« ihre Wahrheiten zu entlocken, verliert seinen Sinn; gleichzeitig wird Forschen ohne Rücksicht auf die Folgen anachronistisch. Wie jede Kritik an tradierten Selbstverständlichkeiten und jede neue Sinnstiftung, hat auch das systemische Denken zwei Konsequenzen: Es eröffnet dem Wissenschaftler ungeahnte Perspektiven und raubt ihm zugleich die Gewißheit des Vertrauten. Der Weg ins Neue führt zunächst durch Unsicherheit, Zweifel und Ablehnung. Das kennzeichnet die heutige Lage der systemischen Denker: Sie müssen nicht nur prüfen, ob die bekannten Mittel der Wissenschaft auch im neuen Denksystem brauchbar sind, sondern gleichzeitig angemessene Kriterien entwickeln und ihre Position neu bestimmen.

Im gewissen Sinne sieht sich der systemische Wissenschaftler der ersten biblischen Frage ausgesetzt: »Wo bist du?« Sie beendet den naiven Umgang mit der Natur – den Paradies-Zustand – und führt die Unterscheidung von Gut und Böse in den menschlichen Diskurs ein.[6] Man kann von einer zweiten Vertreibung aus dem Paradies sprechen: Das Ich des Wissenschaftlers und die Verantwortung für sein Tun stehen fortan im Mittelpunkt. Er kann seine Verantwortung nun nicht mehr auf die »objektive Realität« abwälzen.

In dieser ethischen Konsequenz tritt die »Schockwirkung« des systemischen Denkens am deutlichsten zutage. Statt »objektiver Realität« erforscht der Wissenschaftler jetzt die biologische Struktur dessen, der eine Welt *erschafft*. Er wendet sich also dem Beobachter zu, das heißt, sich selbst als demjenigen, der sich im Akt des Beobachtens konstituiert.

Erkenntnis dringt nicht in verschlossenes »Terrain« ein, sondern »kartographiert« (beschreibt). Wenn wir aber die Güte oder Qualität der Karten beurteilen wollen, müssen wir uns – da das Territorium unzugänglich bleibt – mit dem Kartographieren und der Struktur des Kartographen befassen. Um eine Welt zu verstehen, benötigen wir demnach eine Beschreibung ihres Beschreibers: eine Theorie des Beobachters, die auch den Beobachter des

Beobachters zu umfassen hat. Da alle Beobachter derselben Gattung angehören und ähnlich strukturiert sind, genügt aber die Beschreibung eines Standard-Beobachters (Wissenschaftlers) als normative Bezugsgröße.[7]

Beschreibung. Alles Beschreiben besteht aus Unterscheiden, setzt also einen Vergleich voraus – sei es zwischen Objekten, zwischen Objekt und Hintergrund oder zwischen Objekt und Nicht-Objekt. Beschrieben werden immer die Relationen oder Interaktionen des Gegenstandes (der auch ein Gedanke, Gefühl oder Konzept sein kann) mit anderem:

> Ein Gegenstand ist für einen Beobachter, was er beschreiben kann. Beschreiben heißt, die tatsächlichen oder möglichen Interaktionen und Relationen des Gegenstandes aufzuzählen.[8]

Beim Beschreiben erzeugt der Beobachter Unterschiede in der ihm eigenen Weise: sprachlich. Er zählt die Interaktionen auf, die er mit den erzeugten Unterschieden durchlaufen kann. Die Grundelemente der menschlichen Welt sind also Beschreibungen: Unbeschriebenes, sprachlich nicht Unterschiedenes, existiert darin nicht. Jeder Versuch, die Sphäre des Beschriebenen zu verlassen und »die Sachen selbst« zu erreichen, mündet in eine weitere Beschreibung, ist also vergeblich: Man verbleibt immer in der Sphäre des Beschreibens. Hierzu Maturana:

> Beim Nachdenken über diese Dinge entdeckte ich, wie oft uns die Sprache dazu verführt, die Beschreibung der Beschreibung eines Phänomens mit der Beschreibung des Phänomens selbst zu verwechseln.[9]

Das gilt besonders für die Beschreibung von Menschen. Hier kann sich die vergleichende Beobachtung auf verschiedene Lebensphasen (biographisch), auf andere Personen (differentiell) oder auf abstrakte allgemeine Werte (normativ) stützen. Jedenfalls sind immer Vergleiche erforderlich, ohne die es keine Beschreibung geben kann.

Alle Beschreibungen verweisen auf ihren Urheber zurück, indem sie dokumentieren, wie wir beobachten. Hinter jeder Beschreibung steht letzten Endes ein Beobachter. Beschreiben ist selbstreferentiell, vollzieht sich in einem geschlossenen Feld rekursiver, auf sich selbst zurückwirkender Operationen. Menschliches Erkennen basiert daher auf einem endlosen, rückbezüglichen Prozeß des inneren »Errechnens«[10] von Eigenzuständen des Erkennenden, der einen kognitiven Bereich konstituiert.

Ich-Du-Relation. Da menschliche Kognition auf Beobachtung beruht, die nur als beschriebene zugänglich ist, wobei sich Beobachten und Beschreiben in einem geschlossenen Feld der Kognition vollziehen, erzeugen Menschen ihre kognitiven Realitäten prinzipiell einsam. Doch alle Beschreibungen gehen daraus hervor, daß der Mensch als sprachliches Wesen ein Kommunizierendes ist. Der Mensch ist also zugleich mit anderen »verkoppelt« oder »koordiniert« und einsam in seiner biologischen Struktur gefangen. Um das Erkennen zu verstehen, müssen wir also nicht nur die Operationen des Beobachters nachvollziehen, sondern auch jenen kommunikativen Prozeß, der menschliches Erkennen ermöglicht.

Als einsamer Erzeuger seiner Realitäten ist der Mensch von einer unabhängigen Objektwelt ebenso ausgeschlossen wie von der Psyche anderer Menschen. Allerdings kann er sich als kommunikatives Wesen begreifen (und beschreiben) und so erkennen, daß es andere, ihm strukturell gleichartige Menschen gibt, mit denen er kommuniziert. Er schließt daher sowohl auf das Solitäre seiner Existenz – seines Ich –, als auch auf die Existenz eines unabhängigen Du. Die Ich-Du-Relation begründet den Bereich gemeinsamen Erlebens, aus dem das Soziale erwächst. Vor diesem Hintergrund lebt der Mensch in der Gleichung Realität = Gemeinschaft.[11]

Ohne die Annahme eines unabhängigen, aber strukturell verwandten Du kann kein Ich entstehen. Zwar wird diese Annahme nur kognitiv »errechnet«, sie setzt aber Kommunikation voraus und ermöglicht ihrerseits Kommunikation. Da Menschen grundsätzlich füreinander undurchschaubar sind, gehen sie von struktureller Gleichartigkeit aus, um die bestehende Kluft pragmatisch zu überwinden.[12] Kommunikation läßt sich daher als »kooperative Problembewältigung« auffassen, mit der Menschen ihre wechselseitige Intransparenz meistern.

Kognition: Hervorbringen einer Einheit

Die Grundzüge der Erkenntnistheorie Maturanas lassen sich anhand seines Modells veranschaulichen, das ich in Abbildung 3 leicht modifiziert habe. Es dient hier als Richtschnur der weiteren Erläuterungen.

Beobachter. Jede Erkenntnis geht auf ein Lebewesen zurück, das in Sprache existiert – einen Beobachter.[13] Als sprachbegabtes Lebewesen verwirklicht er sein Lebendigsein – seine autopoietische Organisation (s. unten) – und beschreibt seine Welt – koordiniert also seine Lebenspraxis in sprachlicher Koppelung mit anderen Beobachtern. Dabei beschreibt er vor allem auch, daß er selbst ein Beobachter ist.

Unterscheiden. Das menschliche Nervensystem und vor allem das Gehirn haben sich evolutionär darauf spezialisiert, Relationen zu unterscheiden. Sie verarbeiten Differenzen, die der Organismus intern erzeugt, etwa Zustandsveränderungen von Zellen, Organen oder Systemen. Aus dem »Errechnen«

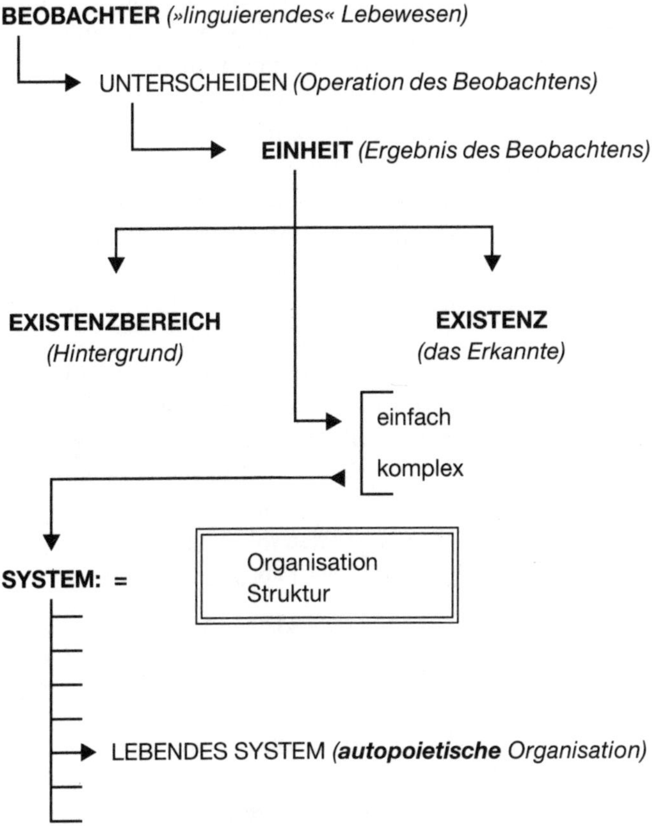

Abbildung 3. Elemente des Beobachtens.

dieser Unterschiede resultieren Empfindungen, die der Funktionsweise des Organismus entsprechen.

Erkennen. Als »Erkennen« bezeichnen wir den Prozeß, in dem das Nervensystem seine internen Relationszustände »errechnet«. Durch organische Veränderungen ausgelöst, verändert es seinerseits den Organismus. Ein Beispiel sind die Relationen zwischen sensorischen und motorischen Aktivitäten, die das Nervensystem fortlaufend neu einstellt. Einem Beobachter erscheinen die motorischen Vorgänge als »Verhalten«: Er stellt Veränderungen des Organismus im Raum fest und beschreibt sie in Relation zu einem bestimmten Milieu.

Wer ein Lebewesen beschreibt, kann ganz unterschiedliche Akzente setzen: Mal interessieren ihn nur interne Veränderungen, mal die Interaktionen des Organismus mit seiner Umwelt oder seinem Milieu. So bestimmt er unterschiedliche Phänomenbereiche wie Physiologie und Verhalten, die sich in der Beobachtung verbinden lassen. Da der Beobachter selbst den Zusammenhang herstellt, existiert das korrelative Phänomen nur in vernetzten Beobachtungen – als eine empirische Konstruktion. Bleibt diese theoretische Einschränkung unbeachtet, verfallen Biologie und Humanwissenschaften auf den folgenreichen Irrtum, einen linear kausalen Zusammenhang zwischen Anlagen oder Umwelt und dem Verhalten herzustellen, wonach alles Verhalten aus physiologischen Vorgängen resultiert oder diese direkt von der Umwelt abhängen.

Das Erkennen läßt sich jedoch nicht monokausal erklären – weder durch die Physiologie des Nervensystems, noch durch das Verhalten, noch durch die Umwelt. Ob Erkennen vorliegt, beurteilt stets ein Beobachter, der eine Korrelation zwischen Organismus, Verhalten und Umwelt herstellt. Dadurch definiert er einen eigenständigen Phänomenbereich: »Kognition«.

Konzeptuelle Systeme, die das Erkennen erklären sollen, müssen also zeigen, wie das Phänomen Kognition in den Prozeß des Lebens eingebunden ist:

> Beim Hervorbringen wissenschaftlich validierbarer Erklärungen gehen wir davon aus, daß Erkennen effizientes Handeln ist, das einem Lebewesen erlaubt, in einem bestimmten Milieu zu existieren, indem es sich dort seine Welt selbst erschafft.[14]

An der Nahtstelle zwischen Lebewesen und Milieu situiert, hat das Erkennen zwar eine physiologische Basis, läßt sich aber nur aus der Beobachtung schließen. Der Beobachter spricht von »Erkennen«, wenn er aufgrund seiner Kriterien feststellt, daß ein Lebewesen effizient handelt. Stellt er Inkongruenzen zwischen Verhalten und Eigenarten des Milieus fest, schließt er auf fehlendes oder mangelhaftes Erkennen. Nur wenn ein Lebewesen effizient handelt, kann der Beobachter schließen, daß es seine Welt angemessen hervorgebracht hat.

Wer das Erkennen beurteilen will, muß zwei unabhängige Elemente seiner Kognition – Lebewesen und Milieu – als Einheit behandeln. Dabei grenzt er den eigenständigen Phänomenbereich des Lebendigen von denen der Physiologie und des Verhaltens ab, um keine unzulässigen Reduktionen vorzunehmen. Maturana und Varela faßten den inneren Zusammenhang zwischen Kognition und Verhalten in einem Aphorismus zusammen: »*Alles Tun ist Erkennen, und alles Erkennen ist Tun.*«[15]

Intern gesehen, »erkennt« ein Organismus jedoch nicht, sondern hält nur die Relationen zwischen seinen Zuständen – also etwa den sensorischen und motorischen Prozessen – konstant.[16] Die Aussage, beobachten heiße unterscheiden, muß daher durch folgende Einschränkungen präzisiert werden:

- Physiologisch betrachtet, verarbeitet das Nervensystem stets Unterschiede in den Relationen zwischen seinen Zuständen.
- Im psychischen Bereich erlebt der Beobachter manche Unterschiede, die aus seinen organischen Funktionen resultieren, als Erfahrung.
- Formuliert der Beobachter einige seiner Erfahrungen sprachlich, erzeugt er damit die Einheiten, aus denen seine Welt besteht: Beschreibungen. Dazu gehören die intern beschriebenen Erfahrungen – sie konstituieren die Elemente des psychischen Systems (Innenwelt) – und die kommunikativ mitgeteilten, die den sozialen Bereich und so die gemeinsamen Welten gestalten. Manche Beschreibungen verbindet der Beobachter nach gewissen Regeln mit anderen, liefert also Erklärungen.

Da hierbei stets ein Beobachter etwas beschreibt, ergeben sich die Unterschiede aus der jeweils gewählten Perspektive: physiologische Funktion, Erleben/Erfahren oder Beobachten als solches, das heißt Unterscheiden in Sprache. Im ersten Fall sind Neurobiologen und Neurophysiologen, im zweiten Psychologen und im dritten Epistemologen zuständig.

Die dritte Perspektive umfaßt alles, was Wissenschaft erforschen kann, auch den »Beobachter«, der sich durch sein Beschreiben konstituiert. Epistemologie bedeutet hier also auch Anthropologie und eine »Wissenschaft des Beobachters«, der darin selbst zum Ausgangspunkt und Ziel seiner Forschung wird. Die drei genannten Unterscheidungsmodi bringen je eigene Phänomene hervor, und ihre Abgrenzung verhindert reduktionistische Fehlschlüsse: Kommunikatives Verhalten setzt zwar Erfahrung und physiologische Prozesse voraus, läßt sich aber weder auf Empirie noch auf Physiologie reduzieren. Kommunikation, Erfahrung und Physiologie sind unterschiedliche Phänomene.

Einheiten. Sprachliche Unterscheidungen bringen Einheiten hervor, erzeugen und konstituieren Objekte der materiellen oder geistigen Welt. Unsere gesamte menschliche Lebenswelt besteht nur aus den Beschreibungen, mit denen wir unsere Erfahrungen formulieren: »Teilt man einen Raum, entsteht ein Universum, wird eine Einheit definiert.«[17] Zwar lassen sich Erfahrungen nicht vollständig beschreiben, aber wir haben keinen anderen Zugang zu unseren Erfahrungen als über die Sprache. Die Frage, ob etwas »existiert«, zielt im Grunde auf das empirische Hervorbringen einer Einheit: Nach welchem »Rezept«, aufgrund welcher Handlungen (Unterscheiden) läßt sich die beschriebene Erfahrung reproduzieren? Allerdings kann das

Reproduzierte niemals genauso beschaffen sein wie die originäre Erfahrung, da es einem anderen Erfahrungsbereich entstammt.

Alle konsensuellen Existenzaussagen – auch die wissenschaftlichen – stützen sich auf die operationale Reproduktion von Erfahrungen. Auch wenn dabei stets der Fragende die Gültigkeit der erhaltenen »Rezepte« bestimmt, verläßt er sich in der Regel auf Kriterien seiner sprachlich-konsensuellen Gemeinschaft (Familie, Stamm, Gesellschaft oder »Wissenschaftlergemeinde«). Wissen entsteht kommunikativ, indem man geltende Kriterien der Verständigung (oder der kommunikativen Brauchbarkeit) einhält. Zum Beispiel werden »optische Halluzinationen« meist nicht als Beschreibung der Realität akzeptiert, weil andere die darin getroffenen Unterscheidungen selten nachvollziehen können. Gelingt es dem »Halluzinierenden« aber, seine Kognition treffend darzustellen, wird sie vielleicht als Realität anerkannt, wie etwa die »Visionen« großer Entdecker und Propheten oder die »Träume« Carlos Castanedas.

Existenz. Die epistemologische Verwurzelung jeder Einheit in der Unterscheidung, die sie hervorbrachte, hat ontologische Folgen für die Einheit selbst und für den Beobachter:

- Das Hervorbringen einer Einheit verleiht dieser Existenz und weist ihr einen eigenen Existenzbereich zu, in dem sie durch Interaktion erkennbar wird.
- Jeder Beobachter bringt Einheiten hervor, die seiner speziellen, ontogenetisch gewachsenen kognitiven Struktur entstammen, lebt also die Welt, die sein Organismus erzeugt.

Daraus folgt weiter:

- Einheiten existieren zunächst nur im kognitiven Bereich dessen, der sie als Beobachter hervorbringt, und sind subjektgebunden. Da alles, was der Beobachter beschreibt, erst in der Kommunikation überindividuelle Relevanz (Bedeutung) gewinnt, besteht die Welt von Beobachtern aus konsensuell akzeptierten Einheiten. Die Basis der Kommunikation liegt also in der unüberwindlichen Differenz zwischen den individuell hervorgebrachten Einheiten und der pragmatischen Notwendigkeit des Konsenses. Individuelle wie auch konsensuelle Einheiten sind aber für alle Belange des menschlichen Lebens insofern »real«, als es eine andere Realität für Menschen nicht geben kann.
- Jede Welt ist als Produkt eines Lebensprozesses einmalig und in sich begründet. Daher schlägt Maturana vor, nicht von »Universum«, sondern von »Multiversa« zu sprechen. Wenn es einen privilegierten, vom Beobachter unabhängigen Zugang zu einer, »wahren« Welt nicht geben kann,

läßt sich auch keine Seinsweise »an sich« oder »objektiv« gegenüber anderen als besser, gerechter, menschlicher usw. rechtfertigen. Alle Werturteile über Seinsweisen sind persönlich und emotional motiviert, folgen also – unter Umständen mit anderen geteilten – Vorlieben. Dadurch verliert der Hinweis auf »die Realität« seine zwingende Kraft, so daß wir unsere persönlichen Vorlieben bewußt verantworten oder unreflektiert naiv propagieren müssen.

- Schließlich läßt sich auch das traditionelle Verständnis von »Information« nicht mehr halten. Wenn der Beobachter operational kohärent wahrnimmt und der Hörer eine Mitteilung sinnhaft deutet, entsprechen beide Vorgänge ihrem jeweiligen strukturellen Zustand und können nicht als äußere Einwirkung verstanden werden. In den Worten Maturanas: »Ich bin auf wundersame Weise nicht verantwortlich für das, was Sie hören, aber völlig verantwortlich für das, was ich sage.«[18]

Systeme. Maturana unterscheidet zwischen einfachen und komplexen Einheiten. Als einfach gilt, was ganzheitlich beschrieben wird (zum Beispiel, wenn man ein Auto als Vehikel mit eigenem Antrieb auffaßt). Zusammengesetzte Einheiten resultieren hingegen, wenn man die Komponenten und deren Vernetzung spezifiziert (hier erscheint das Auto als ein Vehikel, das aus Karosserie, Motor, Rädern usw. besteht; die Zusammensetzung prägt seine Eigenschaften als Ganzes: Beschleunigung, Wendigkeit usw.).

Zusammengesetzte Einheiten heißen auch »Systeme«, wobei Maturana zwischen Organisation und Struktur unterscheidet. Damit soll das klassische Problem von Identität und Wandel gelöst werden. Jedes System weist beide Aspekte auf: *Organisation* meint die Relationen zwischen den Elementen, die vorkommen müssen, damit eine Einheit einer Klasse zugeordnet werden kann. *Struktur* bezeichnet die spezifische (etwa räumliche) Ausgestaltung der Organisation durch Komponenten. Ein System wahrt seine Identität (Erkennbarkeit), solange seine Organisation unverändert bleibt. Man kann es also eindeutig definieren, indem man seine Organisation beschreibt. Die jeweilige Struktur, in der sich eine bestimmte Organisation verwirklicht, kann aber variieren. So verwirklicht sich die Organisation des »Lebens« etwa in den Strukturen Amöbe, Floh, Wal oder Mensch.

Systeme können mehr oder minder plastisch strukturiert sein und ihre Organisation trotz gravierender Veränderungen wahren. Das gilt besonders für Lebewesen, die »Verstörungen«[19] durch Interaktion ohne Verlust ihrer Organisation bewältigen. Wirkt die Interaktion destruktiv, löst sich die Organisation auf, was bei Lebewesen den Tod bedeutet. Ein System kann seine Organisation nicht verändern, sondern nur auflösen.

Lebewesen. Lebewesen lassen sich als Systeme beschreiben und sind als solche *autopoietisch* organisiert.[20]

Die Organisation des Lebendigen

Der wichtigste Beitrag Maturanas besteht darin, eine in sich und mit den relevanten naturwissenschaftlichen Erkenntnissen kohärente Definition des Lebens entwickelt zu haben. Sie liegt seinem theoretischen Gebäude zugrunde und wird im folgenden als Basis vorausgesetzt. Abweichend vom üblichen Verfahren der Biologie begnügt sich Maturana weder damit, einzelne Teilaspekte (Eigenschaften) wie Stoffwechsel, Bewegung, Wachstum, Fortpflanzung usw. aufzuzählen, noch greift er auf vitalistische Vereinfachungen zurück. Für ihn ist das Lebewesen ein System mit einer bestimmten Verknüpfung der Komponenten: der *autopoietischen Organisation.* Das System lebt, solange seine autopoietische Organisation übereinstimmend mit der Umwelt gewahrt bleibt. Dieses Konzept der Autopoiese und seine Implikationen haben sich in den letzten Dekaden nachhaltig auf viele Disziplinen ausgewirkt, darunter Philosophie, Jurisprudenz, Soziologie, Kybernetik und Psychotherapie.

Autopoiese. Den Begriff »Autopoiese«[21]stellten Humberto Maturana und Francisco Varela erstmals 1972 in ihrem Buch *De máquinas y seres vivos* vor. Mit ihm kann man Lebewesen durch ihre Arbeitsweise beschreiben, ohne auf äußere Gesichtspunkte zurückzugreifen. Dafür wählten die Autoren bewußt einen »mechanistischen« Ansatz. Sie gingen davon aus, daß es eine Organisationsform geben muß, die allen Lebewesen unabhängig von ihren Komponenten gemeinsam ist. Das Lebewesen als »Maschine« zu behandeln, erschien insofern vorteilhaft, als dabei seine Organisation und seine offenkundige Dynamik berücksichtigt werden konnten, ohne auf animistische oder vitalistische Prinzipien zurückzugreifen.

Die daraus resultierende Definition lautet:

> Autopoietische Maschinen sind organisiert (oder als Einheiten definiert) durch Netzwerke der Produktion, Transformation oder Destruktion von Bestandteilen. Sie erzeugen jene Bestandteile, die: 1. aufgrund ihrer Interaktionen und Transformationen eben dieses (relationale) Netz kontinuierlich regenerieren und verwirklichen; 2. das Netzwerk (die Maschine) als eine konkrete Einheit im Raum dieser Bestandteile konstituieren, indem sie den Bereich seiner Verwirklichung als Netzwerk topologisch abgrenzen.[22]

Der konzeptionelle Vorteil dieser komplexen, rekursiven Definition liegt darin, daß nach ihr jedes autopoietisch organisierte System als Lebewesen

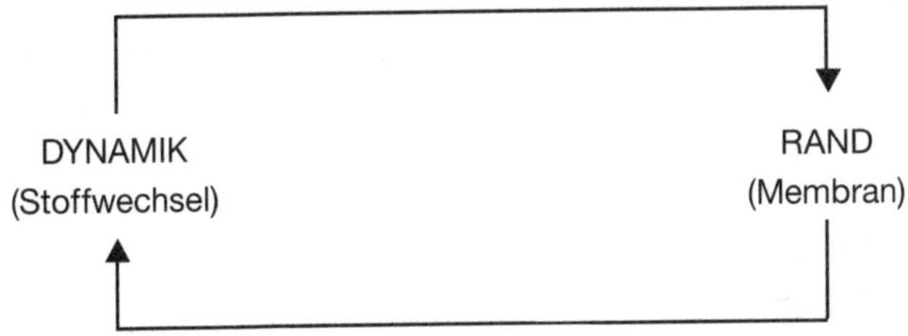

Abbildung 4. Schema autopoietischer Organisation.

gilt. Abbildung 4 zeigt, welche Bedingungen eine autopoietisch organisierte Einheit erfüllen muß: Eine Dynamik von Zuständen erzeugt sowohl ihre Komponenten als auch ihren Rand, im Sinne einer topologischen Grenze, und diese ermöglichen wiederum die betreffende Dynamik. Dynamik und Rand einer solchen Einheit sind zwar strukturell und funktional unterschieden, aber existentiell von allem abhängig, was die Einheit konstituiert.

Die Grundeinheit »Zelle« genügt diesen Bedingungen. Biochemisch gesehen, ist sie eine »Molekülfabrik«, die fortwährend ihre eigenen Bestandteile erzeugt: die Moleküle. Dabei entstehen nicht nur die Grundbausteine der »Fabrik«, sondern auch jene Elemente, die sie topologisch abgrenzen (Zellrand oder Membranen). Wird das Netzwerk an wichtigen Stellen durchbrochen, gestört oder beschädigt, endet die Produktion, und die autopoietische Organisation zerfällt.

Der Begriff Autopoiese hat bedeutende Konsequenzen für soziale und so für therapeutische Phänomene; er bestimmt die biologischen Bedingungen und Grenzen des Sozialen. Als biologische Systeme sind Lebewesen strukturdeterminiert, autonom, operational geschlossen, zweck- und zeitlos.

Strukturelle Determiniertheit. Die autopoietische Organisation des Lebewesens ist invariant, bleibt also konstant, solange es lebt. Sie kann sich durch unterschiedliche Anordnungen der Bestandteile und Strukturen verwirklichen. Die jeweils aktuelle Struktur determiniert, in welchen Grenzen sich ein Lebewesen verändern kann, ohne seine autopoietische Organisation zu verlieren, also zu sterben. Anhand seiner Struktur selektiert das Lebewesen Art und Wirkungsweise der Umweltereignisse, die in ihm Veränderungen auslösen können. Die aktuelle Struktur resultiert aus der jeweiligen Vorgeschichte und prägt die weitere Entwicklung.

Autonomie. Als zusammengesetzte Einheiten sind Lebewesen Systeme. Sie leben, indem sie sich selbst erzeugen und erhalten. Dabei unterliegen sie nur den Gesetzen, die der aktuelle strukturelle Zustand bei der Wahrung ihrer autopoietischen Organisation bestimmt. Insofern sind sie grundsätzlich selbstgeregelt, also autonom und – gegenüber *unbelebten* autonomen Systemen[23] – identisch mit ihren Produkten. Ihre Arbeitsweise bestimmt ihre gesamte Phänomenologie; alle Bestandteile ordnen sich der Erhaltung dieser Organisationsform unter und folgen nur internen Gesetzen. (Autonomie meint hier Eigengesetzlichkeit des Lebens und damit weder Autarkie noch sozialpolitische Selbstbestimmung.)

Lebewesen sind somit grundsätzlich nicht »instruierbar«, sondern allenfalls »verstörbar«. Da sie nicht auf der Basis von »Input« und »Output« funktionieren können – sie haben keinen Mechanismus, der dies erlaubte –, lassen sie sich heteronom nicht bestimmen. Doch sind sie durchaus beeinflußbar, wenn der »Einfluß« ihrer aktuellen Struktur entspricht. Wer die Eigenart eines Lebewesens (oder einer Spezies) und seiner Umwelt kennt, kann erwünschte Verhaltensweisen »auslösen«. Behauptet er jedoch, das Lebewesen »instruiert« zu haben, verkennt er nicht nur die Folgen seines Tuns, sondern deutet auch die Phänomene falsch: Er hat die Funktionsweisen des Lebewesens und seiner Umwelt nur aufeinander abgestimmt, hat das Lebewesen verstört und damit veranlaßt, in einen anderen Zustand überzugehen – hat also die Veränderung nicht verursacht, sondern »angeregt«. Nur in diesem Sinne kann man von Handlungskausalität sprechen. Das Postulat einer Kausalität, nach der die Veränderung eines Lebewesens zwangsläufig aus gezielten Einwirkungen folgen soll, ist dagegen irreführend. Daraus ergibt sich die zentrale Herausforderung an eine systemisch konzipierte klinische Theorie: Sie muß auf Kausalitätsannahmen verzichten und doch pragmatisch brauchbare Konzepte entwickeln.

Operationale Geschlossenheit. Ein autopoietisch organisiertes Netzwerk, das sich selbst konstituiert und erhält, kann nur mit Eigenzuständen operieren. Es arbeitet selbstreferentiell, indem es seine Eigenzustände rekursiv reguliert, um seine Organisation zu wahren. Lebewesen sind daher operational geschlossen; sie stützen sich nur auf frühere Eigenzustände, nicht auf äußere Bedingungen. Da Beobachter ihre Außenperspektive nutzen, um das Lebewesen und seine Umwelt als Einheit betrachten zu können, nehmen sie einen energetischen und materiellen Austausch zwischen Organismus und Umgebung wahr. Diese Vorgabe kann zwar sinnvoll sein, um die Relation zwischen beiden zu beschreiben, sagt aber nichts über die Arbeitsweise des Organismus aus und rechtfertigt keine abstrakten, kausalen Folgerungen.

Die Außenwelt ist für ein Lebewesen nur relevant, wenn dieses sie strukturbedingt einbezieht. Denken wir an die Atmung: Sieht der Beobachter Lebewesen und Umwelt als Einheit an, stellt er fest, daß der Organismus zum

Beispiel Sauerstoff aufnimmt. Hieraus kann er jedoch nicht schließen, daß Sauerstoff die Atmung *bedingt*, da das Lebewesen auch im Vakuum zu atmen versucht. Der Versuch endet allerdings bald, weil es die internen, zur Wahrung der autopoietischen Organisation notwendigen Relationen nicht mehr konstant halten kann. In einer sauerstofflosen Umgebung beschleunigt sich die Atmung; dann stirbt das Lebewesen infolge der Übersäuerung seines Blutes. Die Ursachen des Todes liegen also im Lebewesen selbst. Nur von außen betrachtet, läßt er sich kausal auf Sauerstoffmangel zurückführen. Kausale Erklärungen können legitim und angemessen sein, wenn Beobachter genau wissen, für welchen Phänomenbereich sie gelten sollen.

Auch das Nervensystem ist operational geschlossen, und das prägt die Struktur der Kognition. Nervenzellen bilden ein operational geschlossenes Netzwerk und können nur auf äußere Ereignisse reagieren, wenn sie ihrer Struktur gemäß verstört werden. »Verstörte« Rezeptorzellen »entladen« sich auf einheitliche Weise unabhängig davon, was ihre Reaktion auslöst. Da die Elemente des Nervensystems nur mit Eigenzuständen (oder den Relationen zwischen ihnen) operieren, können sie nicht zwischen internen und externen Auslösern unterscheiden. Es gibt keinen neurophysiologischen Mechanismus, der die kognitive Differenz zwischen Illusion und Perzeption (intern und extern induzierter Kognition) ermöglichen könnte oder erklären ließe. Wir müssen diese im menschlichen Leben wichtige Unterscheidung also auf andere – zum Beispiel psychische und soziale – Phänomene zurückführen.

Zweck- und Zeitlosigkeit. Lebende Systeme genügen nur den eigenen Ansprüchen, verwirklichen stets ihre autopoietische Organisation. Sie folgen weder Zwecken noch Zielen, erfüllen keine Programme oder Funktionen. Derartige Kriterien tragen Beobachter von außen heran, wenn sie Lebewesen im größeren Kontext betrachten und nach einer sinngebenden Orientierung suchen. Die Begriffe Zweck, Ziel oder Zeit dienen daher einer kohärenten Beschreibung, erfassen aber nicht die interne Funktionsweise von Lebewesen.

Die Größe »Zeit« kommt ins Spiel, wenn beobachtete Veränderungen eines Lebewesen beschrieben werden. Der Organismus selbst und sein Nervensystem funktionieren ihrer Struktur gemäß immer nur in der Gegenwart. Ein Beobachter, der die Struktur ontogenetisch verfolgt und mannigfache Veränderungen feststellt, spricht von Zeit oder Geschichte, um die Wandlungen bis zur Gegenwart zu rekonstruieren. Im gegenwärtigen »Erinnern« konstruiert er also frühere Zustände und stützt sich dabei auf seine subjektive Eigenzeit – eine sehr variable Erlebnisdimension.[24]

Als lebendes System besteht der Mensch aus autopoietischen Komponenten, die sich der übergeordneten Organisation »Leben« unterordnen (Autopoiese 2. Ordnung); er hat aber den spezifischen Existenzbereich *Sprache*, der ihn grundlegend von allen anderen Lebewesen unterscheidet: Wir sprechen also von einem eigenständigen Phänomenbereich des Humanen. Wie es sinnvoll erscheint, das Biologische klar vom Physikalischen abzugrenzen, so empfiehlt es sich auch – zumal im Hinblick auf Psychotherapie –, das Humane als eigenständiges Phänomen zu betrachten.

Grundlagen menschlicher Konsensualität

Maturana bestreitet, daß menschliche Kommunikation auf die »Benutzung« von Sprache, das heißt ein fertig vorhandenes Zeichensystem zurückgehe. Dies würde bedeuten, daß die Sprache dem Sprechen vorausgeht, und man könnte so nicht erklären, wie das Zeichensystem Sprache, das ein hohes Maß an Verhaltenskoordination voraussetzt, überhaupt entstehen konnte. Da sich Sprache offenbar gemeinsam mit der Menschheit entwickelt hat, müßte ein Wissenschaftler, der den inneren Zusammenhang erklären möchte, nicht nur seine eigene sprachliche Existenz zum Ausgangspunkt, Instrument und Gegenstand der Erklärung machen, sondern auch einen generativen Mechanismus beschreiben, der das Phänomen Sprache erzeugt.

Verhaltenskoordination. Um die sprachliche Existenz erklären zu können, müßte man vorab zeigen, wie autopoietische, operational geschlossene Wesen ihr Verhalten untereinander koordinieren. Nach Maturana kann dies spontan erfolgen, sofern die notwendigen Anfangsstrukturen (strukturelle Bereitschaft und Plastizität) gegeben sind, so daß die beteiligten Lebewesen unter Einhaltung ihrer jeweiligen Organisation interagieren und durch Wiederholung Interaktionsmuster ausbilden können.

Operational betrachtet, findet Interaktion statt, wenn Individuen zusammentreffen und dabei sich wechselseitig strukturelle Veränderungen auslösen. Durch Wiederholung oder Rekurrenz kommt es allmählich zur *strukturellen Koppelung*. Dabei nähern sich ihre sinnlichen (sensuellen) Strukturen zunehmend an, bilden also Bereiche der Konsensualität. Dieser Prozeß endet, wenn es zu Strukturveränderungen kommt, die den konsensuellen Bereich überschreiten und so keinen Anschluß ermöglichen: Die Gemeinsamkeit entfällt. Konsensualität oder Bereiche sinnlicher Koordination bilden sich demnach spontan durch rekurrente Interaktion.

Alle Lebewesen können ihr Verhalten mit dem anderer koordinieren – Maturana nennt das »primäre Verhaltenskoordination« und sieht darin ein Wesensmerkmal der biologischen Struktur. Die Vielfalt der konsensuellen Bereiche geht – je nach struktureller Beschaffenheit der beteiligten Organismen – aus der Geschichte ihrer Interaktion hervor. Bei Menschen ist sie, angesichts der unbegrenzten Kombinationsmöglichkeiten der Sprache, potentiell unendlich.

Linguieren. Wenn in menschlicher Interaktion neue Möglichkeiten erprobt werden, öffnet sich ein Bereich der Verhaltenskoordination zweiter Ordnung: das »Linguieren«.[25] Dieses Phänomen tritt auf, sofern im konsensuellen Miteinander durch Laute, Gesten usw. eine Form der Verhaltenskoordination (Sprachverhalten) entsteht, die sich auf andere Verhaltenskoordination bezieht und diese steuert oder gar ersetzt. Das Ergebnis ist Sprache im weitesten Sinne. Linguieren bedeutet also, Verhaltenskoordination konsensuell zu koordinieren.

Sprache kann sich als selbstreferentielles System nur auf Sprache beziehen. Insofern konstituiert das »Linguieren« einen rekursiv geschlossenen, unentrinnbaren Bereich, der nur durch ein Schweigen zu verlassen wäre, das nicht zum Thema menschlicher Kommunikation würde. Die »Objekte« unserer Welt, und wir selbst als Beobachter, entstehen in sprachlicher Koordination der Verhaltenskoordination. (Das Wort »Tisch« bezieht sich nur auf die sprachliche Abgrenzung Tisch, da die bezeichneten »Gegenstände« an sich nichts Tischhaftes haben.) Daher läßt sich die »Existenz« von Objekten nur sprachlich (konsensuell) beschreibend nachweisen. Wir liefern also Unterscheidungen, die im Gegenüber die betreffende Einheit wachrufen. Zum Beispiel kann die Warnung: »Paß auf!«, als sprachliche Markierung, den Adressaten nur dann beeinflussen, wenn er sie kognitiv nachvollzieht. Laute einer dem Adressaten fremden Sprache sind nur konsensfähig, wenn er sinnliche Elemente wie den Klang, die Stimmung, die Gestik usw. versteht.

Verglichen mit der Verhaltenskoordination im Bereich des konkreten Handelns ist das Unterscheidungspotential der Sprache prinzipiell unbegrenzt, da sich jede Koordination vielfältig beschreiben läßt. Nach Maturana geht darauf die immense Bandbreite der menschlichen Seinsweisen zurück.[26] Dennoch haben Wörter und Gesten keine eigene Bedeutung – denotieren oder konnotieren keine unabhängigen Objekte –, sondern *sind* die sprachlichen Unterscheidungen, auf die wir uns beziehen, wenn von »Objekten« die Rede ist. (Man bedenke, was der Laut »Tor« in unterschiedlichen Situationen alles bedeuten kann.) Linguieren liegt also der menschlichen Lebensweise zugrunde und bildet damit einen eigenständigen Phänomenbereich, sofern »ein Beobachter feststellen kann, daß die Objekte unserer sprachlichen Unterscheidungen unserer Sprachsphäre angehören«.[27] Der Aphorismus Maturanas: *»Alles Gesagte wird von einem Beobachter gesagt«* definiert also das menschliche Sein als sprachliches Miteinander.

Im Sinne koordinierter körperlicher Strukturveränderungen setzt Linguieren voraus, daß die notwendigen biologischen Strukturen unversehrt sind und bleiben. Dennoch ist das Phänomen nicht im Organismus angesiedelt, sondern im Bereich zwischenmenschlicher Konsensualität: Linguieren hat zwar eine physiologische Basis und setzt intakte Strukturen voraus, ist aber kein neurophysiologisches Phänomen.

Emotionieren. Menschen sind multidimensionale Systeme mit einer variablen körperlichen Dynamik. Zwischen körperlichen Zuständen und Linguieren herrscht eine Wechselwirkung, die gemäß Maturana durch »Emotionen« gesteuert wird. Darunter versteht er körperliche Zustände, die das Verhalten disponieren und den Handlungsbereich eines Organismus festlegen: »Als Emotionen faßt ein Beobachter die körperliche Dynamik eines Lebewesens, die seinen Handlungsbereich spezifiziert.«[28]

Leben geschieht im Fließen emotionaler Zustände, die Interaktionen begleiten und ihre Richtung bestimmen. Das Übergehen von einem emotionalen Zustand in den anderen nennt Maturana »Emotionieren«; erfolgt dieser Übergang konsensuell abgestimmt, spricht er von »Ko-Emotionieren«.[29]

Konversieren. Jüngst ergänzte Maturana sein Konzept des emotional gesteuerten Linguierens um die Synthese des Konversierens. In der Verflechtung körperlicher Zustände mit Interaktionen überschneide sich die spezifisch menschliche Lebensweise mit der anderer Organismen. Beim »Konversieren« spielen die gemeinsamen Handlungen eine wichtigere Rolle als die Inhalte.[30] Es ist also nicht durch den Austausch von Bedeutungen geprägt, sondern durch die Lust am Miteinander, am gemeinsamen Aufbau konsensueller Bereiche, die sich zu einer Interaktionsgeschichte verbinden und so den Hintergrund bilden, aus dem das menschliche Leben erst seinen Sinn bezieht.

In dem bisher beschriebenen Denkgebäude wirken Emotionen zunächst als Fremdkörper, da sie sich nicht beobachten lassen und daher der wissenschaftlichen Forschung entziehen. Sie entsprechen aber der Absicht Maturanas, auch Soziales biologisch zu erklären. Für meine Zwecke bietet das Konzept des Konversierens nur eine heuristische Annahme, um kommunikative Prozesse zu beschreiben, die Probleme erzeugen und psychotherapeutische Maßnahmen erzwingen.

Erklären ist eine Passion. Da er beobachten und beschreiben kann, konstituiert der Mensch eine Welt, deren Dynamik er sich zunehmend anpaßt. Dabei hilft ihm seine Neugier: Er stellt Fragen, die nach Erklärungen verlangen. Entwicklungspsychologisch gehört das Fragen zu den frühesten Regungen des werdenden linguierenden Wesens. Nach Maturana ist Erklären »die Reformulierung einer erlebten Situation mit Elementen aus anderen Situationen der Lebenspraxis«.[31]

Alles Erklären beantwortet Fragen nach dem Warum, Wieso, Woher oder Wozu, die aus der Erfahrung stammen und erfordern, daß wir Beschreibungen ergänzen und verknüpfen. Zum Beispiel läßt sich die kindliche Frage: »Woher komme ich?« je nach Erfahrungsbereich des Kindes sehr unterschiedlich beantworten. Die angebotene Erklärung muß, um akzeptiert zu werden, den vorhandenen Gültigkeitskriterien genügen. Lautet die Antwort: »Der Storch hat dich gebracht«, muß das Kind bereits wissen oder sich vorstellen können, daß Störche große Vögel sind, die im Flug Babys tragen können. Die Antwort ist also annehmbar, solange sie nicht Erfahrungen des Kindes widerspricht. Hierzu Maturana: »Der Beobachter akzeptiert eine Umdeutung seiner Lebenspraxis als Erklärung, wenn sie für ihn implizite oder explizite Kriterien erfüllt.«[32]

Da er strukturdeterminiert fragt und zuhört, ist es der Fragende, der eine Erklärung akzeptiert oder verwirft. Demnach gibt es so viele Erklärungsmodi wie Fragestellungen und Akzeptanzformen. Paßt eine Erklärung dem Fragenden nicht, lehnt er sie ab und sucht eine geeignetere. Jede Erklärung bietet also ein »Rezept« dafür, auf welche eigenen Erfahrungen der Adressat zurückgreifen muß, um eine befriedigende Antwort zu erhalten. Da aber akzeptierte Erklärungen den Erfahrungsbereich erweitern und so neue Fragen aufwerfen, sind alle Erklärungen kurzlebig: Die Geschichte des Denkens und der Wissenschaft beweist es.

Wissenschaftler gestalten im Konversieren über ihre Arbeit einen kognitiven Bereich mit eigenen Gesetzen. Nach Maturana beruht die Wissenschaft auf jener Passion, die linguierende Lebewesen schon in frühester Kindheit befällt: zu erkunden und zu erklären. Wie alle anderen Kommunikationsformen, beziehen auch wissenschaftliche Erklärungen ihre Relevanz aus dem zwischenmenschlichen Bereich, in dem sie entstehen. Allerdings sind sie durch die besondere Strenge ihrer jeweiligen Validitätskriterien geprägt. Diese entscheiden darüber, ob Wissenschaftler auf Erklärungen »hören« – sie als Vorschrift akzeptieren –, was als Erklärung gilt und welche Verfahren einzuhalten sind.[33]

Pfade des Erklärens. Wissenschaftliche Erklärungen folgen gemäß Maturana zwei möglichen Pfaden, die sich an der Frage verzweigen, ob die Biologie des Beobachters einbezogen wird oder nicht. Beide gehen von beschriebenen Erfahrungen des Beobachters aus. Da Beschreiben nach Maturana emotional vermittelt ist, folgt die Wahl des weiteren Weges einer inneren Haltung. Im allgemeinen gibt es drei Arten des Erklärens: Angabe emotionaler Zustände (»weil es mir so gefällt«), Hinweis auf Elemente in einer vom Beobachter unabhängigen Objektwelt (Objektivität) oder Hinweis auf Elemente im Erfahrungsbereich des Beobachters (Objektivität in Klammern). In der Wissenschaft sind nur die beiden letzten Formen akzeptiert.

Der linke Pfad der Abbildung 5 setzt voraus, daß sich Menschen auf eine von ihrem Tun unabhängige Objektwelt beziehen können. Der Wissenschaftler, dem seine biologische Struktur im Wege steht, muß also Methoden ersinnen, um seine kognitiven Defizite zu überwinden. Er ist für die Wahl seiner Verfahren, nicht aber für die Ergebnisse seiner Forschung verantwortlich, da sich in diesen eine unabhängige Welt widerspiegelt. Hier zielt die Wissenschaft auf eine den Menschen transzendierende Seinssphäre (Ontologie), die sich durch geeignete Methoden objektiv erfassen und enthüllen läßt. Der Beobachter gilt als ein Instrument wahren, verbindlichen Erkennens.

Ausgangspunkt für den rechten Pfad ist, daß menschliche Kognition keinen Zugang zu einer subjektunabhängigen Objektwelt hat. Hier nimmt der Wissenschaftler an, daß jede Erkenntnis ihre Realität selbst konstituiert. Es gibt also strenggenommen ebensoviele Realitäten wie Beobachtungsmodi, Multiversa statt eines Universums. Entsprechend gibt es auch ebensoviele Seinssphären wie Verfahren und Kriterien, Erkenntnisse hervorzubringen oder zu akzeptieren (konstitutive Ontologien). Unterschiedliche Realitäten wie die der Physik, der Biologie, der Psychologie, der Sozialwissenschaften, der Philosophie und der Theologie bestehen gleichberechtigt nebeneinander. Eine Hierarchie des Wissens läßt sich ebensowenig begründen wie die ontologische Reduktion eines Wissensgebietes auf ein anderes.

Die beiden Pfade müssen weder widersprüchliche Resultate zeigen noch die Beobachter unterschiedlich prägen. Sind Erkenntnisse einmal entstanden und akzeptiert, nehmen sie den Charakter des Realen, »Objektiven« an, unabhängig davon, ob sie auf der Basis objektivistischen oder konstruktivistischen Denkens gewonnen wurden. Praktisch kann man in einem geistigen Universum ebenso adäquat leben wie in Multiversa. (Realisten und Materialisten, Idealisten und Konstruktivisten – sie alle öffnen die Tür, bevor sie den Hörsaal verlassen.)

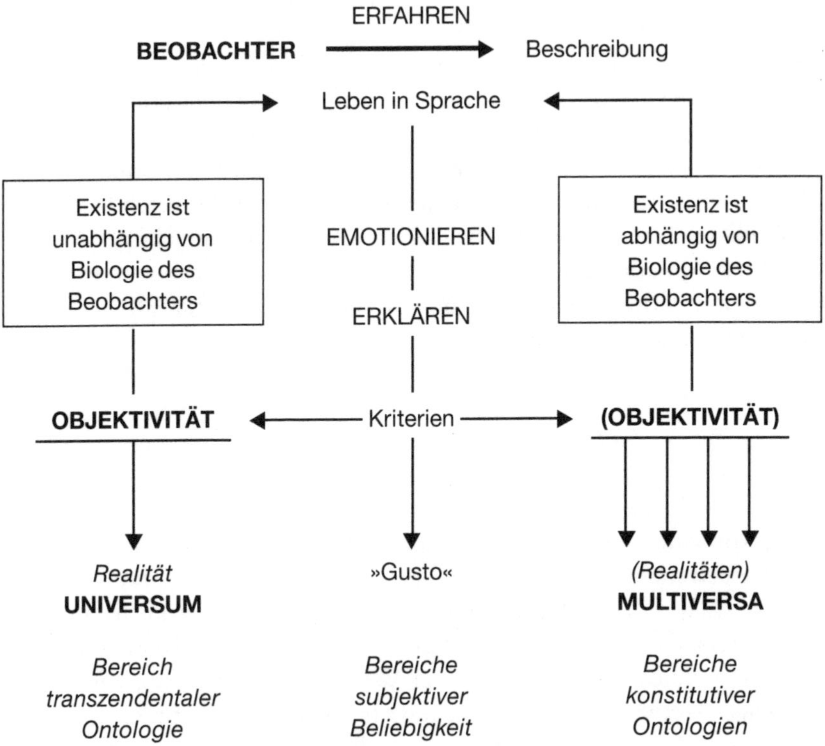

Abbildung 5. Pfade des Erklärens.

Die Entscheidung für den einen oder anderen Pfad wirkt sich also weder in den Erkenntnissen selbst noch in ihren praktischen Konsequenzen aus, sondern nur darin, wie sie begründet werden. Deshalb beseitigt Maturana die Objektivität auf dem rechten Pfad nicht, sondern klammert sie nur ein: Was kognitiv entsteht, ist bis auf weiteres für alle praktischen Belange objektiv. Objektivität (in Klammern) soll daran erinnern, daß Realitäten, so bindend und unausweichlich sie wirken mögen, stets das Produkt unserer Beobachtung sind.

Die Relevanz dieser Unterscheidung zeigt sich in den Konsequenzen der beiden Pfade für das Erklären selbst und für das menschliche Miteinander. Während der »objektive« Wissenschaftler meint, seine Projekte und Erkenntnisse nicht verantworten zu müssen, weil »die« Welt eben ist wie sie ist, fordert die Objektivität (in Klammern) persönliche Verantwortung für alles Tun und seine Ergebnisse. Der Wissenschaftler kann zwar einwenden,

Tragweite und Folgen seines Tuns nicht einschätzen zu können, sich aber nicht auf »Sachzwänge« herausreden.

Gemäß Maturana dient das Konzept einer objektiven Realität letzten Endes der argumentativen Einschüchterung. Vor diesem Hintergrund entstand jener wissenschaftliche Absolutheitsanspruch, der sich etwa im Postulat »Wissen ist Macht« äußerte – ein geeignetes Instrument autoritärer Herrschaft. Damit prägt die Entscheidung für den einen oder anderen Pfad auch die Ethik des menschlichen Miteinanders: Während die »objektive« Wissenschaft frei von ethischen Sperren nach der Wahrheit streben soll, stellt die Objektivität (in Klammern) eine ethische Verantwortung für wissenschaftliche Erkenntnisse wieder her.

Menschenbild und Ethik

Aus dem biologisch geprägten systemischen Denken ergeben sich grundlegende Konsequenzen für das Verständnis des Menschen und seiner Interaktion. Sie betreffen das »Menschenbild«, die Ethik der Lebenspraxis und die therapeutische Praxis. Darüber hinaus stützen sie die Forderung Maturanas und Varelas, die »logische Buchhaltung« des Erkennens korrekt zu führen. Logische Irrtümer können sich in der Wissenschaft nachhaltig auswirken. Das zeigen – etwa im psychotherapeutischen Bereich – der Umgang mit Begriffen wie Macht, Manipulation, Kontrolle und Gewalt sowie die Folgen »trivialisierender« Diagnosen, Prognosen, Indikationen usw.

Akzeptanz und Respekt

Vor wenigen Jahren forderte Günter Schiepek »die Ausarbeitung eines systemischen *Menschenbildes*, das den Hintergrund für eine (u. a. ethische) Beurteilung von Forschungs- und Praxishandeln abgibt«.[34] Ohne diese berechtigte Forderung entkräften zu wollen, möchte ich betonen, daß es Denkern wie Maturana, Varela und von Foerster vor allem darum gegangen ist, ein Menschenbild zu entwickeln. Ihr Beharren auf der biologischen Struktur des Menschen wirkt sich in allen Bereichen aus, darunter Moral und Ethik. Die Konzeption des Beobachters als linguierendes Lebewesen definiert den Menschen als biologisch-individuelles und kommunikatives Wesen: Er ist zugleich autonom und sprachlich bedingt, also auf andere, ihm ähnliche Wesen angewiesen.

Beide Bestimmungen – biologische Struktur und Sprache – ziehen die

Grenzen, zwischen denen das Lebensmilieu des Menschen variieren darf, ohne ihm unverträglich zu werden. Zum Beispiel gibt seine organische Struktur vor, wie verseucht oder defekt eine Umwelt sein kann, ohne leidvolle Anpassungsprozesse zu erzwingen. Es folgt, daß Schädigungen des Milieus über ein erträgliches Maß hinaus die Verwirklichung des menschlichen Lebens behindern oder verhindern.

Konversieren liegt im Zentrum der menschlichen Existenz und erfordert daher die Existenz gleichartiger, autonomer Menschen. Denn das Ich entsteht und verwirklicht sich nur im Miteinander mit einem unabhängigen Du, also im Wir. Das »Wir« ist die Grundbedingung des menschlichen Lebensmilieus, im Unterschied zur tierischen oder rein dinglichen Existenz.[35]

Durch die Logik der Sprache kann aber der Mensch – anders als Tiere – auch die existentielle Berechtigung seiner selbst und des Wir negieren, ja sogar die gemeinsame Lebenswelt vernichten. Menschen müssen ihr Miteinander daher über konsensfähige Normen regeln, um die durch Sprache erworbenen destruktiven Neigungen einzudämmen. Sie können ebenso menschenunwürdige Welten gestalten wie durch Reflexion ihrer Abhängigkeit von anderen und von der Natur bewußt zu werden. Bewußtsein verpflichtet. »Wenn Menschen sagen: ›Wir sind uns dessen bewußt‹, aber nichts tun, sind sie eben nicht bewußt.«[36]

Negation konstituiert Sprache, ermöglicht Lügen, Täuschungen usw. Als sprachliche Wesen müssen wir zwischen Alternativen wählen und können moralische Gebote berücksichtigen oder verwerfen. Erst aus der Negation folgt also die Notwendigkeit einer Ethik. Da sie, so gedeutet, primär Akzeptanz und Respekt betrifft, sollte man die Grundforderung der Ethik wie folgt formulieren: *»Werde dir bewußt, daß du wählst!«* Die ethischen Implikationen des systemischen Denkens beruhen auf folgenden Annahmen:

– Jeder Mensch lebt die Welt(en), die er selbst hervorbringt, und Menschen finden sich selbst nur im Wir.

Daraus folgere ich zwei Grundgebote:

– *Akzeptanz: Achte die Vielfalt menschlicher Welten!*
– *Respekt: Schätze den Anderen im Zusammenleben als ebenbürtig!*

Beide Gebote stehen mit jener Grundemotion in Zusammenhang, die wir nach Maturana mit allen Lebewesen teilen: Liebe. Aus ihr folgt ein Handeln, das »anderen im jeweiligen Interaktionsbereich einen Raum für die Koexistenz öffnet«.[37]

Ohne Akzeptanz ist menschliches Zusammenleben unmöglich. Dabei bedeutet Akzeptanz nicht nur Tolerieren, als passive Negation des Anderen. In diesem Sinne schreibt Ernst von Glasersfeld: »Vorbedingung [für Liebe] ist die ... Konstruktion einer autonomen Person, die von der eigenen als unabhängig gesehen wird.«[38] Heinz von Foerster meint, der objektivistische Imperativ »Du sollst!« müsse im systemischen Denken dem Postulat »Ich soll!« weichen.

Eine systemische Ethik ist wie jede andere nicht zwingend, sondern bildet nur einen Bezugsrahmen, der zur Orientierung und Bewertung des eigenen Handelns dienen kann. Sie fördert also das Bewußtsein, Mitgestalter einer vielfältigen Welt zu sein, wonach Handlungen nicht durch Sachzwänge oder Unwissen zu rechtfertigen sind: Selbst der Hinweis auf Unwissen setzt ein Bewußtsein voraus, das ethisch verpflichtet. Systemische Ethik fordert den einzelnen demnach auf, sich – durch Selbstbeobachtung oder in der kollektiven Reflexion – Klarheit über die Bedingungen zu verschaffen, die sein Handeln steuern.

»Logische Buchhaltung«

Die Geschichte der Psychotherapie ist infolge ihres reduktionistischen Strebens durch begriffliche Konfusion geprägt: Oft wurden die Phänomene nicht eindeutig bestimmt, so daß ihre Grenzen unklar blieben. Im objektivistischen Denken ist diese Unschärfe kein großes Problem; man kann sich darauf verlassen, daß fehlerhaft abgegrenzte Begriffe und abwegige Reduktionen an »der« Realität scheitern. Auf dem Pfad der Objektivität (in Klammern) läßt sich die Unterscheidung richtig/falsch jedoch nicht mehr auf objektive äußere Merkmale stützen. Vielmehr muß man eine genaue begriffliche Korrespondenz zwischen den erzeugten Phänomenen und dem dabei bestimmten Phänomenbereich halten. Gefordert ist also eine strikte innere Logik der Argumentation – korrekte »logische Buchhaltung«. Nur sie schützt vor Inkohärenz und Unangemessenheit: »Die Logik der Beschreibung und des Verhaltens folgt der Logik des beschreibenden Systems.«[39]

Wird diese Forderung mißachtet, kann das gravierende Konsequenzen haben, zum Beispiel was Macht, Gewalt, Manipulation und Kontrolle betrifft. Im Bereich der Therapie führten Haley und Bateson eine inzwischen berühmte Kontroverse darüber, ob »Macht« menschliche Beziehungen prägen kann oder bloß eine Metapher ist.[40] Sie hält – mit anderen Protagonisten – bis heute unvermindert an.[41] Mitte der achtziger Jahre drohte aufgrund dieses Streits eine Spaltung im Lager der noch jungen systemischen Therapie. Einige systemische Therapeuten distanzierten sich zunehmend von der Familientherapie mit ihren pragmatischen Interventionen und bevorzugten ein dialogisches Modell; andere befürchteten, der zirkuläre Ansatz und der Verzicht auf gezielte Interventionen könnten den Therapeuten zur Ohnmacht verdammen. Gleichzeitig regte sich politisch und feministisch motivierte Kritik am systemischen Denken: Da dieses bewußt auf linear-kausale Erklärungen verzichte, leugne es den Einfluß von Macht und Gewalt in Familie und Gesellschaft und rechtfertige dadurch indirekt patriarchalische Verhältnisse. Die Kritiker unterstellten den systemischen Denkern bestenfalls ein sozialpolitisches »Laisser-faire«, das sie aus ethischen Gründen strikt ablehnten.[42]

Um Konflikte dieser Art zu vermeiden, müssen Begriffe wie Macht, Gewalt, Manipulation und Kontrolle im therapeutischen Diskurs klar definiert und passenden Phänomenbereichen zugewiesen werden. Der erste Schritt zu einer korrekten »logischen Buchhaltung« muß also sein, den semantischen Geltungsbereich solcher Begriffe eindeutig abzugrenzen.

Wichtig erscheint zunächst, ob diese Begriffe »einseitiges« Handeln oder »Kommunikation« beschreiben. Macht und Manipulation sind kommunikativ geprägt, da es hier auf Mitwirkung ankommt: Macht setzt Unterordnung, Manipulation das erwünschte Verhalten voraus. Gewalt ist dagegen die einseitige, strukturwidrige Einwirkung auf Menschen, andere Lebewesen oder Dinge, wobei die Reaktion des Opfers keine Rolle spielt. Kontrolle basiert auf dem Versuch, Umweltbedingungen so zu verändern, daß eine autonome Entfaltung ausgeschlossen wird. Während sich Macht, Manipulation und Gewalt auf »Trivialisierung« stützen, geht Kontrolle von Autonomie aus, die eingeschränkt werden soll.[43] Wenn Macht, Manipulation und Gewalt im sozialpolitischen oder therapeutischen Diskurs als Facetten ein und desselben Phänomens gelten, entstehen folgenreiche logische Irrtümer, die den bewußten Umgang damit erschweren.

Die Forderung nach einer korrekten »logischen Buchhaltung« sollte im therapeutischen Bereich auch bei Diagnostik, Prognostik und Evaluation beachtet werden. Zum Beispiel haben Psychiatrie und Psychologie den Gegenstand der klinischen Theoriebildung – die Probleme des Lebens – seit hundert Jahren durch Aspekte erklärt, die anderen Phänomenbereichen entstammten: Lebensprobleme wurden, analog zu körperlichen Erkrankungen, als Ausdruck individueller Persönlichkeitsstrukturen oder als Produkt des Milieus bzw. der Familie gedeutet. Ihre grundsätzlich kommunikative Natur blieb dabei oft auf der Strecke oder wurde bagatellisiert. Dadurch gerieten diese Disziplinen in die logische Sackgasse des Reduktionismus, aus der sie bis heute nicht herausfanden. Gleichwohl bewährten sie sich in der Praxis – ein weiteres Beispiel für die Beliebigkeit von Theorien und für die Eigendynamik der Hoffnung – »Logik des Leidens«.

Das systemische Denken wird in der Literatur immer häufiger kritisiert. Der Einfachheit halber resümiere ich einige der zentral angeführten Argumente zunächst in Form von Thesen:

– Da alles Erkennen auf einen Beobachter zurückgeführt werde, müsse dieser ein präexistierendes, ontologisches Faktum sein. Insofern enthalte die Theorie einen inneren Widerspruch.
– Auf Kommunikation und Sprache übertragen, fördere systemisches Denken einen biologistischen Reduktionismus.
– Die Identifikation von Erkennen und Handeln entlarve einen an Effizienz orientierten Pragmatismus, einen Neo-Behaviorismus.
– »Instruktive Interaktion« sei ausgeschlossen. Diese Haltung sei nihilistisch und rechtfertige indirekt die herrschenden Verhältnisse, sei also anti-emanzipatorisch. Zudem tauge sie weder für die Therapie noch für die Forschung.
– Als geschlossenes System sei der Ansatz weder debattierbar noch falsifizierbar, also unwissenschaftlich. Die Terminologie sei unverständlich und dunkel, trage esoterische und mystische Züge. Außerdem fehle die historische Reflexion.

Ontologie des Beobachters. Der Grundsatz systemischen Denkens – »Alles Gesagte wird von einem Beobachter gesagt« – bedeutet nicht, daß der Beobachter dem Gesagten ontologisch vorausgeht, was ein Widerspruch in sich wäre. Vielmehr formuliert er ein rekursives, auf sich selbst zurückwirkendes Prinzip: »Alles Gesagte wird von einem Beobachter gesagt, der hier sagt, er sei ein Beobachter.« Der Beobachter konstituiert sich also erst in seiner Aussage über sich selbst.

Biologismus. Wenn alles Gesagte von einem Beobachter gesagt wird – hier: Humberto Maturana –, der Kommunikation und das Soziale an die Biologie des Menschen bindet, formuliert er eine persönliche Präferenz. Sie ist ebensowenig zwingend wie die Verankerung des Biologischen in der Physik, sondern nur eine mögliche logische Folgerung aus dem Konzept der Autopoiese. Ob sie als solche nützlich und sinnvoll ist, muß sich wissenschaftlich, historisch und praktisch erweisen.

So gibt es auch systemische Denker, die sozialwissenschaftliche Prioritäten setzen. Zum Beispiel betrachtet Luhmann Kommunikationen als Elemente autopoietischer sozialer Systeme. Menschen gelten ihm zwar als notwendige Bedingung für die Emergenz solcher Systeme, sie gehören aber nur zu deren Umwelt, wie physikalische Prozesse zu der lebender Systeme.

Identifikation von Erkennen und Handeln. Für Maturana und Varela gilt: »Alles Tun ist Erkennen, und alles Erkennen ist Tun.« Beide Aspekte sind also untrennbar mit dem Prozeß des Lebens verbunden. Da Lebewesen und Umwelt operational vereinbar sein müssen, heißt Leben, eine Umwelt aktiv (durch Tun) zu konstituieren (erkennen). Handeln ist effektiv, wenn es dem Leben im konstituierten Milieu dient. Erkennen beruht auf Unterscheiden und dieses auf Handeln. Diese Koppelung und wechselseitige Bedingtheit bedeutet, daß Leben und Erkennen eins sind. Daran bemängelt Gerhard Roth zu Recht, daß die Differenz zwischen organismischer Autopoiese und Selbstreferenz des Nervensystems außer acht gelassen wird.[44] Kognition stütze sich zwar auf die Autopoiese, diene aber nicht nur der Lebenserhaltung, sondern begründe auch einen eigenständigen ontologischen Bereich.

Pragmatismus oder Neo-Behaviorismus. Die Auffassung, daß Handeln, Erkennen und Umwelt einander bedingen, zielt nicht auf Effizienz im Sinne der Anpassung an eine vorgegebene Realität. Legt man die Begriffe »Handeln«, »Erkennen« und »Effizienz« jedoch traditionell aus, implizieren sie einseitig gerichtetes Wirken – ein weiterer Grund, den tradierten Begriffen zu mißtrauen.

Praktikabilität. Der Vorwurf, systemisches Denken biete keine klare Orientierung für die Praxis oder Forschung, trifft zwar zu, gilt aber für alle Denksysteme. Denken liefert keine Rezepte für die Praxis, sondern einen Hintergrund, um sie zu orientieren und zu deuten. Fragen wir, was Theorie für die Praxis leistet, so lautet die Antwort, daß ein theoretisches Gebäude im wesentlichen helfen soll, die Praxis besser zu verstehen, sie heuristisch anzuregen, zu kritisieren und zu begrenzen.

Nihilismus. Im systemischen Denken erscheinen die herrschenden Verhältnisse als kognitiv hervorgebracht und daher auch kognitiv veränderbar. Ohne der Beliebigkeit Vorschub zu leisten – Kognition entstammt der historisch und kontextuell bedingten Arbeitsweise eines Organismus, die Deutung sozialer Verhältnisse der Konsensualisierung zwischen linguierenden Lebewesen –, befreit es im Prinzip vom Sachzwang einer objektiven Realität und ist daher kreativ emanzipatorisch – der Gestaltung einer menschenwürdigen Seinsweise zugewandt.

Geschichtslosigkeit. Der häufig geäußerte Einwand, systemisches Denken sei ahistorisch, betrifft ebenso das Bewußtsein für seine geistesgeschichtlichen Wurzeln und Konsequenzen wie den Kontext seiner Entstehung. Dazu schreibt Maturana:

> Ein Großteil dessen, was ich gesagt habe, ist von Philosophen seit der Antike intuitiv erkannt und akzeptiert worden, bis heute hat jedoch niemand die biologische

Eigenart des Verhältnisses von Kognition und Realität erklären können. Diese Erklärung strebe ich in meiner Arbeit an.[45]

Damit meint er nicht nur, daß systemisches Denken – von den frühen Skeptikern bis zu den Vätern der Kybernetik – viele Vorläufer hat, sondern auch, daß die Konstruktion einer historischen »Realität« bei der Rechtfertigung neuer Denkansätze nicht minder beliebt ist als bei deren Kritik. Insofern geht der Einwand ins Leere, da der systemische Ansatz den Begriff des Historischen ebenso radikal problematisiert wie seinen eigenen Entstehungskontext. Dazu von Foerster: »Die Umwelt, die wir wahrnehmen, ist unsere Erfindung.«[46]

Esoterik. Systemisches Denken verfolgt keine esoterischen Ziele, sondern ein klares wissenschaftliches Programm: Alle Prozesse, die zu theoretischen Aussagen führen, vor allem aber jene, die den Beobachter beschreiben und erklären, sollen berücksichtigt werden. Daher kommt hier nicht die objektivistische Verkürzung in Betracht, den Urheber des jeweiligen Phänomens als Störvariable auszuschalten. Diese neue Programmatik öffnet das systemische Denken für Anregungen aus anderen Disziplinen und Denkweisen.

Dunkle Terminologie. Diesem Einwand stimme ich prinzipiell zu. Man muß aber bedenken, daß Autoren, die neue Wege gehen, immer schon Neologismen eingeführt haben, um Mißverständnisse auszuräumen.

Mangelnde Wissenschaftlichkeit. Denksysteme sind grundsätzlich nur aus ihrer eigenen Perspektive debattierbar und widerlegbar. Selbst die positivistische Naturwissenschaft braucht Setzungen wie die der Objektivität, schreibt aber auch vor, wie bei der Prüfung und Falsifizierung ihrer Sätze vorzugehen ist. Prüfte man Resultate des Positivismus aus der Sicht des systemischen Denkens, so wären viele darunter abzulehnen. Sogar im radikalen Konstruktivismus E. von Glasersfelds – der sich als empirisch-pragmatische Erkenntnistheorie ohne Voranahmen versteht – gilt:

> Man muß fühlen, was gut ist. Die Entscheidung liegt immer im eigenen Gefühl. Keine Theorie kann Sie davor bewahren oder Ihnen diese Entscheidungen abnehmen.[47]

Die Annahme eines neuen Paradigmas ist immer eine Entscheidung, bestenfalls nachträglich anhand von Kriterien zu rechtfertigen, die dem Paradigma selbst entstammen. Wissenschaft bildet Aussagen über einen Gegenstand, die durch andere Aussagen verknüpft werden. Daher muß sie methodologische Regeln entwickeln, um die Kohärenz ihrer Thesen und Theorien zu prüfen. Von außen gesehen, kann jede Denkweise inkohärent erscheinen – wie sich auch Kulturen im Rahmen der Selbstverständlichkeiten einer anderen Kultur als widersprüchlich und fremdartig darstellen.

Resümee

Die Grundthesen des systemischen Denkens lassen sich wie folgt zusammenfassen:

(1)	Alles Gesagte wird von einem Beobachter gesagt
(2)	Ein Beobachter ist ein linguierendes Lebewesen
(3)	Alles Gesagte wird linguierend erzeugt
(4)	⟨Realitäten⟩ sind Argumente des Konversierens
(5)	Systeme sind linguierend hervorgebrachte, komplexe Einheiten
(6)	»Systemisch« denken heißt, sich auf Systeme zu konzentrieren

Tabelle 1. »Systemisch« auf einen Blick.

4. Sozialwissenschaftliche Grundlagen

Die bereits erörterten biologischen Grundlagen des systemischen Denkens hätten allein schon eine klinische Praxis metatheoretisch fundieren können. Um das Phänomen Therapie zu verstehen, benötigen wir aber zusätzlich eine kohärente Theorie der *sozialen* Systeme, wie sie Niklas Luhmann vorgelegt hat. Indem ich einen biologischen und einen soziologischen Ansatz nebeneinander stelle, möchte ich vor allem die Vorteile der »doppelten Beschreibung« nutzen.[48]

Umgang mit Komplexität

Das systemtheoretische Denken setzte sich ab den dreißiger Jahren in mehreren Wissenschaftszweigen durch, kann aber nicht als einheitlich betrachtet werden. Vielmehr umfaßt es unterschiedliche Ansätze, Konzepte und Theorien mit abweichenden Systembegriffen und Methoden.[49] Bei aller Unterschiedlichkeit läßt sich jedoch auch Gemeinsames erkennen: die Erforschung komplexer und dynamischer Zusammenhänge – oder Systeme. Aus dieser gemeinsamen Thematik ging, wie Willke betont, ein fachübergreifendes Programm hervor: das Problem der Komplexität ohne reduktionistische Kurzschlüsse zu lösen.[50]

Im folgenden werde ich aber nur solche Aspekte der Systemtheorien berücksichtigen, die im Bereich klinischen Handelns relevant sind. Dabei geht es besonders um allgemeine Merkmale, die Systeme als solche konstituieren und erkennbar machen.

Der Systembegriff

Bisher konnte der Begriff »System« nicht einheitlich definiert werden. Seine altgriechischen Wurzeln deuten jedoch auf jene zwei Aspekte hin, die Systeme kennzeichnen und theoretische Probleme bereiten. Etymologisch gesehen, ist »System« ein *komplexes* – zusammengesetztes – Gebilde und von anderem *abgrenzbar*.[51] Wer Systeme erforscht, muß also ihre *Elemente* und *Relationen* sowie ihre *Grenzen* bestimmen. Entsprechend ging L. von Bertalanffy von folgender Definition aus: Systeme sind Gebilde, die aus verknüpften Elementen bestehen.[52] In diesem Sinne läßt sich zunächst jedes »Gebilde« als System auffassen. Bezieht man jedoch den Beobachter ein, gilt diese Definition für alle Einheiten, die ein Beobachter als komplex wahrnimmt.

Sozialwissenschaftler halten sich meist an die in den fünfziger Jahren formulierte, inzwischen klassische Definition von Hall und Fagan. Sie lautet: »Ein System ist ein Aggregat von Objekten und Beziehungen zwischen den Objekten und ihren Merkmalen.«[53] Danach müssen Komponenten und Eigenschaften bereits vor der Systembildung existieren; das System »bündelt« Objekte und Merkmale nur noch zu einem Ganzen, und die Komponenten benötigen ihre Eigenschaften allein, um sich untereinander verknüpfen zu können. Die besonderen Eigenschaften der so gebildeten Ganzheit entstehen also erst später. Insofern spricht man von der »Emergenz« einer neuen Qualität – der »Systemqualität« –, die aus den interaktionellen »Fähigkeiten« der Komponenten resultiert. Aufgrund dieser Emergenz sei jedes System mehr (oder anders) als die Summe seiner Teile.

Dabei bleibt, wie Roth und Schwegler zeigten, jedoch unbeachtet, daß alle Eigenschaften von Objekten aus Interaktionen resultieren.[54] Interaktionsmodi und Eigenschaften von Objekten sind untrennbar miteinander verknüpft. Daher hat es wenig Sinn zu behaupten, daß Objekte unabhängig von ihren aktuellen Interaktionen (in einem Milieu) Eigenschaften »an sich« besäßen.[55] Diese ergeben sich vielmehr aus der Interaktion und verändern sich zusammen mit den Interaktionsmodi. Neue Eigenschaften (Qualitäten) emergieren – sowohl in den Komponenten als auch im System – durch den Prozeß der Systembildung oder »Relationierung«. Objekte werden erst zu Komponenten von Systemen, wenn sie bereits neue Interaktionsmodi und Eigenschaften ausgebildet, sich also erneuert haben.

Luhmann fordert von einer präzisen Bestimmung des Systembegriffs, daß sie drei Fragenkomplexe beantwortet: Was unterscheidet das Gebilde von einem Hintergrund (*Systemgrenze*)? Woraus besteht das Gebilde (*Komponenten oder Elemente*)? Und was hält es zusammen (*Relationen zwischen den Elementen*)? Die erste Frage betrifft die Differenz System/Umwelt, die zweite die Systemdifferenzierung und die dritte die Differenz Element/Relation. Alle drei Fragen sind eng verknüpft und lassen sich nur zu analytischen Zwecken sinnvoll unterscheiden.[56]

Komponenten und Relationen

Gemäß Luhmann existieren die Komponenten eines Systems nicht vor der Systembildung. Eine entsprechende Definition müßte System, Element und Relation als wechselseitig bedingte Einheiten fassen. Berücksichtigt man zudem, daß System, Element und Relation durch Unterscheidungen gebildet werden, sind sie auch von etwas anderem abzugrenzen. Dafür bildet Luhmann die Differenzen System/Umwelt und Element/Relation. Beide sind als Einheiten konzipiert, worin jedes Glied – ob System oder Element – das je andere (Umwelt oder Relation) einschließt. Systeme werden also durch die *Einheit der Differenz* konstituiert.[57]

Ein Beobachter, der diese Unterscheidungen trifft, differenziert zwischen zwei Einheiten (etwa System und Umwelt), indem er eine Einheit (System/Umwelt) herstellt. Jede Ausdifferenzierung eines Systems definiert dessen je spezifische Umwelt: System und Umwelt existieren nur aufeinander bezogen. Gleiches gilt für Element und Relation: Elemente ohne Relationen gibt es ebensowenig wie diese ohne jene.[58]

Reduktion von Komplexität

Systeme reduzieren Komplexität. Der Systembegriff erlaubt es also, Komplexität durch – wiederum komplexe – Einheiten zugänglich zu machen. Systeme höherer emergenter Ordnung sind in der Regel weniger komplex als solche niederer Ordnung. Der Grund liegt nach Luhmann darin, daß sie Art und Zahl ihrer Elemente selbst bestimmen. Systembildung bedeutet also nicht, Komplexität zu steigern oder Vorhandenes zusammenzufügen, sondern eine andere Komplexität herzustellen. Für Luhmann bezeichnet Komplexität

> ... eine Einheit, die ihrerseits verschiedene Einheiten (Elemente) umfaßt. Von »größerer Komplexität« kann man dann sprechen, wenn die Zahl und/oder die Verschiedenartigkeit der Elemente zunimmt, die der umfassenden Einheit (die als komplex bezeichnet wird) zugeordnet werden ... Damit fällt die ontologische Unterscheidung des Einfachen und Komplexen. An ihre Stelle tritt die komplexitätsinterne Unterscheidung von Größenordnungen, in denen noch jedes Element mit jedem anderen jederzeit in Verbindung stehen kann, und solchen, bei denen das nicht mehr der Fall ist.[59]

»Komplexität« ist ein paradoxer Begriff, bezeichnet als Einheit, was er als Vielheit meint. Komplexität entsteht, wenn sich ein Beobachter auf die Unterscheidung von umfassender und elementarer Einheit stützt. Nur so kann er die Komplexität von Systemen thematisieren, sie vergleichen und von einem Komplexitätsgefälle zwischen System und Umwelt sprechen. Komplexität ist ein quantitativer Begriff. So gilt eine Menge als komplex, wenn sich ihre Elemente nicht jederzeit verknüpfen können. Zwischen System und Umwelt besteht daher ein Komplexitätsgefälle, doch die Umwelt muß immer komplexer sein als das System. Andernfalls könnten seine und die Zustände der Umwelt übereinstimmen und die Differenz System/Umwelt aufheben; dann wäre das System nicht mehr erkennbar (abgrenzbar). Von *Komplexitätsreduktion* spricht Luhmann, wenn ein komplexes Relationsgefüge durch ein einfacheres ersetzt wird. Reduktion von Komplexität bedeutet daher Vereinfachung der Relationen durch andersartige Verknüpfung.

Alle Systembildung basiert auf Selektion, wodurch die möglichen Relationen der Elemente eingeschränkt und diese dem System zugeordnet werden. Systeme ordnen sich intern, sind operational geschlossen. Systemzustände gehen prinzipiell auseinander hervor. Das sichert die Differenz System/Umwelt als Komplexitätsgefälle, wobei das System seine gegenüber der Umwelt geringere Komplexität durch höhere interne Ordnung ausgleicht. So entsteht ein Netzwerk, in dem die Relationen der Elemente einander bedingen. *Konditionierung.* Systeme sichern ihren Fortbestand, indem sie nur bestimmte Relationen zulassen. Deren Konditionierung gibt den Komponenten ihren Systemcharakter, so daß sie sich nur noch intern verknüpfen können. Die Komponenten eines Systems sind also fest in ihre Relationen eingebunden. Dieser Selektionsprozeß erklärt nach Luhmann, wie vielfältige Systemtypen – etwa Moleküle, Organismen und Gesellschaften – aus wenigen Grundeinheiten (Atomen, Zellen, Individuen) entstehen können. Komplexitätsreduktion ist aber nicht »reduktionistisch«, da sie Komplexität durch Komplexität ersetzt, also keine Ontologie betreibt. Das Problem, wie Teile ein Ganzes bilden können, wird nicht durch gesteigerte Komplexität oder Synthetisierung gelöst, sondern durch Komplexitätsdifferenz und Binnendifferenzierung.

Systemgrenze

Systeme sind begrenzt. Die Grenzen physikalischer Systeme bestimmt man meist als Rand, also topologisch. Dagegen entziehen sich die Grenzen psychischer und sozialer Systeme der direkten Beobachtung. Allen Systemen ist jedoch gemeinsam, daß man sie nur aufgrund der Funktion ihrer Grenzen – System und Umwelt zu trennen, aber auch zu verbinden – erkennen kann. Daher sind Grenzen primär funktional zu betrachten. Bei biologischen Systemen fällt die Grenzfunktion meist dem topologisch bestimmbaren Rand zu: Grenze und Rand sind identisch.

Nach Luhmann stützt sich die »Ausdifferenzierung« von Systemen vor allem auf die Konstitution systemeigener Elemente und daneben auf die Abgrenzung. Grenzen gelten als hinreichend bestimmt, wenn ihr Verlauf und die Zuordnung der Ereignisse, Operationen und Zustände zum System oder zur Umwelt als Systemleistung anzusehen sind. So lassen sich Grenzen – wie

Komponenten und Relationen – auf das selbstreferentielle Operieren eines Systems zurückführen. Anders ließe sich nicht entscheiden, ob eine Grenze dem System oder der Umwelt angehört. Grenzen sollten demnach weder als Abstrakta noch als topologische Trennlinien aufgefaßt werden, sondern funktional, und zwar mit doppelter Funktion: Einerseits unterbrechen sie die Verbindung zwischen Systemkomponenten und Umwelt; andererseits stellen sie bestimmte Relationen zwischen beiden Bereichen her. Durch diese Selektion festigen sie das Komplexitätsgefälle und steuern die Interaktion: Grenzen schließen und öffnen das System gegenüber seiner Umwelt. Systeme sind insofern geschlossen, als keine ihrer Operationen außerhalb stattfinden können; sie sind aber in dem Maße offen, wie ihre Komponenten mit Zuständen und Prozessen der Umwelt interagieren können. Grenzen regulieren also die strukturelle Koppelung zwischen System und Umwelt.

Systeme interagieren nur über ihre Komponenten mit ihrer Umwelt. Die Interaktion verläuft jedoch quer zum operationalen Netzwerk des Systems und legt nicht fest, wie sie im System verarbeitet wird. Durch seine selektive Grenze reduziert das System nicht nur externe, sondern auch eigene, interne Komplexität. Dadurch steuert es die Relationen zwischen den Systemkomponenten sowie zwischen ihnen und den Elementen der Umwelt. Treten Systeme nur über ihre Grenzen in Kontakt, können sie nicht die volle Eigenkomplexität vermitteln – sie würden ineinander übergehen –, sondern bleiben füreinander unbestimmbar. Um diesen Zustand zu steuern, muß ein weiteres System eingeschaltet werden: Kommunikation.

Systemdefinition

Würde der Systembegriff ontologisch definiert, widerspräche er den Prämissen systemischen Denkens.[60] Systembildung, Reduktion von Komplexität, Selektion und Selbstreferenz sind vielmehr als Beschreibungen gemeint.

In Übereinstimmung mit den Prämissen des 3. Kapitels können wir nun einen Systembegriff skizzieren, der sich als Grundlage für das weitere Vorgehen eignet: »Systeme« sind Einheiten, die ein Beobachter durch Unterscheidung als zusammengesetzt und abgegrenzt konstituiert. Ist einmal das System – eben durch eine Unterscheidung des Beobachters – entstanden, kann es für alle weiteren Belange als selbstreferentiell betrachtet und wie folgt beschrieben werden: Die Systemgrenzen erweisen sich als Funktion, die das Gebilde zugleich von seiner Umwelt trennt und an diese bindet. System, Komponenten, Relationen und ihre Umwelt sind wechselseitig bedingt. Die

Relationen der Komponenten konstituieren diese durch Selektion. Systemspezifische Merkmale entstehen gemeinsam mit den emergierenden Komponenten. Komponenten, Relationen und Grenze entstehen gleichzeitig und begründen die selbstreferentielle Organisation des Systems. Systeme verarbeiten – oder »prozessieren«, im Sinne der Kybernetik – nur Eigenzustände; Veränderungen werden also nicht kausal von außen bewirkt, sondern folgen auf Prozesse in den Relationen zwischen den Komponenten.

Damit werden Systeme durch kognitiv-sprachliche Leistungen von Beobachtern hervorgebracht, die Einheiten als zusammengesetzt auffassen. Die mit Systemen getroffenen Unterscheidungen erzeugen zugleich einen eigenständigen Phänomenbereich. Der Beobachter wird jedoch in diese Definition nicht einbezogen, um den Systembegriff analytisch zu verwenden oder als beliebig zu bestimmen. Als sprachlich erzeugtes Konstrukt bezeichnet er vielmehr Einheiten, die für alle praktischen Belange existieren. Indem er Komplexität reduziert, eignet sich der Systembegriff, um komplexe geordnete Zusammenhänge unterschiedlicher Art zu erforschen. Ob es Systeme im transzendental-ontologischen Sinne »gibt«, ist nach den Ausführungen des 3. Kapitels eine irrelevante Frage.

Die Theorie sozialer Systeme

Biologie oder Soziologie?

Die Frage nach dem Primat des Individuellen oder des Sozialen hat eine lange Tradition. Aus dem griechischen »zoon politikon« wurde in der römischen Kultur das »animal sociale«, und als solches ist der Mensch jedenfalls durch Individualität *und* Sozialität geprägt. Auf diese Doppeldeutigkeit stützten sich viele Ideologien, meist um einen Aspekt dem anderen unterzuordnen.

Biologisch gesehen, ist der Mensch unteilbar (in-dividuell). Die Entstehung des Sozialen setzt also den »ganzen Menschen« (als In-dividuum) voraus. Dadurch erscheint die Gesellschaft als Aggregat von Organismen. Entsprechend behauptet Maturana, daß zwischen dem Biologischen und dem Sozialen eine Kontinuität bestehen muß: »Das individuelle Wesen des Menschen [ist] notwendigerweise sozial, das soziale individuell.«[61]

Soziologen waren jedoch stets bemüht, die Verbindung zwischen dem sozialen System und den Menschen – als biologischen Einheiten – zu lockern. Im soziologischen Diskurs hatte dieses Ansinnen fast existentielle Bedeutung: Um sich legitimieren zu können, mußte die Soziologie beweisen, daß Gesellschaft ein eigenständiger – nicht auf Individualität reduzierbarer –

Phänomenbereich ist.[62] Ließe sich das Soziale auf biologische oder psychische Faktoren reduzieren, hätte die Soziologie keinen eigenen Gegenstand und wäre letzten Endes überflüssig.

Die Debatte zwischen biologischem und soziologischem Ansatz prägt auch den zeitgenössischen systemtheoretischen Diskurs, verkörpert etwa durch Maturana und Luhmann. Sie äußert sich zum Beispiel darin, wie man soziale Systeme deutet: ob durch »Strukturkoppelung« oder »Kommunikation«. Eng damit verbunden ist das Problem der Komponenten, Relationen und Grenzen sozialer Systeme, das – wie Steiner und Reiter gezeigt haben[63] – weit in die klinische Tätigkeit hineinreicht. Sind soziale Systeme aus biologischen zusammengesetzt, lautet die Frage: Durch welche Operationen verbinden sich Menschen mit anderen zu einem gemeinsamen System? Nach Maturana erfolgt dies, indem

> ... lebende Systeme durch ihr Verhalten ein Netz von Interaktionen ausbilden und sich in diesem Medium als Lebewesen verwirklichen ... Derartige Systeme folgen zwingend aus der rekurrenten Interaktion zwischen Lebewesen und entstehen immer, wenn die Interaktion eine Zeitlang anhält.[64]

Nach Maturana beruhen soziale Systeme darauf, daß Individuen ihre Autopoiese verwirklichen. Das setzt komplementäre organismische Strukturen voraus, die sich kongruent verändern können. Stellt ein Beobachter fest, daß Verhaltensweisen von Individuen nach gewissen Kriterien kongruent geworden sind, nimmt er implizit an, daß diese korrespondierende Strukturveränderungen vollzogen haben. Das nennt er »strukturelle Koppelung«. Organismische Strukturveränderungen prägen die ontogenetische Entwicklung von Lebewesen; sind sie im Verlauf der strukturellen Koppelung kongruent, begründen sie jene »Ko-Ontogenese«, die das Soziale ausmacht. Das gilt grundsätzlich für alle Lebewesen, doch der Mensch kann sein Verhalten linguierend, also durch Koordination höherer Ordnung mit dem anderer abstimmen. So entsteht die für seine Lebensweise typische Koppelung, die seine soziale Individualität begründet.

Aus dem biologischen Ansatz Maturanas folgt, daß Menschen soziale Systeme bilden, weil sie aufgrund ihrer biologischen Struktur dazu bestimmt sind. Alle Eigenphänomene sozialer Systeme ergeben sich aus der strukturellen Koppelung (Konsensualisierung) von Menschen. So erzeugen diese allmählich eine rekurrente Vernetzung, die den Verhaltensrahmen eines bestimmten sozialen Systems festlegt. Alles Soziale beruht darauf, daß die beteiligten Organismen ihre Ontogenese stets als Ko-Ontogenese verwirklichen. Individuen gehören nur solange einem sozialen System an, wie sie an der reziproken Strukturkoppelung teilnehmen und das relationale Gefüge mittragen.

Gemäß Maturana beruht die zugleich individuelle und soziale Existenz des Menschen darauf, daß jedes Element eines sozialen Systems in mindestens zwei operationalen Dimensionen interagieren kann: konstitutiv und akzidentell. Jedes Individuum kann also mittels verschiedener Operationen unterschiedlichen Systemen angehören; dabei überschneiden sich diese Dimensionen nicht als solche, sondern in seiner organischen Struktur. Insofern gehört der Mensch einem sozialen System nur deshalb als Ganzes an, weil seine biologische Struktur eben unteilbar ist. Aus demselben Grund überschneiden sich in ihr alle seine sozialen Operationen.[65]

Aus biologischer Sicht wird die Grenze sozialer Systeme durch ein Netzwerk interner, rekurrenter Interaktion bestimmt. Maturana fügt an, daß soziale Systeme des Menschen – ähnlich wie Kognition ein unversehrtes Nervensystem voraussetzt – nur bestehen können, wenn Menschen sie erzeugen: Der Mensch wäre für soziale Systeme nur verzichtbar, wenn diese nicht vom Leben ihrer Elemente abhingen. Bei derartigen Systemen wären die Elemente austauschbar, könnten also durch Maschinen ersetzt werden und bildeten damit allenfalls »parasoziale« Systeme: »Soziale Systeme zeichnet aus, daß ihre Elemente Lebewesen sind.«[66] Luhmann sieht es anders:

> Wir gehen davon aus, daß die sozialen Systeme nicht aus psychischen Systemen, geschweige denn aus leibhaftigen Menschen bestehen ... Sie sind freilich ein Teil der Umwelt, der für die Bildung sozialer Systeme in besonderem Maße relevant ist ... Soziale Systeme [bilden] sich autonom und auf der Basis eigener elementarer Operationen.[67]

Nach Luhmann unterscheiden sich Systeme nach ihren System/Umwelt-Differenzen. Daher empfehle es sich, die Autopoiese des Lebens und der Gesellschaft klar zu unterscheiden. Vor allem dürfe man nicht annehmen, »daß alles, was sich im biologischen Bereich vollzieht, zugleich ein gesellschaftlicher Prozeß sei; daß man, wenn man zum Friseur geht, dort etwas von der Gesellschaft abschneiden läßt«.[68]

Autopoiese sozialer Systeme. Nach Luhmann sollte das Konzept der »Autopoiese« nicht auf die Biologie beschränkt werden. Um es für seine Gesellschaftstheorie nutzen zu können, befreite er es aus dem rein biologischen Kontext und faßte biologische, psychische und soziale Systeme als Spielarten autopoietischer Systeme auf. Diese unterscheiden sich primär nach den basalen Operationen ihrer Autopoiese: Biologische Systeme verarbeiten und reproduzieren Ereignisse im Molekularbereich, psychische und soziale dagegen »Sinn« – als »Bewußtsein« oder als »Kommunikation«.

Indem er soziale Systeme durch Kommunikation – und nicht durch den Menschen – bestimmte, konnte Luhmann sie als autopoietisch deuten: Kommunikation erzeugt und trägt Kommunikation, wohingegen soziale Systeme keine Menschen »erzeugen« können. Wenn soziale Systeme auf Kommunikation beruhen, lassen sich die Relationen zwischen ihnen als »Anschlußbildung« definieren. Kommunikation selektiert diese »Anschlüsse« und bestätigt sich dadurch als Grundeinheit sozialer Systeme. Das entscheidende Kriterium hierbei ist die Wahrung von Sinn. Damit erweisen sich die Systemgrenzen als Sinngrenzen, die Sinnhaftes (System) von Sinnhaftem (Umwelt) unterscheiden.

Die Fundierung sozialer Systeme durch Kommunikation hat zur Folge, daß die einbezogenen physikalischen, biologischen und psychischen Systeme ihrer Umwelt zugeordnet werden. Das hat mehrere Vorteile gegenüber der biologischen und psychologischen Auffassung sozialer Systeme. Den bereits erwähnten Vorteil der doppelten Beschreibung werde ich weiter unten nutzen, um die klinische Tätigkeit näher zu beleuchten.

Sinn und soziale Komplexitätsreduktion

Bei Luhmann nimmt der Sinnbegriff – wie in der Soziologie üblich – eine zentrale Stellung ein. Gegenüber früheren Ansätzen (etwa von Weber und Schütz) wird er aber der Systemtheorie angepaßt. Als ein Produkt der Koevolution psychischer und sozialer Systeme ist Sinn für beide Systemtypen »bindend als unerläßliche, unabweisbare Form ihrer Komplexität und ihrer Selbstreferenz«.[69] Sinn bildet also den Bezugsrahmen, um Bestand und Wandel dieser Systeme sowie ihre Wechselwirkung begrifflich zu fassen. Damit enthält Sinn ein allgemeines, formal nicht faßbares Kriterium. Sinn umfaßt zunächst alles, was »Sinn hat«, ist also ein differenzloser Begriff, der weder ins Gegenteil verkehrt noch negiert werden kann: Negationen sind nur als sinnvolle »anschließbar«, und Sinnlosigkeit bildet das Thema sinnhafter psychischer oder sozialer Systeme.

Sinnfunktionen. Sinn setzt Komplexität voraus: Psychische und soziale Systeme, die Sinn verarbeiten, reduzieren Komplexität. Dabei wird diese nur zeitweilig aufgehoben, aber nicht endgültig beseitigt. Sinn verweist auf die Differenz zwischen Aktualität und Möglichkeit und operiert damit. Im Rahmen der Selektion hat Sinn zwei Funktionen: Er orientiert die Anschlußbildung und wahrt zugleich Komplexität. Obwohl Komplexität immer Selektionszwang bedeutet, bürgt die Verwirklichung einer Möglichkeit – die temporär alles andere ausschließt – zugleich für Kontinuität. Als starre Vorgabe würde Sinn hingegen alle weiteren Möglichkeiten festlegen und die Welt »schrumpfen« lassen. Kommunikation entspräche dann nur noch der Vernetzung »trivialer« Maschinen, die ein Schema fortführen.[70] Als vorläufige Komplexität ist Sinn prinzipiell instabil, muß sich fortlaufend regenerieren. Die Instabilität und Unbestimmbarkeit sozialer Systeme öffnet diese dem Zufall und damit der Veränderung, das heißt der Fehlkoordination von Ereignissen und Systemstrukturen. Sinn stützt sich also auf Differenzen, die aus der Sinnhaftigkeit selbst stammen, und verarbeitet immer nur sich selbst. Damit ist Sinn ein genuin autopoietisches Phänomen.

Sinndefinition. Sinn verweist auf Sinn, nie auf etwas anderes. »Systeme, die an Sinn gebunden sind, können daher nicht sinnfrei erleben oder handeln.«[71] Luhmann definierte Sinn als

> ... eine bestimmte Strategie des selektiven Verhaltens unter der Bedingung hoher Komplexität ... Einheit in der Fülle des Möglichen zu schaffen und sich von da aus dann selektiv an einzelnen Aspekten des Verweisungszusammenhanges zu orientieren. Dabei ist bezeichnend, daß die Selektion einer spezifischen Sinnverwendung andere Möglichkeiten zwar vorläufig neutralisiert oder auch negiert, sie aber als Möglichkeiten nicht definitiv ausmerzt.[72]

Information. Sinn verarbeitet Sinn. Um aus diesem Zirkel herauszufinden, führt Luhmann den Begriff »Information« ein. Informationen lösen beim Adressaten Systemzustände aus (ohne sie zu bestimmen). Aufgrund der operationalen Geschlossenheit von Systemen ist Information hier kein bestimmender Input. Information kann nur dann Systemzustände beim Adressaten auslösen, wenn sie auf die geeigneten Strukturen trifft. Information zielt zwar darauf, beim Adressaten Systemzustände auszulösen, aber die Wahl, was als Information wirkt, trifft das System selbst. Informationen begründen kurzlebige, unwiederholbare Ereignisse. Daher können sie den Prozessen zugeordnet werden, die sinnhafte selbstreferentielle Systeme konstituieren. Gleichwohl ist Information nicht mit Sinn identisch.[73]

Der Informationsbegriff veranschaulicht, wie sinnhafte Systeme ihre eigene System/Umwelt-Differenz herstellen. Information wird zwar immer nur systemintern qualifiziert, kann aber gleichwohl der Umwelt zugeordnet werden. Entsteht Information als Folge einer Eigenleistung des Systems, wird sie als *Handlung* erlebt. Andernfalls erscheint sie als externe Selektion, wird kausal der Außenwelt zugerechnet und als *Erleben* gedeutet. Aus dieser Differenzierung ergibt sich der Unterschied zwischen innen und außen, der es uns nach Luhmann ermöglicht, andere zu verstehen: Er konstituiert eine

Umwelt mit Systemen, die sich ebenfalls auf diese Unterscheidung stützen und so als gleichartig erlebt werden. Nur auf andere Systeme projiziert, kann Sinnerleben und sinnhaftes Handeln in Verstehen münden.

Sinndimensionen. Alle Sinnerfahrung setzt eine Differenz voraus. Um den abstrakten, selbstreferentiellen Gehalt von »Sinn« nutzbar zu machen, führt Luhmann den Begriff »Sinndimensionen« ein. Mit ihm kann er die Selbstreferenz von Sinn neu bestimmen. Luhmann unterscheidet drei Sinndimensionen mit je eigenen Differenzen: die sachliche, die zeitliche und die soziale. Der Sachdimension sind die Kommunikationsthemen sozialer Systeme zugeordnet. Angesichts der Differenz »dies/anderes« läßt sich beurteilen, ob ein Beitrag zum Thema gehört oder nicht. Die Zeitdimension resultiert aus der Differenz »vorher/nachher«. Sinn entsteht hier aus dem Wann von Ereignissen. Die Gegenwart wird als Zeitpunkt erfahren, der den Wandel zwischen Vergangenheit und Zukunft fixiert (Systemzeit). Geschichte ist immer gegenwärtige Vergangenheit oder gegenwärtige Zukunft. Die Sozialdimension beruht auf der Differenz »Ego/alter Ego«, bündelt sinnhafte Verweisungen nach »Konsens« oder »Dissens«, ermöglicht fortlaufende Vergleiche mit anderen. Ereignisse, in denen »Ego« und »alter Ego« eine feste Einheit bilden, werden diesem oder jenem zugeschrieben, und sie ermöglichen die soziale Anschlußbildung.

Symbolisierung. Das selbstreferentielle Sinngeschehen fordert Symbole. Durch Symbolbildung entsteht eine Differenz von operativer und symbolischer Ebene, ohne die Selbstreferenz nicht denkbar wäre. Sinn wird als einmalig und vergänglich gefaßt, aber auch zu Einheiten verdichtet, die thematische Kontinuität verbürgen. Symbole beschränken das Mögliche und machen so andere Möglichkeiten sichtbar. (»Wald« umgrenzt die Menge »Bäume« und verweist so auf etwas anderes.) Dinge (Formen, Geräusche, Gerüche, denen Bedeutung beigemessen wird) eignen sich zwar als Symbole, ihre besondere Domäne ist aber die Sprache. Sie symbolisiert Sinn und macht ihn kommunikativ nutzbar. Symbole sind Kürzel, die sich weitgehend unabhängig von ihrer Entstehung entfalten. Sie verdichten sich zu *Erwartungen* und reduzieren dadurch die komplexe Verweisungsstruktur des Sinnes, was die Orientierung erleichtert. Soziale Systeme lassen sich strukturell als generalisierte Verhaltenserwartung deuten – das heißt, als Programm für die weiteren Operationen des Systems.

Obwohl psychische wie soziale Systeme »Sinn« verarbeiten, eignet sich der Begriff als Unterscheidungsmerkmal. Man differenziert jedoch nicht am einzelnen Ereignis, sondern im Hinblick auf die sinnhafte Selbstreferenz eines Systems, untersucht also, wie sich ein aktueller Sinn auf sich selbst bezieht. Resultiert Sinn aus dem Verstehen anderer, erscheint er als soziale »Kommunikation« – setzt er Bewußtsein voraus, verweist er auf »psychische Systeme«. Darin liegt die funktionale Bedeutung des Sinnbegriffs: Er dient als Grundlage psychischer und sozialer Systeme. Diese werden als sinnkonstituierende Systeme verstanden: Ihre Grenzen sind primär Sinngrenzen.

Doppelte Kontingenz

Systeme sind aufgrund ihrer je speziellen Komplexitätsreduktion grundsätzlich füreinander unbestimmbar. Als selbstreferentiell, und damit geschlossen, haben sie außerdem weder Zugang zu ihrer Umwelt noch zu anderen Systemen. Sinnhafte soziale Systeme müssen, um Sinn erzeugen und bewahren zu können, an Operationen anderer Systeme anschließen, ohne Einblick in deren Abläufe zu erhalten. Selbst eingehendste Beobachtung läßt keine sichere Vorhersage darüber zu, was im nächsten Moment geschehen wird. Beobachtung kann das Verhalten sogar abrupt ändern, indem sie den Beobachteten veranlaßt, anders als erwartet zu handeln. Sinnhafte Systeme sind also der *Kontingenz* ausgesetzt: Was an Sinn unterstellt wird, könnte auch anders sein oder entgleiten.[74] Alle Kommunikation ist daher durch gegenseitige Unbestimmbarkeit und Intransparenz geprägt.

Doppelte Kontingenz. Kommunikation soll stets Probleme bewältigen, die sich aus wechselseitiger Intransparenz ergeben. Das bezeichnet Luhmann als Weiterentwicklung von Parsons' Handlungstheorie als Problem der »doppelten Kontingenz« und beschreibt die Situation wie folgt:

> Zwei black boxes bekommen es, auf Grund welcher Zufälle immer, miteinander zu tun. Jede bestimmt ihr eigenes Verhalten durch komplexe selbstreferentielle Operationen innerhalb ihrer Grenzen. Das, was von ihr sichtbar wird, ist deshalb notwendig Reduktion. Jede unterstellt das gleiche der anderen. Deshalb bleiben die black boxes bei aller Bemühung und bei allem Zeitaufwand füreinander undurchsichtig. Selbst wenn sie strikt mechanisch operieren, müssen sie deshalb im Verhältnis zueinander Indeterminiertheit und Determiniertheit unterstellen ... Der Versuch, den anderen zu berechnen, würde zwangsläufig scheitern. Mit dem Versuch, ihn aus seiner Welt heraus zu beeinflussen, kann man Glück haben und Erfahrungen sammeln ... [Aber:] Sie bleiben getrennt, sie verschmelzen nicht, sie verstehen einander nicht besser als zuvor; sie konzentrieren sich auf das, was sie ... beobachten können ... Das, was sie beobachten, können sie durch eigenes Handeln zu beeinflussen versuchen, und am feed-back können sie wiederum lernen.[75]

Das Grundproblem sozialer Systeme liegt darin, daß beide Partner einer sozialen Interaktion doppelte Kontingenz erfahren: Jeder von ihnen kann so oder anders handeln, und beide wissen es. Um sich also auf das Handeln des Anderen zu beziehen, muß man angesichts der Ungewißheit Risiken eingehen. Will man jemandem die Hand geben, kann er die Geste erwidern oder mißachten, darauf schlagen usw. Bedächte man alle Möglichkeiten im voraus und wollte unliebsame Folgen vermeiden, müßte man zu kommunizieren aufhören. In dieser Konstellation sieht Luhmann das hypothetisch Unwahrscheinliche der Kommunikation; Bazon Brock sieht darin ein ästhetisches Moment: Das Risiko aller Kommunikation erfordere ständig Kreativität, um die Ungewißheit fruchtbar zu deuten. Daher sei Kommunikation eine besondere Kunstform – Lebenskunst.[76]

Unklarheit regt aber zur Klärung an. Nach Luhmann können soziale Systeme nur entstehen, weil eine diffuse Ausgangslage dazu zwinge, Strukturen auszubilden. Jedes Handeln wirke selektiv und reduziere Komplexität, ermögliche also Kontinuität. Diese setze aber voraus, daß die Beteiligten einander beobachten und irgend etwas erwarten. »Reine« doppelte Kontingenz komme in keiner Gesellschaft vor, da Kommunikation auf gesellschaftlich vermittelten Symbolen und Erwartungen beruht: »Erwartungen gewinnen mithin im Kontext von doppelter Kontingenz Strukturwert für den Aufbau emergenter Systeme und damit eine eigene Art von Realität (= Anschlußwert).«[77]

Doppelte Kontingenz wirkt in sozialen Systemen autokatalytisch: Sie fördert Kommunikation, ohne selbst verbraucht zu werden. In der doppelten Kontingenz fühlt man sich zugleich unsicher und sicher: Man weiß zwar nicht, was der Andere tun wird, kann aber sicher davon ausgehen, daß er die Situation genauso erlebt. Man kann die Unsicherheit nur mindern, indem man sich so und nicht anders verhält. Die beiderseitige Unsicherheit wirkt also orientierend. Wer sich festlegt, ermöglicht dem Anderen anzuknüpfen und kann sich dann darauf beziehen. So bringen Unwahrscheinlichkeit, Unsicherheit und Unbestimmtheit immer wieder ihr Gegenteil hervor.

Das Problem der doppelten Kontingenz trägt seine Lösung in sich. Risiken werden durch riskante Angebote überwunden: Dabei gibt es keine Alternative zum Vertrauen. Wer aus Mißtrauen jedes Risiko meiden möchte, kann nicht überleben. Ritualisiert (trivialisiert) er Kommunikation, um eine erlebte Gewißheit (Voraussagbarkeit) für alle Zeiten zu konservieren, ist der Erfolg trügerisch, denn das Problem wirkt katalytisch – bleibt also bestehen: Sobald man das nächste Mal auf die Kraft der Rituale vertraut und jemandem die Hand reicht, kann Ungeahntes passieren. Ähnliches gilt für den Versuch, der doppelten Kontingenz durch Chaotisierung oder Verweigerung der Kommunikation auszuweichen. In beiden Fällen sind äußerst krasse

Reaktionen denkbar. (Verwirrendes oder mutistisch-autistisches Verhalten wird zum Beispiel oft pathologisiert.) Zufälle spielen stets eine Rolle und sind wegen der Komplexität des menschlichen Miteinanders allgegenwärtig.

Doppelte Kontingenz liegt – als Dauerproblem der Kommunikation – sozialen Systemen zugrunde und regt dazu an, in diesen selbst gelöst zu werden. Da dies nur auf der Basis von Selektion möglich ist, führt doppelte Kontingenz zur Bildung der Grenzen sozialer Systeme, um Sinn zu erzeugen und zu wahren. Die Selektion wirkt zum einen als Strukturvorgabe und festigt Erwartungen, zum anderen öffnet sie das System für spätere Alternativen, also auch für Zufälle, die Strukturveränderungen herbeiführen können. Jedes »Abtragen« der doppelten Kontingenz erleichtert und hemmt zugleich die Kommunikation: Es fördert die Kontinuität und grenzt weitere Kontingenz als unzumutbar aus.

Kommunikation als autopoietischer Prozeß

Soziale Systeme bilden sich durch Kommunikation. Demgemäß müssen wir nach Luhmann bestimmen, woraus sie bestehen. Menschen scheiden (als biologische Systeme) ebenso aus wie Personen (als psychische Systeme) und Handlungen. Soziale Systeme basieren auf Kommunikation, und diese stützt sich auf Handlungen; beide sind zwar untrennbar, müssen aber unterschieden werden.

Was ist Kommunikation in diesem Sinne? Gewiß nicht die Übertragung dinghaft aufgefaßter Informationen von einem »Sender« auf einen »Empfänger«. Dieses Modell (aus der Nachrichtentechnik) hatte die Kommunikationsforschung zunächst – mangels besserer Alternativen – als »Metapher« übernommen. Es erwies sich jedoch als ungeeignet, da es Kommunikation im wesentlichen als Mitteilung bestimmt. Eine Mitteilung trägt aber erst dann zur Kommunikation bei, wenn der Adressat sie versteht.

Kommunikation vollzieht sich also stets selektiv, da in ihr Sinn verarbeitet und Komplexität vorläufig reduziert wird. Insofern bringt sie aus sich hervor, was sie selektiert: Information. Jede Mitteilung ist an sich schon eine Selektion. Kommunikation muß also gemäß Luhmann als dreistelliger Selektionsprozeß betrachtet werden: Sie selektiert aus der Fülle des Möglichen eine Information, ein Mitteilungsverhalten und Systemzustände des Adressaten, die aus Beobachtung resultieren (um die Information als solche zu deuten).

Die dritte Selektion, von Luhmann als »Verstehen« bezeichnet, ist ein unerläßlicher Faktor. Verstehen basiert auf der Differenz zwischen Information und Mitteilung. Es deutet Inhalte sinnhaft nach richtig/falsch, relevant/

irrelevant oder verständlich/unverständlich, weist aber auch dem Mitteilungsverhalten vorab einen Informationswert zu. Im Verstehen verbinden sich diese Differenzen zur Einheit der Kommunikation. Ohne die Unterscheidung zwischen Information und Mitteilung kann Kommunikation nicht entstehen. Erst wenn man zum Beispiel ein Winken mit der Hand (Geste) als Information (etwa Abschiedsgruß) versteht und nicht anders deutet (etwa als bloße Bewegung), kann man kommunikativ reagieren und zurückwinken.

Kommunikation ist immer selbstreferentiell, kann sich nur auf Kommunikation beziehen, wobei stets geprüft wird, wieviel zuvor verstanden wurde. Verstehen äußert sich nur im nachhinein, man kann es aber durch Erwartungen vorwegnehmen. Jedenfalls vollzieht sich Kommunikation stets als rekursiver Prozeß: »Kommunikation gelingt und ist als gelingend erfahrbar, indem drei Selektionen (Information/Mitteilung/Verstehen) eine Einheit bilden, an die Weiteres angeschlossen werden kann.«[78]

Kommunikation setzt weder eine bewußte Mitteilungsabsicht noch Sprache voraus. Es genügt, eine Handlung als Mitteilung zu verstehen, wobei jedoch nicht-intendierte Deutungen möglich sind. Mißverständnisse gehören daher ebenso zur Kommunikation wie Unaufrichtigkeit; zudem kann das Mitteilungsverhalten inadäquat sein, etwa wenn man den falschen Sprachcode wählt. Informationen können, ebenso wie Mitteilungen, auch zurückgewiesen werden. Hat sich der Eigenzustand des Adressaten infolge einer Information verändert, gilt dies als »Verstehen«, so daß eine Kommunikation stattgefunden hat. Ein Beobachter kann allerdings erst aus der Reaktion schließen, was als Kommunikationseinheit gelten darf.

Kommunikationsprozesse. Vereinzelte Kommunikationseinheiten, etwa in Form von Befehlen oder Hilferufen, kommen in der Regel als Ausnahme vor. Kommunikationsprozesse verknüpfen hingegen viele Ereignisse zu einer Abfolge. Um sie zu erklären, unterscheidet Luhmann zwischen Thema und Beitrag. Themen ordnen Beiträgen einen Sinn zu. Sie steuern, wer was beitragen kann, und gliedern dadurch sowohl die Beiträge als auch ihre Urheber. Themen haben (meist) Sachgehalte, die das Worüber der Kommunikation betreffen, und stellen einen Bezug zu früheren oder späteren Beiträgen her. Die soziale Dimension der Themen bindet persönliche Merkmale der Beteiligten ins System ein, etwa Vorlieben oder Einstellungen. Themen aktualisieren also Sinnbezüge.

Kommunikation ist nicht bloß eine Kette von Handlungen, da sie stärker selektiert als jeder einzelne Akt. Daher läßt sich die konstitutive Ebene der Kommunikation nicht unterschreiten: Sie kann weder aufgrund einer einzigen Mitteilung voll erfaßt noch direkt beobachtet, sondern allenfalls anhand der einzelnen Handlungen nachvollzogen werden. Kommunikation erzeugt zugleich Redundanz und Differenz, nicht nur Konsens, was Trivialisierung zur Folge hätte. Die Redundanz sorgt für Strukturen; die Differenz öffnet das weitere Geschehen für Negation, Protest und Widerspruch. So bleibt das soziale System – ähnlich wie das Nervensystem – in einer Art selbsterzeugter Dauererregung, die auch von der Umwelt mitgeprägt werden kann.[79]

Die Differenz System/Umwelt festigt ein Gefälle, in dem die Umwelt stets komplexer ist als das System, was dieses durch seine höhere Ordnung kompensiert. Soziale Systeme steuern ihr Verhältnis zur Umwelt durch Erwartungsstrukturen, die den möglichen Spielraum in der sachlichen, zeitlichen und sozialen Dimension einschränken und so zur Stabilität beitragen. Die zeitliche Stabilität von Systemen wird durch den Aufbau relativ fester Erwartungskomplexe – wie Personen, Rollen, Programme oder Werte – gewährleistet. Um das Komplexitätsgefälle auszubauen, entwickelt das System eine Eigenzeit. In zeitlicher Autonomie differenziert es Zukunft und Vergangenheit weitgehend unabhängig von der Umweltzeit.

Sinngrenze. Soziale Systeme kennzeichnet, daß sie die Differenz zur Umwelt nur durch Sinngrenzen festigen. Als zeitliche Sinngebilde können sie ihre Grenzen nicht durch irgendeine abstrakte Topologie bestimmen. Die Grenzziehung erfolgt in der Sachdimension. Dabei werden mögliche Beiträge kommunikativ auf Zumutbarkeit geprüft, unzumutbare verworfen. Themenwahl und daran geknüpfte Erwartungen steuern den Prozeß. Die Grenzen eines sozialen Systems legen fest, welche Beiträge akzeptiert werden. Zeitliche und soziale Aspekte begrenzen zum Beispiel die Dauer von Beiträgen oder zulässige Verhaltensweisen. Da ein System seine Sinngrenzen selbst bestimmt, sind diese wandelbar, können weiter oder enger, durchlässiger oder starrer werden. Luhmann schreibt dazu:

> Sinngrenzen sind nicht nur eine äußere Haut, die wie ein Organ unter anderen gewisse Funktionen erfüllt. Sie ordnen vielmehr die Elemente, aus denen das System besteht und die es reproduziert, dem System zu. Jedes Element trifft, so gesehen, eine Zuordnungs- und damit eine Grenzentscheidung.[80]

Sozialisation

Abschließend möchte ich die Sozialisationstheorien Luhmanns und Maturanas vergleichen. Beide gehen davon aus, daß Sozialisation nicht bedeuten kann, in vorgegebene Muster eingepaßt zu werden. Beide betonen zudem die Interaktion zwischen dem Heranwachsenden und seiner sozialen Umwelt. Ihre Differenz ergibt sich aus der fachlichen Perspektive: Maturana fragt nach den biologischen Grundbedingungen der Sozialisation und kennzeichnet sie durch »Liebe«. Luhmann untersucht die soziologische Bedingtheit – das Wie – der Sozialisation und beschreibt sie als kommunikativen Prozeß, der sich mit oder ohne Liebe zwangsläufig vollzieht. Bei Luhmann heißt es:

Sozialisation ist immer Selbstsozialisation. Sie erfolgt nicht durch »Übertragung« eines Sinnmusters von einem System auf andere, sondern ihr Grundvorgang ist die selbstreferentielle Reproduktion des Systems, das die Sozialisation an sich selbst bewirkt und erfährt.[81]
Sozialisation in diesem Sinne ist kein erfolgträchtiges Geschehen (das allenfalls mißglücken kann). Eine Theorie, die den Sozialisationsbegriff auf die Erzeugung von angepaßtem, erwartungskonformem Verhalten festlegt, könnte die Entstehung gegenteiliger Verhaltensmuster nicht erklären.[82]

Eine nur über Zuwendung/Abwendung konditionierte Sozialisation muß, bei aller Liebe, sehr armselig ausfallen und zwangsläufig dazu führen, daß Freiheit und Selbständigkeit, wenn überhaupt, nur durch Auslösung von Abwendung erreicht werden kann.[83]

Es ist gerade diese Differenz [von System und Umwelt], die Sozialisation erst ermöglicht.[84]

Demgegenüber schreibt Maturana:

Soziale Systeme setzen voraus, daß ihre Mitglieder rekurrent interagieren. Bei Menschen läßt Gemeinschaft spontan rekurrente Interaktionen entstehen, so daß Liebe in irgendeiner Form daran beteiligt sein muß: Ohne Liebe keine menschliche Sozialisation, und eine Gesellschaft zerfällt, wenn die Liebe in ihr erlischt. Dieser streng biologische Faktor prägte die driftende Evolution der Hominiden zu menschlichen Gesellschaften.[85]

Liebe bedeutet, anderen in einem spezifischen Interaktionsbereich Raum für die Koexistenz zu öffnen.[86]

Ohne Liebe keine wirkliche Sozialisation.[87]

Resümee

In diesem Kapitel habe ich Luhmanns Theorie der sozialen Systeme und Maturanas biologischen Ansatz als komplementäre Positionen dargestellt. Luhmanns Konzept der sozialen Systeme bietet folgende, in einer Synthese zu beachtende Vorteile:
Begriffliche Klärung. Soziale Systeme sind zwar struktuell an biologische

und psychische gekoppelt, aber phänomenologisch von ihnen unabhängig. Auch wenn man die Existenz biologischer und psychischer Systeme als notwendige Bedingung für das Entstehen sozialer Systeme betrachtet, gehören sie diesen nicht an. Soziale Systeme lassen sich als eigenständig beschreiben (unterscheiden, erkennen) und sind durch Kommunikation hinreichend definiert. Psychische und soziale Systeme bilden füreinander notwendige, koevolutiv entstandene Umwelten: »Personen können nicht ohne soziale Systeme entstehen und bestehen, und das gleiche gilt umgekehrt.«[88]

Verallgemeinerung. Soziale Systeme sind selbstreferentiell und operational geschlossen. Daher können Komponenten, Relationen und Grenze als wechselseitig bedingte, simultan entstehende Aspekte eines bestimmten Systems betrachtet werden.

Zuordnung. Flüchtige Ereignisse können als sozial konstituierte Einheiten aufgefaßt werden, die ein spezifisches System prägen. So läßt sich jede noch so kurz dauernde Interaktion, sofern sie Kommunikation begründet, als soziales System deuten, während eine bloß räumliche Ansammlung interagierender Menschen kein soziales System sein muß.

Abgrenzung. Die Systemkomponenten sind sozial konstituiert, also keine Menschen. Daher können die »gleichen« Menschen gleichzeitig mehrere Systeme stützen oder auflösen, ohne daß ihre »Verbindung« enden müßte.

Sprachliche Angemessenheit. Soziale Systeme lassen sich als eigenständige Einheiten beschreiben. Dabei bewahrt die Sprache der Systemtheorie vor reduktionistischen Kurzschlüssen und dient einer korrekten »logischen Buchhaltung«.

III. KLINISCHE THEORIE

5. Theoretische Grundlagen

Nach systemischer Auffassung können Menschen nicht fremdbestimmt werden. Um Therapie systemisch zu konzeptualisieren, müssen wir also viele tradierte Ansätze der Psychotherapie aufgeben oder neu bestimmen. (Aus Gründen sprachlicher Vereinfachung schränke ich den Begriff Therapie fortan auf den psychosozialen Bereich ein.) Dabei droht die Paradoxie, verändernd wirken zu wollen, obwohl man dies für unmöglich hält. Eine klinische Theorie muß also Auswege aus dem »Therapeutendilemma« weisen, das lautet:

»Handele wirksam, ohne zu wissen, was dein Handeln auslöst.« Luhmann empfiehlt in diesem Zusammenhang, sich durch Paradoxien vor allem nicht lähmen zu lassen.[1]

Was heißt »klinische Theorie«?

Der Begriff »klinische Theorie« hat in der Psychotherapie zwar Tradition und wird zum Beispiel in der Psychoanalyse verwendet, ist aber unglücklich gewählt, weil er zu sehr an die Medizin und Behandlung in der Klinik erinnert. Doch heute wird »klinisch« in vielen Disziplinen synonym mit »Heilen« im Unterschied zu anderen helfenden Maßnahmen benutzt: klinische Psychologie, klinische Soziologie, klinische Sozialarbeit sind gängige Begriffe, und im folgenden bezeichnet das Beiwort »klinisch« alle auf »Heilen«, also auf Linderung/Behebung von Leiden, ausgerichteten psychosozialen Hilfsmaßnahmen.

Eine klinische Theorie hat wie jede andere zwei Grundforderungen zu erfüllen: ihren Gegenstand zu bestimmen und eine darauf abgestimmte Methodologie zu erarbeiten. Beiden Zielen und ihren praktischen Konsequenzen dienen die folgenden Kapitel.

Therapie und soziale Systeme

Durch die Arbeit mit Familien gelangte der Systembegriff in den psychotherapeutischen Diskurs. Anfangs wurden die Beobachtungen an »schizophrenogenen Familien« ad hoc – meist strukturalistisch – erklärt. Wer von Systemen sprach, übernahm den Begriff aus der noch jungen Kybernetik:

»Systeme« galten als fest strukturierte, aber offene funktionale Netzwerke von Interaktionen.

Später wurden Familien ausdrücklich als »soziale Systeme« gefaßt, die sich selbst regulieren und ihr inneres, homöostatisches Gleichgewicht konstant halten. »Pathologische« Familien waren dadurch gekennzeichnet, daß sie ihre Homöostase durch »Symptome« schützten, die drohende Veränderungen mittels negativer Rückkopplung neutralisierten. Dieses Modell hielt sich eng an physikalische Vorbilder und entsprach sinngemäß dem eines »Mobiles«: Die Relationen zwischen den Komponenten galten als feste Größen, so daß jede Veränderung eine Anpassung bei allen anderen auslösen mußte.

Soziale Systeme bestehen aber aus Ereignissen und weisen keine mechanischen Verbindungen auf. Daher griff man auf »feste« soziale Merkmale zurück und knüpfte an normative Konzepte der fünfziger Jahre an. Gemäß Anderson und Goolishian[2] diente besonders Parsons' Theorie als Rahmen für die ersten familientherapeutischen Modelle.[3] Dadurch ließ sich zwar die strukturalistische Fixierung auf Psyche und Person überwinden, aber man hielt nahezu dogmatisch am »Familienparadigma« fest und führte Pathologien auf die Familienstrukturen zurück. Anfang der achtziger Jahre kam diese Position ins Wanken: 1981 erschütterte Paul Dell beim Zürcher Kongreß für Familientherapie die konzeptionellen Grundpfeiler der Familientherapie, indem er sich auf Maturana stützte und das Konzept der Familie als offenes System, in das man per Intervention gezielt eingreifen kann, grundlegend in Frage stellte.[4] Ein Jahr später sollten Aufsätze von Dell, de Shazer und Keeney das Feld revolutionieren.[5] Dell stellte die Familie als strukturdeterminiertes, geschlossenes und autonomes, jedoch instabiles Sozialsystem dar, das eigenständig die Wirkung von Interventionen bestimmt. Die Familie galt analog zu Lebewesen als ein System, das jederzeit optimal funktioniert und daher nicht »gestört« sein kann.

Damit war die konzeptionelle Basis geschaffen, um den aus Medizin und normativer Sozialwissenschaft entlehnten Begriff der Pathologie zu verabschieden. Nach Keeney stellte sich nun Therapie als eine ästhetisch fundierte angewandte Epistemologie dar. Veränderung betraf das therapeutische System als Ganzes, einschließlich des Therapeuten. De Shazer führte wiederum das Konzept der »Kooperation« ein. Danach streben Klienten und Therapeut ein gemeinsames Ziel an, und letzterer muß sich auf die Eigenarten der Klienten einstellen (»fit«). Das unkritisch übernommene Konzept »Widerstand« konnte nun ausrangiert werden: Es stand für eine Reaktion des Klienten auf »ungeeignete« Maßnahmen des Therapeuten. Damit erhielt die Therapie eine neue, ethische Basis: Autonomie des Menschen und des Sozialsystems.

Diese »Wende« leitete den Übergang von der Familientherapie zur »systemischen« Therapie ein, spaltete dann aber auch das Lager der systemtheoretisch orientierten Therapeuten.[6] Auslöser war eine heftige Kontroverse um die Frage, ob der Therapeut Macht ausüben und manipulieren oder mit seinen Klienten kooperieren und sich auf sie einstellen soll. Manche Autoren, die Gedanken Maturanas übernahmen, faßten soziale Systeme überdies in Analogie zu Organismen als »lebende Systeme« auf, was ihnen den Vorwurf übertriebener »Biologisierung« eintrug, da sie nur die Nachteile der physikalischen Analogie gegen die einer biologischen eintauschten.

Mitte der achtziger Jahre vollzog sich eine weitere »Wende«, mit der die Verdinglichung sozialer Systeme überwunden werden sollte: Sie wurden ausdrücklich als sprachliche Systeme aufgefaßt, die Sinn (»meaning«) erzeugen, mitunter auch den Sinn »Problem«.[7] Seitdem fehlt dem therapeutischen Diskurs ein gemeinsames Konzept sozialer Systeme. Zwar fußen die heutigen Ansätze der systemischen Therapie meist auf systemischem Denken, sie differieren aber in der Definition sozialer Systeme und in der entsprechenden Praxis.[8]

In Hamburg begannen wir in den siebziger Jahren mit dem »Mobile-Modell«, übernahmen Anfang der achtziger Jahre den organismischen Ansatz, ließen uns dann vom Kommunikationsmodell inspirieren und gingen Mitte der achtziger Jahre dazu über, soziale Systeme mit Blick auf klinische Tätigkeit durch eine Synthese aus biologischen und soziologischen Aspekten neu zu fassen.[9]

Das Mitglied-Konzept

Aufgrund unserer Erfahrungen mit dem Mailänder Modell mußten wir bezweifeln, daß soziale Systeme gezielt beeinflußbar sind. Waren Klientenfamilien zum Beispiel in ein »paradoxes Spiel« verstrickt, konnten wir sie mit keiner noch so kunstfertigen »Intervention« gezielt daraus befreien. Daß sie sich infolge unserer Interventionen veränderten, löste bei uns eher Verwunderung aus und war nicht vorherzusagen. Um therapeutische Prozesse besser zu verstehen, begannen wir die Dynamik sozialer Systeme konzeptionell neu zu fassen und kamen zu folgenden Resultaten:

Ausgangslage. Als Basis wählten wir die Differenz zwischen der biologischen und der soziologischen Auffassung sozialer Systeme. Zwar enthalten beide Möglichkeiten, die Therapie systemisch zu fundieren, scheinen einander aber auszuschließen und haben je für sich praktische Vorzüge und Mängel: Maturana läßt soziale Systeme aus Menschen bestehen, so daß man therapeutisches Handeln darauf stützen müßte, die persönliche Struktur undurchsichtiger Menschen und die Dynamik der sozialen Systeme diagnostisch zu erfassen (Hypothetisieren) – ein schon aus erkenntnistheoretischen Gründen aussichtsloses Unterfangen. Luhmann stellt dagegen Konzepte bereit, die fruchtbarer erscheinen, sein Ansatz zielt aber primär auf Makrosysteme und läßt sich daher kaum auf den Alltag des Therapeuten übertragen. Je nach Orientierung müßte man die klinische Theorie also entweder auf den »ganzen Menschen« oder auf das soziale System in ihrer jeweiligen Undurchschaubarkeit beziehungsweise auf abstrakte »Kommunikation« einstellen.

Um dieser Alternative zu entgehen, benötigt man ein Gesamtkonzept, das sowohl den Menschen in seiner körperlichen und psychischen Dynamik berücksichtigt, als auch einbezieht, daß soziale Systeme sinnstiftende, ereignishafte und kommunikative Gebilde sind. Um erklärend zu wirken, muß ein solches Konzept den »Mechanismus« beschreiben, der die Kommunikation zwischen autonomen Lebewesen herstellt und so für Kontinuität sorgt.

Kommunikation basiert auf Handlungen, die als Ereignisse momentan wieder vergehen. Um kommunikativ zu wirken, müssen sie für den Adressaten bedeutsam sein und seine Struktur verändern. Haben sie keinen derart »anregenden« Effekt, lösen also keine »Verstörung« aus, bleiben Handlungen völlig unkommunikativ: Erst der »verstehende« oder sinnhaft »verstörte« Adressat begründet die Kommunikation.

Der Operator »Mitglied«. Der gesuchte Begriff des sozialen Systems muß »anschaulich« genug sein, um die Praxis beschreiben zu können, zugleich aber »leer« genug, um sich der Verdinglichung zu sperren. Daher faßten wir die Elemente sozialer Systeme als »Mitglieder« und schlugen so eine Brücke zwischen Mensch und Kommunikation.

Definition. »Mitglied« steht nicht für Mensch, sondern für eine sozial konstituierte Einheit. Mitglieder sind als rekursive »Operatoren« aufzufassen, die den Kommunikationsprozeß prägen und festigen. Sie emergieren aus der Kommunikation und verändern sich fortwährend, selbst wenn sie »trivialisiert« erscheinen. Mitglieder sind auf sich selbst zurückwirkende, »nicht-triviale Operatoren« im Sinne von Foersters und bestehen, solange der von ihnen konstituierte Prozeß anhält.[10]

Emergenz und Operationalität. Mitglieder konstituieren einander in der Kommunikation als »operationale Kohärenzen«. Ein Beobachter kann sie erschließen, indem er kommunikative Operationen zurückverfolgt, aber ebenso wie Kommunikation nicht direkt beobachten. Mitglieder verarbeiten Differenzen: Sie deuten Handlungen als Mitteilungen; sie ordnen sich Themen zu und qualifizieren Beiträge; sie aktivieren ausgewählte kognitiv-funktionale Kohärenzen bei den Menschen, die sie »verkörpern«, und filtern passende Reaktionen aus; und sie führen Handlungen aus und sorgen damit für kommunikative Kontinuität (Anschlußbildung). Andererseits entstehen Mitglieder erst durch den Vollzug von Kommunikation und werden dadurch als solche qualifiziert.

Mitglieder sind somit selektierende operationale Kohärenzen, die Menschen Kommunikation ermöglichen. Sie bilden das funktionale »Bindeglied« der Kommunikation, indem sie Kohärenzen thematisch ordnen und so ein soziales System konstituieren. Analog zur Computersprache kann man die Relation Mensch/Mitglied mit der zwischen »hardware« und den einzelnen Rechenvorgängen vergleichen. Diese Analogie trifft jedoch nur bedingt zu, weil Mitglieder rekursiv wirken und sich fortlaufend verändern, so daß sie meist kein festes Programm (keine »Rolle«) ausführen.

Als kommunikative Einheiten verarbeiten und stiften Mitglieder Sinn und reduzieren so Komplexität: In der Sachdimension ordnen sie sich Themen zu, in der Zeitdimension stellen sie Kontinuität her, und in der sozialen Dimension gestalten sie überschaubare Einheiten. Mitglieder, Kommunikation, Sinngrenze und Sozialsystem sind untrennbar verbunden: Sie erzeugen einander wechselseitig.

Mensch/Mitglied/Rolle. »Mensch« und »Mitglied« sind strukturell gekoppelt, verursachen einander aber nicht; zum Beispiel setzt eine ritualisierte Mitgliedschaft kein Bewußtsein voraus. Sie gehören unterschiedlichen Phänomenbereichen an: dem biologischen und dem sozialen. Ein Mensch ist als solcher nie Mitglied eines sozialen Systems, sondern kann nur Mitgliedschaften »verkörpern«.[11]

Mitglieder tragen die soziale Kommunikation. Ein Beobachter kann die Struktur kommunikativer Prozesse nachvollziehen, indem er die Operationen der Mitglieder verfolgt und beschreibt. Hier liegt der Vorteil des Konzepts für die klinische Theorie: Es erlaubt, zwischen Mensch, Mitglied und Rolle zu unterscheiden. Während »Mensch« ein Lebewesen bezeichnet und sich schon dadurch vom sozialen Operator »Mitglied« unterscheidet, enthält »Rolle« ein verallgemeinertes Programm für die Ausführung einer Klasse von Mitgliedschaften (der Polizist, die Hausfrau). Dadurch lassen sich Begriffe wie Beobachtung, Erwartung, Sinnverarbeitung operational deuten, ohne daß der Therapeut zwischen Kommunikation und dem undurchschaubaren Individuum vermitteln müßte.

Ein systemisches Konzept. »Mitglied« ist ein formaler Begriff und legt es nicht fest, wie die Beteiligung an einem sozialen System sein soll. Zwar erinnert er auf den ersten Blick an Konzepte wie Rollenträger, Person oder Individuum, ist hier aber genuin systemisch angelegt: Operational kohärent aufgefaßt, stellen Mitglieder jederzeit den aktuellen Zustand einer wandelbaren sozialen Einheit dar. Mitglieder sind an das von ihnen konstituierte soziale System gebunden und können nicht »herauspräpariert« oder »verdinglicht« werden. Ein Mitglied ist immer ein »Mitglied von ...«, und es kommt nie einzeln, sondern immer mindestens zu zweit vor. Im strukturellen Sinne lassen sie sich als Momentaufnahmen einer Sequenz kommunikativer Interaktionen auffassen. Ein Beobachter, der das soziale System thematisch analysiert, kann die Ereignisse als Bestandteile einer »Geschichte« oder »Erzählung« auffassen, um Vergangenes zu deuten oder in die Zukunft zu projizieren und Voraussagen zu machen. So »eingefroren«, geht die Beschreibung des Systems in die von »Institutionen« über, und die Komponenten erstarren zu Rollen. (Ordnet der Beobachter diese Strukturen typologisch ein, ergeben sich unter anderem der Systemtyp »Therapie« und die Rolle »Therapeut«.)

Die Struktur eines Sozialsystems richtet sich nach den Kriterien des Beobachtens. Da soziale Systeme keine »Objekte« sind, hängt auch die Feststellung einer Mitgliedschaft von Kriterien ab. Zum Beispiel kann ein Beobachter jemanden als »angeheiratetes« Mitglied einer Familie betrachten, während dieser selbst das aufgrund eigener Kriterien ausschließt.

Nützlichkeit. Das Mitglied-Konzept erlaubt, zwischen Menschen und ihren verschiedenen Mitgliedschaften zu unterscheiden. Danach ist jemand, der mit seiner Frau über die Kinder spricht, ein anderer, wenn es später im »gleichen« Gespräch um ein bevorstehendes Fest geht. Trotz zeitlicher Kontinuität gibt es keinen Grund, einen einheitlichen Prozeß zu unterstellen: Weder stimmen die Themen überein, noch sind dieselben Handlungen und menschlichen Strukturen (Emotionen, Erwartungen usw.) beteiligt. Ein Beobachter, der beide Prozesse ein und demselben System zuordnet, verwendet Kriterien, die auf der synthetischen Denkkategorie »Beziehung« basieren. Dabei faßt er die einzelnen Vorgänge und die individuellen Strukturen als sekundär auf. Anhand des Mitglied-Konzepts kann man kommunikative Prozesse jedoch analytisch trennen, ohne sie reduktionistisch zu vereinfachen. So entlastet die begriffliche Trennung zwischen Mensch und Mitglied den Therapeuten von der paradoxen Aufgabe, prinzipiell undurchschaubare Menschen deuten oder »verstehen« zu müssen.

Das Mitglied-Konzept gestattet es uns auch, soziale Prozesse aus unterschiedlichen Perspektiven zu betrachten. So kann die Familie als komplexes Sozialsystem oder als Verbund unterschiedlicher Systeme gefaßt werden. Im ersten Fall gilt sie als soziale Struktur, als monolithische Instanz oder Institution (»Suprasystem«[12]) mit besonderen Zwecken, Aufgaben und Funktionen. Im zweiten konzentriert man sich auf die beobachteten Operationen, die ein spezifisches Sozialsystem konstituieren, zum Beispiel – wie in der klinischen Theorie – auf das »Problemsystem«.

Klinische Relevanz. Bezüglich des »Therapeuten« differenziert die Unterscheidung zwischen Mitglied und Rolle sein Handeln im Kontext eines bestimmten Systems oder im Sinne einer generellen Berufsauffassung. Methodische Verfahren betreffen die Rolle, ihre Anwendung in einer bestimmten Therapie seine Mitgliedschaft als Therapeut. Auf dieser Basis lassen sich auch identifizierbare klinische Phänomene – zum Beispiel »Magersucht« – im allgemeinen auf Rollen oder im besonderen auf Mitgliedschaften zurückführen. Dadurch vermindert sich die Gefahr, Diagnosen zu ontologisieren.

Das soziale System. Soziale Systeme lassen sich demnach definieren als Komplexe von Mitgliedern, die einen thematisch gefaßten Sinn verwirklichen. Ohne Menschen gibt es weder Mitglieder noch soziale Systeme, doch als die komplexere Einheit kann der Mensch jederzeit seine Mitgliedschaften verändern oder gar »aufkündigen«.

Die Operationen (Kommunikationen) der Mitglieder bilden ein Kontinuum. So entstehen Kommunikationsprozesse, die das jeweilige System sinnhaft (thematisch) abgrenzen. Die Mitglieder konstituieren sich also erst in der Kommunikation als Komponenten des Systems: Mitglieder, Kommunikation und Sinngrenze entstehen gleichzeitig und erhalten dadurch ihre Identität. Abbildung 6 zeigt ein Modell des sozialen Systems.

	verkörpern		*generieren*		*generieren*	
MENSCHEN	⇄	MITGLIEDER	⇄	KOMMUNIKATIONEN	⇄	SINNGRENZE
	modulieren		*qualifizieren*		*qualifiziert*	

Abbildung 6: Modell eines sozialen Systems.

Abschließend fasse ich die theoretischen Vorteile des Mitglied-Konzepts (und der darauf basierenden Deutung sozialer Systeme) für die klinische Theoriebildung wie folgt zusammen:

– Es bewahrt vor Verdinglichung und begründet dennoch eine eingrenzbare Struktur im sozialen Wandel.

- Veränderungen sozialer Systeme lassen sich auf Mitgliedschaften beziehen, die nur sekundär Personen oder Menschen betreffen. So können sich soziale Systeme auflösen, ohne daß die Beziehungen zwischen Menschen enden müßten.
- Die Unterscheidung zwischen Mensch und Mitglied befreit von der Annahme, die Therapie müsse Menschen verändern. Angestrebt wird vielmehr, leidvolle Mitgliedschaften in Problemsystemen zu beenden und das betreffende »Mitglied« aufzulösen. Dafür muß man weder die Struktur der beteiligten Menschen noch die des jeweiligen Systems in allen Einzelheiten kennen.
- Anhand der Differenz Mitglied/Rolle kann man klinische Methoden auf die Rolle des Therapeuten stützen; ihre Beschreibung dient als Orientierung für das Mitglied »Therapeut« in einer bestimmten Therapie.

Der Gegenstand klinischer Theorie

Jede Theorie muß ihren Gegenstand eindeutig bestimmen. Im Zentrum einer klinischen Theorie stehen sich wandelnde Kommunikationen, daher fasse ich den Gegenstand klinischer Theoriebildung als eine Sequenz kommunikativer Prozesse mit vier Phasen auf: Sie beginnt mit der Formulierung eines leidvollen Problems und zielt auf geeignete Maßnahmen, das Leiden zu lindern oder zu beseitigen. Die vier Phasen enthüllen eine Abfolge unterschiedlicher sozialer Systeme mit je eigenen Themen:

Problemsystem. Ein Sachverhalt wird kommunikativ als »Problem« und damit als unerwünscht bewertet.

Hilfesuchendes System. Die Betroffenen meinen, ihre Lage nicht aus eigener Kraft ändern zu können und beschließen, professionelle Hilfe zu suchen.

Klinisches System. Hilfesuchende und Helfer klären die Situation im Gespräch, um Maßnahmen einzuleiten, die geeignete Instanz zu bestimmen und die Hilfesuchenden an diese Instanz zu verweisen.

Therapiesystem. Im Fall einer Therapie bilden Hilfesuchende und klinische Helfer ein System mit einem gemeinsam formulierten Thema – dem »Therapieauftrag«, den die »Therapeuten« mit den »Kunden« erarbeitet haben.

Problemsysteme

Im systemischen Denken entfallen normative Annahmen, die zur Folge haben, Menschen psychisch zu pathologisieren. Der Anlaß für die Bitte um professionelle Hilfe wird als ein kommunikativer Prozeß aufgefaßt, aber nicht als krankhaft oder abnorm bewertet. So sind dieses Verständnis und die darauf abgestimmte professionelle Hilfe mit der systemischen Auffassung vereinbar, daß die menschliche Lebensweise auf Kommunikation beruht.

Andere Konzepte der Psychotherapie stützen sich auf Aspekte, die nicht dem betreffenden Phänomenbereich menschlicher Kommunikation entstammen. An die organische Medizin angelehnte Schulen deuten Lebensprobleme zum Beispiel als Ausdruck, Zeichen oder Symptom von »Krankheiten« und reduzieren sie auf biologische oder psychische Faktoren. Das alternative Konzept der »Abweichung« berücksichtigt zwar die gesellschaftliche Dimension, stellt damit aber externe Normen in den Vordergrund und übergeht damit die problemerzeugende, innersystemische Dynamik. Angemessener ist es jedoch, die Probleme aus der Perspektive des betreffenden Systems selbst zu ergründen und kommunikativ zu deuten.

Ein heuristisches Konzept. Bei ihrer Untersuchung der Anlässe, die zur Therapie führen, gaben Harry Goolishian und seine Mitarbeiter die bis dahin üblichen strukturell-normativen Ansätze als unzureichend auf. 1985 legten sie das alternative Konzept des »problemdeterminierten Systems« vor.[13] Danach deuten Menschen beunruhigende (»alarmierende«) Situationen – meist unabhängig von makrosozialen Normen – als »Probleme«; um dieses Thema bildet sich dann ein spezielles soziales System heraus. In diesem Sinne schafft ein Problem ein Sozialsystem, nicht das Sozialsystem (etwa Ehe, Familie, Gruppe) »hat« ein Problem. Diese zunächst heuristisch angelegte Deutung bot einen konsequenten Ansatz, um im psychosozialen Bereich sowohl das medizinische Konzept der Psychopathologie als auch das normative Modell der Abweichung zu überwinden.

Um Problemsysteme nur zu beschreiben, genügte es zunächst, ihre Phänomenologie aufzuzeigen, das heißt die Merkmale einer für problematisch gehaltenen sozialen Interaktion zu nennen. Dementsprechend betrachtete Goolishian zunächst jede Kommunikation über einen beunruhigenden Sachverhalt als Problem. Diese Annahme, der ich zuerst folgte, war jedoch zu unspezifisch, da sie nicht zwischen Problemsystemen (wie etwa wissenschaftlichen, alltäglichen und klinischen) differenziert. Es erschien mir in der Folge sinnvoll, sie um die Auffassungen Maturanas und Luhmanns zu ergänzen und dabei Emotionen ebenso zu berücksichtigen wie Aspekte der Kommunikation.

Definition. »Problemsysteme« sind eigenständige Sozialsysteme im Umkreis von Problemen. Obwohl der aus dem angelsächsischen Sprachgebrauch übernommene Problembegriff etwas vage gefaßt ist, halte ich aus Gründen der Konvention an ihm fest.[14] Unter einem »Problem« verstehe ich jedes Thema einer Kommunikation, die etwas als unerwünscht (schwierig, hinderlich, falsch, störend, unpassend usw.) *und* veränderbar wertet – das heißt, für veränderungsbedürftig und -fähig hält. Die Themen sind beliebig, können also jeden Sachverhalt menschlichen Miteinanders betreffen oder auch wissenschaftlicher oder technischer Natur sein.

Abgrenzung. Die genannte Definition schließt alle im Alltag als problematisch – oder unerwünscht und veränderbar – betrachteten Sachverhalte ein. Unabänderliches (wie manche Umweltbedingungen, körperliche Defekte, chronische Erkrankungen usw.) betrachte ich demgegenüber als »Schwierigkeiten«. Sie werden nur dann zu Problemen, wenn man darüber kommuniziert, sei es im Hinblick auf Veränderung (etwa: »Ich will kein Diabetiker sein«) oder was die Folgen angeht (»Ich will kein Insulin spritzen«).

Im Rahmen der klinischen Theoriebildung sind zudem Sachverhalte irrelevant, die oft als Probleme »ontologisiert« werden, ohne daß über sie kommuniziert wird, zum Beispiel Stehlen, Bettnässen, geistige Verwirrung oder Gewalt. Solange niemand sie kommunikativ thematisiert, bilden sie definitionsgemäß keine Probleme. Gleiches gilt für alle üblen Schicksale, die außer »einsamen« Klagen keine kommunikativen Folgen haben. Setzt sich aber der Klagende – der ein Außenstehender, z. B. ein Vertreter sozialer Ordnungsinstanzen sein kann – in der Kommunikation durch, kann ein »fremdinduziertes« Problemsystem entstehen, in das auch die bis dahin »Unbetroffenen« einbezogen werden. (Dies tritt vor allem in der Praxis der sozialen Fürsorge und der Gerichtsbarkeit zutage.)

Lebensprobleme. Um die klinisch relevanten Probleme einzugrenzen, möchte ich den Begriff »Lebensproblem« einführen, der allgemeine »Konflikte« ebenso ausschließt wie »sachliche« Herausforderungen (etwa wissenschaftlich-technischer Art) und »intellektuelle« (zum Beispiel politische oder ökologische) Debatten.

»Lebensprobleme« bilden das Thema sozialer Systeme, in denen das Verhalten (oder die Seinsweise) eines Menschen von diesem selbst oder von anderen negativ bewertet werden und dies negative Emotionen – Leiden – auslöst. Lebensprobleme kristallisieren sich zu Systemen, wenn negative Wertungen (und der implizite Appell, etwas zu verändern) den Betroffenen emotional so nahe gehen, daß sie sich in ein Netz von Klagen sowie wechselseitigen Anklagen und Schuldzuweisungen verstricken. Ein Lebensproblem besteht also nur im Rahmen einer speziellen Kommunikation, ist kein »objektiver« Sachverhalt.

Klinische Problemsysteme. Aus klinischer Sicht interessieren uns nur solche Lebensprobleme, die Leiden verursachen und zum Nachsuchen um professionelle Hilfe führen. Daher schränke ich im folgenden den Begriff »Problem« auf menschliches Verhalten ein, das als unerwünscht und veränderbar gewertet wird. Ich setze voraus, daß dies den Appell impliziert, ein bestimmtes Verhalten zu ändern. Klinisch relevante Problemsysteme entstehen, wenn jemand diesen Appell als Angriff auf sein Selbstverständnis oder seine Lebensweise empfindet und emotional negativ reagiert und dies die Betroffenen veranlaßt, um Hilfe nachzusuchen. Es wird zum »klinischen Problem«, wenn der Helfer es entsprechend umformuliert und in seinem Umkreis ein klinisches System erzeugt. Führt das gemeinsam definierte Thema in der Folge zur Therapie, geht das klinische Problem in ein anderes über: das »Therapieproblem«.

Emergenz. Klinisch relevante Problemsysteme entstehen meist nach folgendem Modell: A, der für B emotional wichtig ist, äußert etwas zu B, das dieser – zu Recht oder zu Unrecht – als Abwertung und Appell im Sinne des Imperativs »Ändere dich!« versteht. Das löst bei B eine negative emotionale Reaktion aus (Unwohlsein, Spannung, Traurigkeit, Ärger): Er fühlt sich abgelehnt oder diffamiert, weil er die Äußerung A's als kränkend, beleidigend oder enttäuschend deutet. Aufgrund seiner Gefühle reagiert B in einer Weise, die A seinerseits negativ bewertet: B fordert von A, seine Forderung zurückzunehmen. Gelingt es den beiden nicht, die Lage – etwa durch Metakommunikation – zu entspannen, kann sich die Problemkommunikation konsolidieren, das Problem eskalieren.

Emotionale Logik. Nicht bloße Äußerungen bringen Problemsysteme hervor, sondern die Art, wie sie aufgefaßt und erwidert werden. Die Besonderheit dieser Systeme liegt also in der emotionalen »Verstörung«. Die Beteiligten handeln »defensiv« oder »aggressiv«, wollen einander veranlassen, die als unberechtigt und kränkend empfundene Äußerung zurückzunehmen. Das engt den Spielraum ihrer Kommunikation immer mehr ein. Da sie schmerzt, wird zwar meist ihr Ende herbeigesehnt, aber dem steht die problemeigene Logik im Wege: Beide Partner erwarten, daß der andere einlenkt; sie gehen implizit von der Annahme aus, es sei möglich, den Anderen zu »instruieren«.

Leiden wird hier im Sinne Maturanas als eine Emotion aufgefaßt, die

Handlungsbereiche festlegt und andere ausschließt. Leiden disponiert zu Handlungen, die das Leiden beenden sollen. Aufgrund der Erfahrung, den Anderen, unter dem man leidet, nicht so beeinflussen zu können, daß weiteres Leiden ausgeschlossen ist, entstehen Erwartungen, die das weitere Verhalten prägen. Damit bleibt es beim status quo, der weiteres Leid verhindern soll. Die Grundbedingungen sozialer Beziehungen – Liebe und Vertrauen – sind nicht erfüllt: Der Dialog, der Risikobereitschaft voraussetzt, ist blokkiert.

Stabilität. Veränderung oder Auflösung des Problemsystems werden an eine unerreichbare »instruktive Interaktion« geknüpft; diese äußert sich in der Forderung: »Erst du, dann ich« (erst wenn du deine Bewertung zurücknimmst, lenke ich ein). Daher neigen solche Systeme zu ihrer besonderen Stabilität: Die Kommunikation wird immer ritueller und »trivialer« (monotoner, vorhersagbarer), und das »mehr desselben« spitzt die Lage unerträglich zu. Keiner der Beteiligten kann den ersten Schritt zur Annäherung machen; dies aus unterschiedlichen Gründen, zum Beipiel:

- Die Beteiligten betrachten ihre »grundlose« Situation als eine unausweichliche Zwangslage.
- Der Kontext erlaubt ihnen nicht, das »Feld zu räumen«.
- Es gibt keine interaktionsfreien Phasen, die ein »Vergessen« ermöglichen.
- Die problemstiftende Kommunikation dauert schon so lange, daß sie sich verselbständigt und »automatisiert« hat.

Die emotionale Logik von Lebensproblemen festigt Erwartungen, mit denen das selbstgesteckte Ziel – Auflösung des Problemsystems – nicht erreicht werden kann. So wird die kommunikationsfördernde Wirkung der doppelten Kontingenz praktisch ausgeschlossen, weil ständige Wiederholungen das kreative Potential von Zufällen blockieren. Risikobereitschaft und Vertrauen kommen nicht zum Zuge: Alles bleibt darauf fixiert, Neues oder Unerwartetes, das noch größeres Leid oder gar das Ende der Beziehung bedeuten könnte, strategisch auszuschließen.

Die problemzentrierte Kommunikation gleicht zunehmend einer Art »Polymonolog«. Statt dialogisch zu kommunizieren, werden Monologe aneinandergereiht, die alles trivialisieren. Man handelt sozusagen nach dem spanischen Motto: »*Mas vale un diablo conocido que un santo por conocer*« (Besser ein bekannter Teufel als ein noch fremder Engel). Das Problemsystem läßt sich daher als paradoxes Streben deuten, die *ultima ratio* der Kommunikation – den Umgang mit der Unbestimmbarkeit und Undurchschaubarkeit anderer – zu negieren und ein »System ohne doppelte Kontingenz«, paradoxerweise ein »System ohne Problem«, zu schaffen, um noch Schlimmeres zu verhüten.

Klinische Relevanz. Problemsysteme werden sozial relevant, wenn sie sich stabilisieren. In diesem Sinne sind sie »Institutionen«. Ihre Mitglieder neigen zur Trivialisierung, da sie ihr Repertoire zunehmend reduzieren und dadurch Veränderung und Fortentwicklung ausschließen. Je nach Enge der Beziehung kann die problemstiftende Kommunikation mehr oder weniger intensiv und ausschließlich sein: Mal löst sie sich mangels »geeigneter« Beiträge von selbst auf, mal ist sie das einzige »Bindeglied« und setzt sich immer wieder durch. In Ehen, Familien oder Teams können Problemsysteme, die anfangs relativ begrenzt waren, zunehmend ausufern. Hier dürfte sich der starke Wunsch, das Problem rasch endgültig zu lösen, besonders »bewahrend« auswirken: Infolge seiner inneren Logik greift es dadurch auf andere Themen des Zusammenlebens über.

Daraus folgt aber keineswegs, daß sich diese Gemeinsamkeiten eng verbundener Menschen auf ihre Mitgliedschaft im Problemsystem beschränkten. Selbst wenn die problemstiftende Kommunikation einen Großteil der gemeinsamen Themen erfaßt, bleiben ihnen – und sei es latent – unproblematische Möglichkeiten des Miteinanders. Sonst wäre jede Hilfestellung, also auch eine systemische Therapie, aussichtslos.

Auflösung. Problemsysteme sind nie »unlogisch««, sondern folgen nur ihrer eigenen Logik. Sie entstehen »spontan« und können sich ebenso spontan wieder auflösen. Trotz aller Ritualisierung sind sie weder von außen bestimmbar noch willkürlich veränderbar. Ihr »Problem« ist ihr *Thema*, nicht ein auswechselbares, akzidentelles Merkmal. Daher sind so verstandene »Probleme« grundsätzlich nicht lösbar.

Willentlich lassen sich Problemsysteme nur auflösen, wenn die Beteiligten sich in die Lage versetzen, ihre Mitgliedschaft aufzukündigen. Meist zerfallen sie jedoch von selbst: Das Thema wird langweilig, die Problemkommunikation »verflüssigt« sich zum Dialog, andere Aktivitäten treten in den Vordergrund, oder das Problem wird umgedeutet, neu gewertet, wenn nicht gar »vergessen«. Dadurch ist es jedoch nicht »gelöst« oder – medizinisch formuliert – endgültig »geheilt«, denn jedes Problem kann, wie jedes Thema, immer wieder aufkommen. Das gilt für alle klinischen Phänomene – etwa kindliches Bettnässen, geistige Verwirrung, jugendliche Magersucht, »Lebenskrisen« oder Altersdepressionen, eheliche und familiale Konflikte.

Praktische Konsequenzen. Als hypothetisches Konstrukt läßt sich das »Problemsystem« nicht unmittelbar auf die Praxis übertragen, sondern leistet dort im wesentlichen konzeptionelle Hilfe: Es relativiert die aus Medizin und normativen Sozialwissenschaften entlehnten Konzepte mit ihren Komplikationen. Daher sollte man nicht annehmen, Problemsysteme seien »therapierbar«: Soziale Systeme sind keine Gebilde, mit denen man interagieren oder die man behandeln könnte. Der Therapeut kann das »Problemsystem« in der Reflexion benutzen, um physikalische Analogien und normative Setzungen auszugrenzen, sollte es dann aber wieder vergessen und zur Tagesordnung übergehen: zur unvoreingenommenen Therapie.

Theoretische Vorteile. Das Konzept »Problemsystem« bringt der klinischen Theorie folgende Vorteile:

- Es ist systemisch kohärent.
- Es pathologisiert nicht.
- Es orientiert die Therapie als Kommunikation.
- Es befreit vom objektivistischen Ballast bisheriger klinischer Theorien.

Klinische Systeme

Wer als Mitglied eines Problemsystems professionelle Hilfe sucht, verändert – zumindest implizit – das Thema der problemstiftenden Kommunikation: Das neue Thema lautet »Hilfesuche«. Durch Kontakt mit einem professionellen Helfer beginnt eine Kommunikation, die folgendes leistet:

- Umformulierung des Problems im Sinne der Hilfestellung.
- Klärung der Kompetenzen und Zuständigkeiten.
- Erkundung der »Ressourcen« oder Alternativen bei den Menschen, die Mitgliedschaft im Problemsystem »verkörpern«.
- Gegebenenfalls Bildung eines »klinischen Systems«.

Klinische Systeme. Das klinische System besteht aus Hilfesuchenden und klinischen Helfern und bildet sich im Umkreis eines gemeinsam definierten »klinischen Problems«. Als »vorübergehendes« System hat es nur die Aufgabe der korrekten »Plazierung« zu erfüllen, das heißt, die »Ressourcen« der Hilfesuchenden mit den Möglichkeiten geeigneter Helfer zu verbinden. Das klinische System dient somit als Instanz einer »Förderdiagnostik« und der Wahl einer passenden Form der klinischen Hilfe: Therapie, Beratung, Begleitung oder Anleitung.

Das klinische System unterscheidet sich also durch die Art seiner Zuweisung grundsätzlich von der traditionellen Psychodiagnostik. Diese verfolgt im wesentlichen eines von zwei Zielen: Einordnung in nosologische Kategorien (Psychiatrie, Klinische Psychologie) und theoretische Konstrukte (Persönlichkeitsdiagnostik) oder die Erfassung von Prozessen (Problem-

oder Konfliktanalyse) zwecks Therapieplanung. Diese Formen setzen voraus, daß objektive, vom Erkennenden unabhängige Diagnosen möglich sind. Analog zum naturwissenschaftlichen Experiment basieren sie auf der Annahme, daß der Untersuchende eine soziale Interaktion mitgestalten und das Beobachtete dann von seinem Einfluß reinigen kann, um es nach allgemeinen Maßstäben zu beurteilen.

Diese Sicht der Diagnose fand selbst in der Familientherapie ihre Anhänger. In den siebziger Jahren vertraten Therapeuten wie Haley, Minuchin und Selvini – später auch Keeney – die These, man müsse »klar erfassen«, um gezielt handeln zu können.[15] Zwar wußten sie, daß der Therapeut als Systembeteiligter die Muster, Strukturen und Prozesse von Familien nicht neutral beobachten konnte, wiesen ihm aber dennoch die Rolle eines außenstehenden Experten zu, der Informationen sammelt, um gezielt intervenieren zu können. In den achtziger Jahren ging die systemische Therapie andere Wege. Andersen, Cecchin, Dell, de Shazer, Goolishian, Keeney und andere betrachteten den Therapeuten als kooperierenden Partner seiner Kunden: Er galt als Mitgestalter sinnvoller Alternativen zur Problemkommunikation.[16]

Alle im klinischen System gefundenen Erkenntnisse resultieren aus der Kommunikation zwischen Klinikern und Hilfesuchenden, sind also deren gemeinsames Produkt. Die in der traditionellen Diagnostik postulierte Subjekt-Objekt-Differenz ist hier fehl am Platz. Alle Erkenntnisse des Klinikers spiegeln seinen Umgang mit Klienten wider. Er urteilt damit stets auch über sich selbst.

Die Vorschaltung eines klinischen Systems dient theoretischen und praktischen Zwecken: Es setzt Differenzen, um Beobachten und Handeln zu orientieren, und es reduziert »diagnosebedingte Probleme« in der klinischen Praxis. Das klinische System löst sich auf, indem es in ein Hilfssystem übergeht (etwa Therapie) oder die Möglichkeiten professioneller Hilfestellung als zu eingeschränkt abweist.

Hilfssysteme

Eine logisch korrekte Definition des Helfens muß prinzipiell Hilfesuche voraussetzen. Anderenfalls, wenn »Hilfe« unabhängig vom Ersuchen geleistet oder aufgedrängt wird, muß man von Fürsorge, Reparatur, Kontrolle, oder gar Bevormundung und Bemächtigung sprechen. Alle diese Maßnahmen können berechtigt und im Endeffekt hilfreich sein, müssen aber – will man korrekt logisch buchhalten – vom Helfen unterschieden werden.

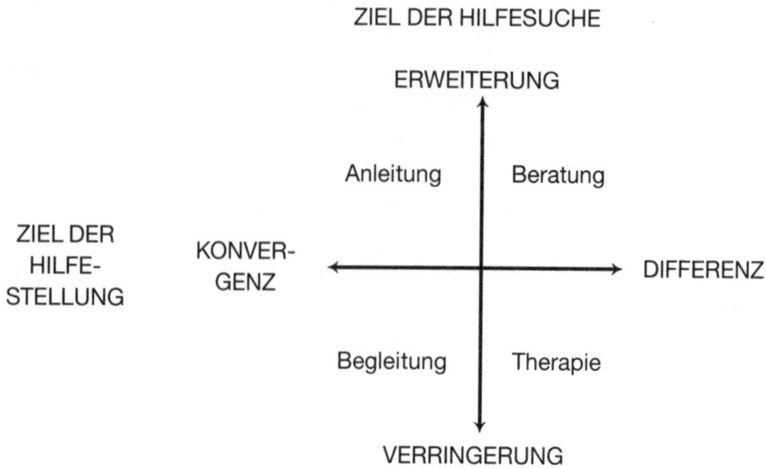

Abbildung 7. Grundarten professionellen Helfens.

Die Vielfalt der Hilfssysteme fasse ich zu vier Grundtypen zusammen, denen je eine Form der Bitte um Hilfe entspricht: Anleitung, Beratung, Begleitung und Therapie.

Klinische Hilfestellung kann jede der vier Grundformen in den Quadranten von Abbildung 7 annehmen. Dabei geht es stets um Linderung oder Beseitigung von Leiden. Die angenommenen Dimensionen beziehen sich auf das Ziel beider beteiligter Parteien: Hilfesuche und Hilfestellung. Das Ziel der Hilfesuche kann Erweiterung oder Verringerung sein. Der Wunsch nach *Erweiterung* zielt auf eine Zunahme an Fähigkeiten, Entscheidungskriterien, Optionen usw., um mit dem Leiden besser umzugehen, der Wunsch nach *Verringerung* auf ein Nachlassen des Leidens. Die Waagerechte repräsentiert die Ziele der Hilfestellung und bedingt die Art und Weise, wie der Helfer seine Mittel – seine strukturellen Möglichkeiten – einsetzt. Ich spreche dann von *Konvergenz*, wenn der Helfer seine Struktur zur Verfügung stellt und die Bildung einer dauerhaften Beziehung anstrebt; in diesem Fall gleichen sich die Strukturen von Helfer und Leidendem im Verlauf der Hilfestellung an. *Differenz* betrifft ein Helfen, in dem der Helfer seine Struktur analog zu einem Katalysator einsetzt, der bei den Hilfesuchenden eigene Prozesse anregt; die Entstehung einer überdauernden Beziehung wird jedoch vermieden.

Anhand der Übersicht in Tabelle 2 und des Schemas in Abbildung 7 können Helfer und Supervisoren prüfen, ob sie im Interesse der Hilfesuchenden,

ANLEITUNG

Typ: »Hilf uns, unsere Möglichkeiten zu erweitern!«

1. Fehlen oder Mangel an Fertigkeiten.
2. Zurverfügungstellung von Wissen.
3. Offen.

BERATUNG

Typ: »Hilf uns, unsere Möglichkeiten zu nutzen!«

1. Interne Blockierung des Systems.
2. Förderung vorhandener Strukturen.
3. Begrenzt, je nach Umfang des Auftrags.

BEGLEITUNG

Typ: »Hilf uns, unsere Lage zu ertragen!«

1. Unabänderliche Problemlage.
2. Stabilisierung des Systems durch fremde Struktur.
3. Offen.

THERAPIE

Typ: »Hilf uns, unser Leiden zu beenden!«

1. Veränderliche Problemlage.
2. Beitrag zur (Auf)Lösung des Problemsystems.
3. Als Vorgabe begrenzt.

Tabelle 2. Klinische Hilfssysteme.
(1. Grund des Leidens, 2. Hilfestellung, 3. Dauer)

also »auftragsgerecht« arbeiten, oder eigene Ziele verfolgen. Das Schema ist typologisch aufgebaut und daher zu trennscharf. Dennoch kann es ein korrektes logisches Buchhalten bei der Durchführung der Hilfsmaßnahme fördern. Dafür empfiehlt es sich, das Schema in der Praxis »dimensional« zu verwenden und die Beobachtungen zum Verlauf der Hilfsmaßnahme als Punkte in das Koordinatensystem »einzutragen«. Die Prüfung, was für ein Prozeß dort abläuft, läßt sich dann aus der Verteilung der Punkte ablesen.

Therapiesysteme

Therapie dient dem Ziel, Leiden möglichst rasch zu lindern oder zu beseitigen. Das Therapiesystem konstituiert sich um einen »Auftrag«. Die Straffung und enge thematische Beschränkung der Therapie hat folgende Vorteile:

- Konzentration auf die Aspekte, mit denen der Therapieauftrag möglichst direkt erfüllt werden kann.
- Logisch stringente Definition des Therapiesystems und der Therapeutenrolle.
- Respekt vor der menschlichen Autonomie der Beteiligten.

Das Dilemma des Therapeuten

Jeder Therapeut steht vor dem Dilemma, gezielt handeln zu wollen, ohne den Anderen »durchschauen« zu können und daher ohne zu wissen, was sein Handeln bewirkt. Schon im Alltag erfahren wir Menschen (und uns selbst) als undurchschaubar und rätselhaft. Wer spürt, daß er strategisch behandelt wird, empfindet dies meist als »Objektivierung« und versucht, die Erwartungen zu enttäuschen. Psychiater, Psychologen und andere Helfer wissen das zwar, streben aber in vielen Fällen gleichwohl »Trivialisierung« an. Dabei können sie sich auf zahlreiche Techniken stützen (zum Beispiel Tests, Frage- und Beobachtungsstrategien), mit denen die bewußte Aufmerksamkeit umgangen und Menschen »durchschaut« werden sollen. Studien zeigen jedoch, daß die Betroffenen ihrerseits das Vorhaben der Forscher durchschauen und entsprechend handeln. Das gilt für projektive Techniken ebenso wie für sozialpsychologische Untersuchungen und Lügenskalen in Fragebögen. Psychiatrische Patienten berichten ähnliches. Dennoch halten Psychologen und Psychiater beharrlich an ihrem »Objektivitätsanspruch« fest. Offenbar fällt es ihnen schwer anzuerkennen, daß ihr Gegenstand erst in der Kommunikation entsteht. Gleiches gilt für Therapeuten, die Lebensprobleme weiterhin »objektiv« erfassen und nach nomothetischen Regeln behandeln.

Die systemische Schule erkennt das Dilemma des Therapeuten an und versucht, trotz der Intransparenz und Nicht-Instruierbarkeit des Menschen zu helfen.

»Leidverwinden« im Dialog

Aus der Perspektive des Therapeuten gilt prinzipiell: Wird der »Therapieauftrag« erfüllt, ist eine Therapie gelungen. Für die Kunden hingegen ist das

Ziel erreicht, wenn sie weniger, erträglicher oder nicht mehr unter dem Problem leiden.

Therapie kann nicht kausal wirken. Sie betrifft autonome Menschen, die sich nicht »verändern« lassen. Der Therapeut muß also für günstige Rahmenbedingungen sorgen, in denen sich die Kunden ihren Wünschen gemäß verändern können. Dafür muß eine klinische Theorie geeignete Methoden formulieren, die als Orientierung dienen können.

Therapie als Dialog. »Monologisch« wäre eine Therapie, wenn sich der Therapeut auf standardisierte Strategien beschränkte und seine »Patienten« dies »duldeten«. Als kommunikativer Prozeß verstanden, in dem Kontinuität ebenso gewährleistet ist wie Sprünge, Zufall und Unerwartetes, kann Therapie als typischer Dialog angesehen werden. Ihr oberstes Ziel liegt nämlich darin, das Therapiesystem aufzulösen, und dazu muß *dieses* System im Rahmen des Vertretbaren optimal »angeregt« werden.

Der Part des Therapeuten im Dialog läßt sich zwei Hauptaspekten zuordnen: Bestätigung und Öffnung. Er sollte so viel bestätigen, wie seine Kunden benötigen, um vertrauensvoll mit ihm kooperieren zu können und die Therapie weder abzubrechen noch »Widerstand« zu entwickeln. Daneben sollte er aber so viel Neues, Unerwartetes, Öffnendes, Verstörendes – produktiv »Zufälliges« – einführen, wie unerläßlich erscheint, um das Problemsystem zu destabilisieren, also eine »heilsame Verstörung« auszulösen. Dabei muß er vor allem Respekt wahren, denn nur so entsteht ein Klima des Vertrauens, das die Kunden zu dem Wagnis ermutigt, Neues zu erproben und das auf Gewißheit basierende Problemsystem aufzugeben.

Der Therapeut ist also ein behutsamer, respektvoller »Anregender«, überschreitet aber nicht den gemeinsam definierten Auftrag. Seine therapeutischen Möglichkeiten der Intervention sind durch Respekt begrenzt. Was die Kunden als »Verstörung« empfinden, hängt aber stets von ihrer Struktur ab. Die Kunst der Therapie liegt darin, Interventionen empathisch einzusetzen: weder zuviel noch zuwenig, sondern angemessen.[17] Im günstigsten Fall läßt die Therapie neue »Präferenzen« entstehen, die mit dem Problem unvereinbar sind; im ungünstigsten verschärft sie das Problem.

Im therapeutischen Dialog verflüssigen sich die problemstiftenden Monologe, etwa durch unerwartete, aus dem Rahmen der ritualisierten Problemkommunikation fallende Fragen, durch Hinweise auf mißachtete Alternativen und Verstöße gegen die »Logik« des Problemsystems. Solche Gespräche können dazu beitragen, daß die Beteiligten ihr Leiden »verwinden«.[18] Wie gezeigt, sind Lebensprobleme nicht lösbar und daher nicht endgültig »überwindbar« im Sinne von Heilung. Sie können jederzeit erneut auftreten, da alle Bedingungen – nämlich die Fähigkeit, zu kommunizieren und in emotionale Verstrickung zu geraten – erhalten bleiben. Lebensprobleme lassen sich allenfalls »verwinden«: Man kann sie also nur vergessen, ablegen, verdrängen oder übergehen. »Verwunden« werden sie, wenn ihre Grundlosigkeit erkannt, ihre monologische Struktur in einen konstruktiven Dialog verflüssigt, also ein »Wechsel der Präferenzen« vollzogen ist. Dazu kann Therapie beitragen, indem sie Mut macht, Risiken einzugehen und wieder Vertrauen zu gewinnen. Therapie ist somit immer Hilfe zur Selbsthilfe, kein kausales Einwirken.

Therapie, Therapeut, Therapiekunde

Therapie vollzieht sich in einem sozialen System und läßt sich wie folgt von anderen sozialen Systemen abgrenzen:

- Ein Mitglied thematisiert Leiden infolge einer als veränderlich beurteilten Problemlage (eines Lebensproblems).
- Ein anderes definiert sich als Therapeut und orientiert sein Handeln daran, das Leiden rasch zu lindern oder zu beseitigen.
- Die Dauer ihrer Interaktion ist prinzipiell begrenzt.

Diese drei Aspekte betreffen nur Kunden und Therapeuten im Rahmen einer bestimmten Therapie. Sie lassen sich aber auch strukturell verwenden, wenn Therapie »institutionell« aufgefaßt und anhand von Rollendefinitionen (und Erwartungsstrukturen) dargestellt wird. Schließlich kann man sie auch funktional verstehen, da der Prozeß zielgerichtet ist. Jede Therapie muß also: explizit auf Kommunikation beruhen, eine spezifische Rollenstruktur aufweisen, zielgerichtet und zeitlich begrenzt sein. Alles andere – die Art des Problems, die Techniken oder der »Erfolg« – hängt allein von den Präferenzen des jeweiligen Beobachters ab.

Resümee

Die hier entwickelte Klinische Theorie definiert ihren Gegenstand als einen Prozeß mit vier einander ablösenden sozialen Systemen. Wenn Rückkehrschleifen zum Problemsystem auftreten, haben sich die Beteiligten entweder mit dem Problem »abgefunden« oder zusammen mit den klinischen Helfern ein neues geschaffen. Das geschieht in den durch allzu problembezogene oder überlange Diagnostik erzeugten Problemsystemen und in »ewigen Therapien«. Die neuen Problemsysteme unterscheiden sich aber dadurch von den ursprünglichen, daß sie den Kliniker als Mitglied enthalten. Selbst beim Abbruch der Therapie kann hier also nicht davon die Rede sein, daß die Kunden am ursprünglichen Problem »festgehalten« hätten.

6. Klinische Praxis

In diesem Kapitel entwickele ich eine systemische Theorie der klinischen Praxis und trage die Grundzüge einer therapeutischen Methodik zusammen. Beide lassen sich auf andere Hilfssysteme übertragen, sofern man deren Eigenarten berücksichtigt. Bei den folgenden Erwägungen leiten mich drei Kriterien: Nutzen, Respekt und Schönheit.

Der methodologische Rahmen

Therapie ist durch den Therapeuten definiert: Ohne Therapeut keine Therapie. Deshalb muß eine klinische Theorie die Rolle des Therapeuten klar bestimmen, um den Helfer bei der Verwirklichung seiner Mitgliedschaft in einem Therapiesystem zu orientieren. Die Komponenten sozialer Systeme – die »Mitglieder« – entstehen durch sinnhafte Kommunikation über ein Thema. Als Mitglied eines Therapiesystems konstituiert sich der Therapeut demnach erst in der therapeutischen Kommunikation. Das definiert ein Sozialsystem als Therapie. Der Kunde ist in methodologischer Hinsicht eine notwendige, aber nicht hinreichende Bedingung: Es muß ihn geben, aber er erfüllt naturgemäß keine vorgeschriebenen Funktionen, kann also nicht herangezogen werden, um die Methodik zu bestimmen. Um therapeutisch kommunizieren zu können, benötigt der Helfer einen Orientierungsrahmen.

Einen solchen Rahmen soll die Theorie der therapeutischen Praxis liefern. Methodologisch geht es darum, ein anwendbares, flexibles, allgemeines, aber auch spezifisches Verfahren zu erarbeiten, an dem sich der Therapeut orientieren kann.

Psychotherapeutische Methoden werden oft entweder pragmatisch oder theoretisch begründet. Im ersten Fall zielen sie ganz direkt, im zweiten eher indirekt auf Ergebnisse. Eine systemische Methodik kann jedoch keine kausal angelegte Fundierung heranziehen: »Heilsame Verstörungen« lassen sich nicht kausal herbeiführen.

Aus systemischer Sicht ist Kommunikation Anlaß, Mittel und Ziel der Therapie. Für die Bestimmung ihrer Methodik stehen definitionsgemäß nur die Elemente zur Verfügung, die das Therapiesystem konstituieren: Die Mitglieder und ihre Interaktionen, ihr Thema und die Dauer der Maßnahme. Bis auf eines dieser Elemente erweisen sich jedoch alle anderen als ungeeignet.

Die traditionelle Bestimmung nach der Effektivität – was sich im nachhinein als nützlich erweist, wird zur Methode erhoben – beruht auf Kausalitätsannahmen und steht im Widerspruch zum systemischen Denken. Die methodische Bestimmung anhand standardisierter Interaktionsmodi (Techniken) engt den Handlungsspielraum des Therapeuten unnötig ein. Die Therapiedauer eignet sich ohnehin nicht, da sie im voraus nicht bestimmbar ist. Von den Mitgliedern des Therapiesystems scheidet der Kunde ebenfalls aus. Dabei müßte Therapie nach Art und »Schweregrad« des Problems oder nach der »Eignung« des Hilfesuchenden bestimmt werden. Beides ist aber aus jeweils erkenntnistheoretischen und ethischen Gründen mit den Prämissen des systemischen Denkens unvereinbar.

Die Methodik der Therapie muß also von der Definition des Therapeuten ausgehen. Dazu eignet sich der Begriff »Rolle«. Die Bestimmung der »Therapeutenrolle« abstrahiert vom jeweiligen System und dient daher als generelles Programm für die Ausführung dieser Mitgliedschaft. Die Beschreibung dieser Rolle erlaubt zum einen die Orientierung der therapeutischen Tätigkeit vor Ort und zum anderen die Kontrolle darüber, ob die zugrundegelegten Kriterien erfüllt werden, läßt also therapeutisches Handeln eingrenzen und beurteilen. Bei unserem Vorschlag hierzu beschreiben wir die Therapeutenrolle als einen Komplex von Einstellungen oder »Haltungen«.

Nutzen, Respekt, Schönheit

Psychotherapie darf nicht schädlich sein und sollte nutzen. Seit H.-J. Eysenck das Konzept der »spontanen Remission« eingeführt hat, müssen Psychotherapeuten zudem nachweisen, daß ihre Arbeit nicht überflüssig ist.[19]

Traditionell wird Psychotherapie primär nach dem Nutzen beurteilt. Dieses Kriterium ist jedoch trügerisch, da es Beobachtungen und hypothetische Wertungen vergleicht, wobei Emotionen und subjektive Wertmaßstäbe eine wichtige Rolle spielen. Eine Maßnahme erscheint nützlich, wenn sie gegenüber einer hypothetischen anderen einen negativ beurteilten Zustand »verbessert«, eine Verschlechterung »vermeidet« oder eine günstige Konstellation »bewahrt«. Diese Urteile lassen sich aber kaum konsensualisieren, da sie stark von subjektiven Gesichtspunkten geprägt sind.

Im objektivistischen Denken mag Nutzen als Kriterium ausreichen, da es unterstellt, man könne »das« Problem, den therapeutischen Prozeß und dessen Erfolg »intersubjektiv« bestimmen oder gar messen. Therapien erweisen sich als nützlich, wenn sie eine »objektive« Besserung kausal herbeiführen. Dafür müssen die therapeutischen Variablen erfaßt und von »Nebeneffekten« abgegrenzt werden – etwa spontane Besserung, Suggestion oder Placebo.[20]

Auf dem Pfad der »Objektivität (in Klammern)« ist Nutzen dagegen kein objektiv »auffindbarer« Sachverhalt, sondern ein kommunikativ herzustellender Konsens. Damit unterliegt er den Problemen des Wertens, läßt sich also nicht verbindlich festschreiben. Um die prozessuale Offenheit des doch unverzichtbaren Kriteriums »Nutzen« zu betonen, verbinde ich es mit zwei weiteren Leitmotiven: Respekt und Schönheit. Im Wechselspiel zwischen diesen Polen soll sich die systemische Therapie an drei Postulaten orientieren: Nutzen als Ziel der Therapie, Respekt als Grundhaltung des Therapeuten und Schönheit als Gestaltungsprinzip der Interventionen.

Respekt und Schönheit sind selbstevidente Leitmotive und entziehen sich als solche der Normierung. Gerade darin liegt ihre Relevanz für eine systemisch begründete klinische Theorie: Sie schränken den alleinigen Gebrauch eines leicht zur Verdinglichung verleitenden Nutzens ein und sprechen die persönliche Autonomie und Verantwortung des Therapeuten und des Therapieforschers an.

Leitsätze

Therapie ist als Kommunikation nicht planbar. Ihre Methodologie muß sich also darauf beschränken, die Rolle des Therapeuten klar zu definieren. Traditionell sah man sie in der Spannung zwischen den folgenden Extrempositionen:

»Sei du selbst!« ⟷ »Befolge Richtlinien!«

Daran orientierten sich zunächst auch die Vertreter der systemischen Therapie. In ihren Vorschlägen bewegten sie sich zwischen »rein« dialogisch und »streng« strategisch konzipierten Positionen und betrachteten dementsprechend den Therapeuten als einen begleitenden »Nicht-Wissenden« oder einen intervenierenden »Experten«.[21]

Es gilt jedoch, die Therapeutenrolle auf einem mittleren Weg zu bestimmen, der zwischen der Scylla einer paradox geforderten Spontaneität – man könnte auch sagen: »antrainierten Humanität« – und der Charybdis raffinierter Techniken verläuft. Dafür verbinde ich die allgemeinen Erwartungen an Therapie zu einer spezifischen Grundhaltung, die Nutzen, Respekt und Schönheit in Praxis umsetzt. Diese soll dem Therapeuten eine Orientierung liefern, die ihm einen Ausweg aus dem »Therapeutendilemma« nahelegt. Unser Vorschlag leitet das therapeutische Handeln wie folgt:

Aufgaben im Therapiesystem		Leitsätze	Leitfragen
Erzeugung	1	Definiere dich als Therapeut!	Übernehme ich Verantwortung als Therapeut?
	2	Respektiere dich!	Stehe ich zu meinen Möglichkeiten?
Erhaltung	3	Orientiere dich an deinen Klienten!	Wessen Maßstäbe lege ich an?
	4	Werte förderlich!	Suche ich nach Öffnenden?
	5	Beschränke dich!	Konzentriere ich mich auf das Nötigste?
	6	Sei bescheiden!	Sehe ich mich als Ursache?
Verwirklichung	7	Bleibe beweglich!	Wechsele ich meine Perspektiven?
	8	Frage konstruktiv!	Stelle ich Fragen, die weiterführen?
	9	Interveniere sparsam!	Rege ich behutsam an?
Beendigung	10	Beende rechtzeitig!	Kann ich schon beenden?
... und	+1	Befolge nie blind Leitsätze!	Wende ich diese flexibel und kontextbezogen an?

Tabelle 3. 10 + 1 Leitsätze zur Orientierung der Praxis.

- Vermittlung zwischen den allgemeinen Erwartungen an Therapie, den spezifischen Erwartungen der Klienten und den eigenen Erwartungen des jeweiligen Helfers.
- Beachtung der Kriterien Nutzen, Schönheit, Respekt und Umsetzung in die Praxis.
- Erfüllung der Aufgaben, daß ein Therapiesystem entsteht, Veränderungen fördert, so lange wie nötig existiert und rechtzeitig aufgelöst wird.

Unter diesen Aspekten formulierte ich 1984 folgende Leitsätze, die aus Gründen der Übersicht in der Tabelle 3 zusammengefaßt werden. Jedem Leitsatz entspricht eine Kontroll- bzw. Leitfrage.

Die Leitsätze können – ganz im Sinne des systemischen Denkens – sehr unterschiedlich gedeutet und angewandt werden; sie bilden insofern nur einen Orientierungsrahmen für Therapeuten und eine Grundlage für die Metakommunikation über Therapie. Die empirische Überprüfung im Sinne der Ziele unserer Hamburger Arbeitsgruppe wies jedoch eine akzeptable Brauchbarkeit auf.[22]

Irreführende Polarisierungen

Um sich von früheren Ansätzen abzugrenzen, neigte die systemische Therapie anfangs zu krassen Polarisierungen. Daraus ergaben sich interne Kontroversen, die noch heute andauern, meist jedoch eher unproduktiv sind: Pragmatik wird gegen Ästhetik, Expertentum gegen Unvoreingenommenheit (»Nicht-Wissen«), Haltung gegen Technik und Intervention gegen Dialog ausgespielt.

Die seit Anfang der achtziger Jahre geführte Debatte über Pragmatik oder Ästhetik, Technik oder Kunst führte hier zu der vermittelnden Position, daß Therapie als eine »kunstfertige Technik« beide Aspekte in sich vereint. Dies fand in der Aufstellung der drei genannten Kriterien Niederschlag.

In der Debatte über Kompetenz oder Nicht-Wissen haben jüngst besonders Verfechter eines hermeneutisch-narrativen Ansatzes gefordert, der Therapeut solle auf alle normativen Vorgaben verzichten und sich gegenüber seinen Kunden offen präsentieren. Ansonsten bezöge er unbemerkt eine übergeordnete Position als »Experte«, der die Entfaltung eines wahren Dialogs verhindere. Die Kompetenz des Helfers liege darin, »Architekt« eines förderlichen Gesprächs zu sein. Demgegenüber erwarten eher pragmatisch orientierte Autoren vom Therapeuten, daß er Techniken einsetzt, um das Problem direkt und gezielt zu lösen. Systemische Therapeuten sollten auch hier eine mittlere Position anstreben – also weder ihre Sachkompetenz verleugnen noch sich auf Techniken fixieren.

Bei der Frage, ob Therapie auf Intervention oder Dialog basieren soll, läßt sich die Polarisierung wie folgt auflösen: Therapie ist ein Dialog besonderer Art, in dem der Therapeut in seiner Rolle explizit gebeten wird zu intervenieren, also zu fragen, seine Eindrücke mitzuteilen oder anzuregen. Therapie ist also eine zielgerichtete Form des Dialogs, und die Rolle des Therapeuten macht diesen unausweichlich zum bewußt »intervenierenden Dialogpartner«.

Die Praxis der Therapie

Therapie ist Kommunikation und – da diese Kontinuität erfordert – grundsätzlich auch Kooperation. Die Annahme, der Therapeut habe einseitig auf passive »Dulder« (= Patienten) einzuwirken, steht nicht nur im Widerspruch zum systemischen Konzept der Autonomie, sondern auch zum Erleben der Beteiligten. Therapeutisches Handeln setzt stets die »Einladung zur Kooperation« voraus.

Therapeutische Kommunikation bedeutet in jeder Phase Sinnstiftung oder Themenwahl und damit Reduktion von Komplexität. Traditionell obliegt es dem »Experten«, Thema und Verlauf der Kommunikation zu bestimmen. Er muß also a) erkennen, welche Bedingungen das Problem erzeugen und aufrechterhalten (Diagnostik), b) handlungsleitende Zuordnungen vornehmen (differentielle Indikation), c) Maßnahmen auswählen und verordnen (Therapieplanung), d) die Therapie leiten und e) deren Effizienz kontrollieren.

Im systemischen Verständnis der Therapie erweist es sich jedoch als sinnvoller, die therapeutische Kommunikation als gemeinsame Suche nach Alternativen aufzufassen. Der Therapeut konzentriert sich also nicht auf das Problem, sondern auf die Aktivierung der ungenutzten, am Problem nicht beteiligten Ressourcen seiner Kunden (etwa alternative Denkmuster oder »Ausnahmen« zur Problemkonstellation in der Lebensgeschichte, seiner Kunden wie sie in problemfreien Mitgliedschaften vorkommen). Da Lebensprobleme definitionsgemäß unlösbar sind, wird auch keine »Problemlösung« angestrebt, sondern die Nutzung von Alternativen. In diesem Sinne lädt Therapie durch geeignete Anregung zu einem »Wechsel der Präferenzen« ein.

Zu Beginn einer Therapie haben die Kunden ein zumeist diffuses Anliegen, das sich in ebenso diffusen Klagen äußert, etwa: »Wir halten es nicht mehr aus«, »Helfen Sie uns« oder »Verändern Sie mein Kind, meinen Mann, meine Frau« usw. Das Anliegen der Therapeuten ist nicht minder unspezifisch: professionell und effizient zu helfen.

Der Sinn oder das Thema eines Therapiesystems ergibt sich intern durch kommunikative Selektion. Eine vorgreifende Thematisierung im Sinne der »differentiellen Indikationen«, der Techniken und der Ziele wäre nur um den Preis einer Objektivierung möglich, die den Prozeß blockieren könnte.

Therapie ist eine *soziale Dienstleistung* und setzt daher einen entsprechenden »Auftrag« voraus. Dieser bestimmt den Sinn, also die (thematische) Sinngrenze des Systems und steuert den kommunikativen Verlauf, also die vom Therapeuten zu erbringende Leistung und seine Interaktion mit den Kunden. Ziel des gemeinsam festgelegten Auftrages ist es, die Ressourcen der Kunden mit den Möglichkeiten des Therapeuten zu koordinieren, das heißt, aus den ursprünglich diffusen Anliegen beider Parteien ein handhabbares Arbeitskonzept zu erarbeiten.

Die klinische Erfahrung zeigt, daß es von zentraler Bedeutung ist, klar zwischen Anliegen und Auftrag zu unterscheiden. Viele Therapien mißlingen oder fahren sich fest, weil kein eindeutiger Auftrag formuliert wurde:

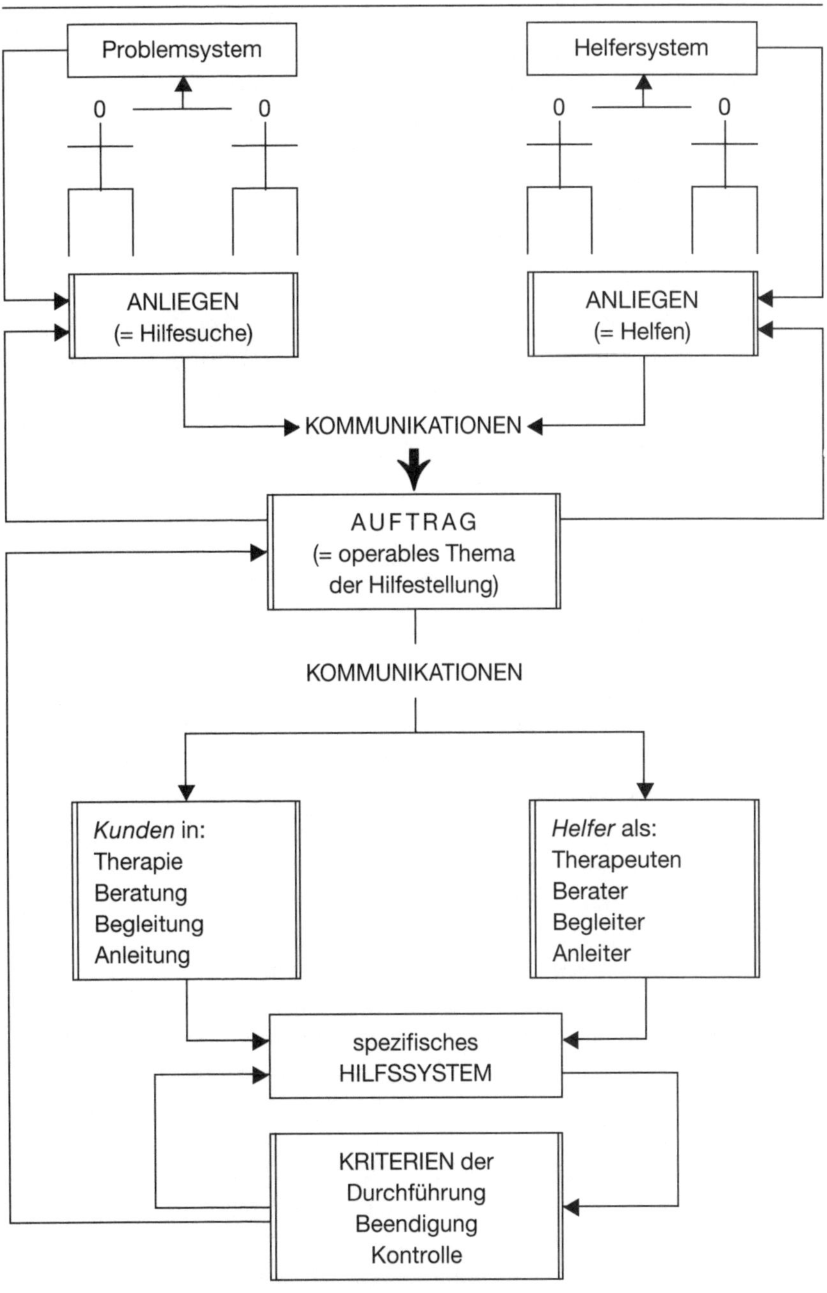

Abbildung 8. Anliegen und Auftrag.

Die Therapeuten müssen also entweder versuchen, dem diffusen Anliegen der Kunden zu folgen, oder »im eigenen Auftrag« zu arbeiten, also nach eigenen Hypothesen, Diagnosen und Theorien zu handeln. Erst der ausgehandelte und eindeutig formulierte Auftrag definiert das Hilfssystem als Therapie, Beratung, Anleitung oder Begleitung. Er legt also fest:

- Ziel und Methoden der Hilfsmaßnahme,
- Kriterien für die Durchführung und die Verlaufsprüfung,
- Entscheidungshilfen für die Beendigung,
- Erfolgskriterien (vgl. Abbildung 8).

In der Therapie gestaltet also der Auftrag die »vertragliche« Beziehung zwischen Therapeut und Kunden, und seine Erarbeitung markiert den Beginn einer Therapie. Allerdings kann der Auftrag von Zeit zu Zeit neu ausgehandelt werden. Daher ist es unerläßlich, immer wieder zu prüfen, ob der ursprüngliche Auftrag noch gilt und gelten soll, oder ob eine Reformulierung angezeigt ist.

Der therapeutische Dialog

Therapie ist nicht nur Kommunikation, sondern eine spezifische Form des Dialogs. Kommunikation muß nicht »dialogisch« sein, da sie bereits geschieht, wenn etwas mitgeteilt und verstanden wird: sie schließt auch »triviale«, ritualisierte und stereotype Formen sowie Mißverständnisse ein.

Der Begriff »Dialog« ist jedoch enger gefaßt. In seiner stärksten Bedeutung stützt er die dialektische Methode der Wahrheitsfindung und weist auf eine gemeinsame Denkbewegung hin, in der »nicht von vornherein feststeht, was am Ende sich ergeben wird, was am Ende als das Richtige, als die Wahrheit erscheint«.[23]

So verstanden, schließt der »Dialog« Kommunikationsformen wie Überredung, Verkündigung, Diskussion oder Instruktion aus. In einem Dialog gibt es weder Sieger noch Besiegte, sondern nur offene, suchende Partner, die Wahrhaftigkeit, Neugierde und Akzeptanz verbindet, und die sich in diesem Prozeß verändern: Im Dialog widmen sich die Partner einem gemeinsamen Thema und sind bemüht, ihre Sichtweisen zu vereinbaren; alle Schritte, die zur Synthese führen, sowie die Beteiligten selbst bleiben darin »aufgehoben«, so daß ein »Dialog« als kreativ und nicht destruktiv oder »verschmelzend« empfunden wird.

Dialoge sind offen für neue Sinnhorizonte, stiften und erschüttern Sinn, konstituieren Realitäten und stellen sie der Kritik. Dialoge folgen der Diffe-

renz Konsens/Dissens und liegen der kollektiven Realität zugrunde. Letzten Endes prägen Dialoge die Geschichte des Denkens. Dialog läßt sich operational wie folgt fassen:[24]
- Ein Gespräch
- zwischen gleichberechtigten Partnern
- über ein gemeinsames, wichtiges Thema
- in dem die Beteiligten sich Wahrhaftigkeit und Offenheit unterstellen und
- mit ihren Beiträgen aneinander anschließen.

Da Therapie ein zielgerichtetes, funktionales Gespräch mit dem eng umrissenen Thema »Linderung oder Beseitigung von Leiden« ist, das der Therapeut – selbst nach Harry Goolishian, dem radikalsten Verfechter einer dialogischen Methode – »lenken« und am Thema halten soll, fragt sich, ob diese Bedingungen hier erfüllt sein können. Die Antwort lautet: Wenn es die Beteiligten *vereinbaren* und sich daran halten, kann Therapie ein Dialog *sui generis* sein, auf den alle Merkmale der genannten Definition zutreffen. Gerade weil der Therapeut durch den Kunden zu seinen Aufgaben ermächtigt wird, wird Gleichberechtigung hergestellt. Allerdings hängt dies wegen der besonderen Thematik vom jeweiligen Auftrag ab. Wie sich ein Dialog nicht erzwingen läßt, so auch nicht »Therapie als Dialog«.

Fragen, Reflektieren, Empfehlen

Therapeutische Dialoge sind zielorientiert, und der Therapeut wird von seinen Kunden bevollmächtigt, auftragsgemäß zu intervenieren. Seine Interventionen können sich direkt auf »Alternativen« sowie auf Sichtweisen oder biographische Aspekte der Kunden beziehen oder aber auf die Kommunikation über problemstiftende Handlungen.[25] Diese Formen schließen einander nicht aus, sondern erweitern den Horizont des Therapeuten und erhöhen seine Flexibilität.

Die Kunden gehen meist davon aus, daß ihre Probleme auf »höhere Gewalt« zurückgehen, daß sie zum Beispiel krankhafte, genetisch oder charakterlich bedingte Ursachen haben. Daher fühlen sie sich außerstande, die Situation aus eigener Kraft zu ändern. Therapie beginnt also grundsätzlich mit einer »Umdeutung«: Der Therapeut behandelt die vorgetragene Problemlage schon dadurch als »veränderbar«, als er einen festen Auftrag aushandelt oder nur eine Therapie anbietet. Durch diesen ersten Schritt verändert sich bereits die innere »Landkarte« der Kunden, ihre Art zu unterscheiden und kognitive Bereiche zu erzeugen. In dieser kognitiven Neuordnung sehen Simon und Stierlin den Sinn der Therapie:

Es stellt sich allerdings die Frage, ob nicht die Wirksamkeit aller psychotherapeutischen Verfahren, einschließlich derer, die Einsichtsgewinn und Durcharbeiten betonen, letztlich auf der Veränderung »innerer Landkarten« beruht.[26]

Im therapeutischen Dialog kommt es wie in jeder Kommunikation zu »Verstörungen«; die Kunst besteht darin, zu »heilsamen Verstörungen« anzuregen. Der Unterschied zwischen Therapieschulen zeigt sich besonders darin, wie Interventionen konzipiert und »dosiert« werden. Ob Therapie als zielgerichtet pragmatisch oder hermeneutisch verstehend begriffen wird, hängt primär vom Maß direktiver oder begleitender Interventionen ab.[27] Die beiden Extreme sind:

»begleitendes Verstehen« ←→ »direktives Intervenieren«

Ein Therapeut kann sich als aufmerksamer, allparteilicher Zuhörer begreifen, der seinen Deutungsfähigkeiten traut und verborgenen Sinn zu entschlüsseln sucht, um die unendlichen Ressourcen des »Ungesagten« zu nutzen.[28] Ein anderer verzichtet lieber darauf, den ohnehin nicht sicher entschlüsselbaren »Text« zu deuten, bemüht sich also, »nicht herauszufinden, was ›richtig‹ oder ›wahr‹ ist, sondern was für die Klienten hilfreich ist, nämlich eine Lösung zu konstruieren, die es wert ist, beibehalten zu werden«.[29] Gleichwohl gibt es keinen zwingenden Grund, diese beiden Ansätze gegeneinander auszuspielen: Systemische Therapeuten können je nach Lage den Part eines verstehenden »Dialogmeisters« im Sinne Goolishians, eines »Ko-Autors« neuer Geschichten im Sinne Michael Whites[30] oder eines »Erfinders von Lösungen« im Sinne de Shazers übernehmen.

Die systemisch orientierte Therapie hat nur wenige eigene Techniken hervorgebracht: konstruktives Fragen, Reflektieren im Team und Schlußintervention. Im übrigen bedient sich der Therapeut einer Vielfalt bestehender Techniken, die er seiner systemischen Perspektive anpaßt. Zu seinem Instrumentarium gehören so unterschiedliche Verfahren wie Deutung, Skulpturen, Traumarbeit, Rituale, »paradoxe« Verschreibungen, Körperarbeit und klientenzentrierter Dialog. Die Interventionen lassen sich drei Formen zuordnen: Fragen, Reflektieren und Empfehlen. Auf ihr Ziel bezogen, sind Interventionen konvergent oder divergent, sollen im Dialog übermäßige Diffusität eindämmen oder festgefahrene Strukturen verflüssigen.

Fragen. Fragen fördern den therapeutischen Prozeß. Die systemische Therapie verdankt der Mailänder Schule der Familientherapie um Mara Selvini Palazzoli den Ausgangspunkt für die Entwicklung einer ihrer wichtigsten Techniken: das zirkuläre Fragen. Es basiert auf der These Batesons, daß Information ein Unterschied ist, der einen Unterschied macht.

Zirkuläres Fragen zielt darauf, die Funktion eines Symptoms im »pathologischen Spiel« einer Familie zu sondieren. Die Anwesenden äußern sich reihum über die Beziehungen zwischen den übrigen und erzeugen damit Unterschiede. Zum Beispiel: Wer mischt sich am stärksten in das Leben deiner Eltern ein, der Großvater oder die Großmutter? Wen ärgert es am meisten, wenn Vater deine Schwester ausschimpft? Was macht dann deine Mutter? Diese Fragetechnik war anfangs diagnostisch ausgerichtet und sollte dem Therapeuten helfen, seine Hypothesen über die Familienorganisation zu prüfen. Später erkannte man jedoch, daß diese Form des Fragens und die entsprechenden Antworten auch therapeutisch nützten. Um weiteren Entwicklungen dieser Fragetechnik Rechnung zu tragen, verwende ich hier die allgemeiner gefaßte Bezeichnung »konstruktives Fragen«.

In der systemischen Therapie sind »konstruktive Fragen« (siehe Tabelle 4) von zentraler Bedeutung. Normalerweise liegt keine abrufbare Antwort bereit, so daß sie geeignet scheinen, weitere Fragen – also neuen »Sinn« – anzuregen. Da sie etwas Unerwartetes in den Dialog einführen, fördern sie Sinnkonstruktion. Selbst konvergent sondierende Fragen nach Vergangenem können konstruktiv sein, wenn sie ungenutzte Ressourcen aktivieren.

Fragen ist jedoch keineswegs harmlos. Der Psychiater Bodenheimer wies darauf hin, daß Fragen höchst entlarvend, ja sogar »obszön« sein kann, weil es unvermittelt dazu nötigt, Aspekte des eigenen Innenlebens preiszugeben oder offenzulegen: »Das Befragtwerden macht aus dem Anderen einen Knecht.«[31] Ob man antwortet oder nicht, man gibt sich zu erkennen. Dennoch kann die Therapie auf Fragen nicht verzichten. Sie eröffnen den einzigen Zugang zur Problemlage und zu den Ressourcen der Kunden. Insofern gilt auch hier die in den »Leitsätzen« formulierte Empfehlung – beim Fragen stets den Kontext der Therapie zu berücksichtigen und es auf den Bereich zu beschränken, den die Kunden gemeinsam mit dem Therapeuten im Auftrag festgelegt haben.

Reflektieren. Kommentare während oder am Ende der Sitzung, die die Reflexionen des Therapeuten oder des gesamten Teams zum Ausdruck bringen, führen neue Gesichtspunkte ein und können dazu beitragen, verfestigte Strukturen aufzulösen. Als Technik fanden die »paradoxen« Kommentare des Mailänder Teams großen Anklang: Das als Problem definierte Verhalten wird auf die zirkuläre Organisation der Familie bezogen und dabei positiv »konnotiert«, also funktional im Sinne der Familienorganisation umgedeutet. Den Anwesenden wird etwa suggeriert, das vermeintlich kranke Kind habe mit seinem feinen Sensorium gespürt, daß die Eltern unter Ehekon-

1. ZUR ERÖFFNUNG
   - Angenommen, dieses Gespräch (diese Therapie) ist zu Ende und es war hilfreich, woran merken Sie das?
   - Sie sagen, Sie leiden unter ..., woran merken Sie das?
   - Sie nennen verschiedene Probleme; könnte es sein, daß sie zusammenhängen? Wie?
   - Wer von Ihnen leidet am meisten unter dem Problem? Wer hat den Termin verabredet? Wer müßte sonst noch mitkommen?

2. ERKUNDENDE FRAGEN
   - Abgesehen von Ihrem Problem, was läuft bei Ihnen am besten?
   - Was hat Ihnen bisher geholfen?
   - Wann ist das Problem zum letzten Mal nicht aufgetreten?
   - Was ist ohne das Problem anders?
   - Wie haben Sie früher ähnliche oder andere Probleme gelöst?
   - Wer kann Ihnen am besten helfen?
   - Hätten Sie das Problem nicht, was wäre jetzt/sonst anders?
   - Viele Menschen, die unter Ihrem Problem leiden, haben noch folgende Schwierigkeiten ... Welche kennen Sie nicht?

3. »ZUKUNFTSFRAGEN«
   - Wenn über Nacht ein Wunder geschieht und das Problem im Schlaf verschwindet, woran merken Sie das am nächsten Tag?
   - Woran werden Sie zuerst merken, daß das Problem weniger stört?
   - Was ist anders, wenn das Problem verschwunden ist? Wer merkt es zuerst? Wer freut sich am meisten darüber? Wer glaubt am meisten, daß es auch so bleibt?
   - Wie lange wird es dauern, bis das Problem verschwindet?
   - Wie lange wird es dauern, bis sich das Problem von selbst löst?
   - Wer wird Sie darin bestätigen, wenn Sie das Problem nicht mehr haben? Was werden Sie tun, damit andere Ihre Veränderung bemerken und sie Ihnen bestätigen können?
   - Stellen Sie sich vor, Sie könnten in die Zukunft schauen, wie werden Sie dann das Problem gelöst haben?
   - Wieviel Prozent Besserung wird Ihnen genügen?
   - Was müßten Sie tun oder lassen, damit alles noch schlimmer wird?

Tabelle 4. Auswahl konstruktiver Fragen.

Team	:	Mindestens 2, maximal 5, am besten 3 Mitglieder in offenem, persönlichem, respektvollem Dialog.
Thema	:	Der erarbeitete Auftrag.
Ziele	:	• Angebot öffnender Ideen, Eindrücke, Phantasien; • Hinterfragen lähmender Gewißheiten; • Abwägen aktueller Alternativen; • Ausmalen günstiger Entwicklungsmöglichkeiten.
Stil	:	hypothetisch, offen, suchend (»wie wäre es, wenn ...«), jedoch mit ausdrücklicher Begründung.
Brüche	:	Fest- und Vorschreiben, Diagnostizieren, Belehren. »Akademische« Diskussionen und Rivalität um die »bessere« Idee.
Dauer	:	5 bis 10, maximal 15 Minuten.

Tabelle 5. Das Reflektierende Team.

flikten leiden, und selbstlos seine Symptome entwickelt, um die Eltern in gemeinsamer Sorge zu versöhnen.

Im systemischen Denken verlor die »positive Konnotation« ihren strategischen Charakter. Heute sprechen wir lieber von »positivem Werten«, um zu verdeutlichen, daß jedes Verhalten sinnvoll und berechtigt ist. Es geht also nicht bloß darum, etwas an sich Negatives anders zu nennen.

Mitte der achtziger Jahre stellte der norwegische Psychiater Tom Andersen das therapeutische Reflektieren in den passenderen Kontext des »Reflektierenden Teams«. Dadurch wollte er den Prozeß, wie das Therapeutenteam über die Kunden nachdenkt, für diese transparent gestalten.[32]

Die Beobachter hinter der Einwegscheibe wechseln ihre Plätze mit den Kunden, etwa indem sie Licht und Tonübertragung umschalten oder tatsächlich in den jeweils anderen Raum gehen, um über ihre Eindrücke und Ideen zu sprechen. Kunden und Therapeut – hier als Gesprächsleiter – hören zu. Nach einer Weile werden die Plätze erneut getauscht, und der Therapeut befragt die Kunden nach ihren Eindrücken vom Teamgespräch. Das Verfahren kann während der Sitzung mehrfach wiederholt werden. Tabelle 5 gibt Hinweise zur Durchführung therapeutischer Reflexionen.

Empfehlen. Schamanen, Ärzte und Psychotherapeuten »verschreiben«. Auch die Familientherapie benutzt dieses Mittel, etwa um moniertes Verhalten »paradox« zu verstärken oder Rituale zu erfinden, die den Erwartungen der Familie widersprechen. Mara Selvini Palazzoli führte zum Beispiel die »invariable Intervention« ein, eine Hausaufgabe, die alle Problemlagen heil-

I. BESTÄTIGUNG

Hervorheben konstruktiver Selbstbeschreibungen der Kunden, etwa:
- Ausnahmen und Alternativen zum Problemverhalten;
- Hinweise auf vorhandene Fähigkeiten.

Jedoch: Keine Vergabe »guter Noten«.

Das Bestätigen (bzw. Anerkennen) fördert:
- den Respekt vor den Kunden,
- die Selbstachtung der Kunden,
- ein Klima des Vertrauens,
- die Suche nach ungenutzten Alternativen.

II. AUFTRAG

Ausdrückliche Reformulierung des Auftrags.

III. REAKTIONSWEISE

Entscheidung für eine folgender Maßnahmen:
- Mehr desselben versuchen (von dem, was bisher half);
- Etwas anderes erproben (Neues, Zufälliges oder Ritual);
- Alles lassen, wie es ist (weil auf dem Wege zur Lösung);
- Verzicht auf Empfehlung (weil kein Auftrag, weil unzuständig).

IV. BOTSCHAFT

1. Art der Botschaft
   - Kommentar
   - Verschreibung (Hausaufgabe)
   - Keine Botschaft
2. Form der Botschaft
   - auftragsbezogen;
   - gesprächsbezogen;
   - angemessen »anregend«;
   - zukunftsorientiert.

Tabelle 6. Abschlußintervention.
Bestandteile und Schritte der Vorbereitung.

sam verstören soll; de Shazers »First Session Formula Task«, eine besonders wirksame Hausaufgabe, soll die Aufmerksamkeit der Klienten vom Problem ablenken. Sie lautet:

Ich möchte, daß Sie sich bis zu unserem nächsten Treffen genau beobachten und mir dann sagen, was (in Ihrem Leben, Ihrer Ehe, Ihrer Familie oder Ihrer Beziehung) so bleiben soll, wie es jetzt ist.[33]

Viele systemische Therapeuten wandten sich ab 1985, als sie ihre neue Vorliebe für dialogische Praktiken entdeckten, gegen alle Maßnahmen, die »interventionistisch« erschienen. Die bis dahin sehr anerkannte »Abschlußintervention«, die das Ergebnis der Sitzung zusammenfaßt und zu alternativem Denken und Handeln veranlaßt, geriet ins Zwielicht. Ich meine jedoch, daß man auf diese wohlerprobte Form des Empfehlens nicht verzichten und sie je nach Problemlage oder Eigenart der Kunden weiterhin neben dem »Reflektierenden Team« einsetzen sollte.

Tabelle 6 faßt die Elemente einer Abschlußintervention zusammen und gibt die Schritte wieder, wie wir sie erarbeiten. Nach der Interviewphase wird eine Pause eingelegt, und die Kunden warten in einem anderen Raum, oder man wählt die »offene Interventionsvorbereitung«: Dabei nehmen sie hinter der Einwegscheibe an der Erörterung teil. Das gewährleistet Transparenz für die Kunden und fördert die Disziplin unter den Therapeuten.

Dialog ohne Worte

Therapie ist nicht auf rein sprachliche Mittel beschränkt, sondern kann auch Körperarbeit, Rollenspiele und dramatische Inszenierungen einsetzen, zum Beispiel Familien- und Figurenskulpturen. Eine dieser letztgenannten Techniken ist das »Familienbrett«. Gegenüber den verwandten Methoden erlaubt es in der Therapie eine meistens wohltuende, »spielerische« Distanzierung und eignet sich daher besonders gut für die Therapie »ohne Worte«. Zudem setzt es in der Forschung keine übermäßige Mathematisierung der Daten voraus.[34]

Das Familienbrett ist ein *Kommunikationsmittel* – gewissermaßen eine Sprache – und dient der Metakommunikation (über Beziehungen). Es entspricht den bildhaft dargestellten Antworten des zirkulären Fragens: Familienkonstellationen können von den Beteiligten – Therapeuten und Kunden – analog zum Schach auf einem Brett variiert werden. Die Brettdarstellungen werden als spontane Beschreibungen aufgefaßt, die dann kommunikativ brauchbar sind, wenn sie koordiniertes Handeln auf der Basis nützlicher, das heißt, weiterführender Erklärungen bewirken. Das eignet sich in der Therapie besonders für Menschen, die sprachlich ungeübt sind oder sich nur schlecht mit dem Therapeuten verständigen können. Dieser kann mit eigenen Zügen intervenieren und die Kunden bitten, sich ebenfalls auf dem Brett zu äußern. Wegen ihrer bildhaften Plastizität ist diese Methode im Sinne der »doppelten Beschreibung« oft sehr hilfreich.

Die systemische Therapie schreibt kein Setting vor, sondern kann bei Familien, Paaren und Einzelklienten stationär oder ambulant angewandt werden.

Familien. Die historische Bedeutung der Familientherapie liegt vor allem darin, daß sie den Blickwinkel vom Individuum auf einen größeren sozialen Kontext erweiterte. Angesichts der Nebenfolge, Familien zu »pathologisieren«, wandten sich einige namhafte systemische Therapeuten ganz von dieser Technik ab. Meiner Ansicht nach ist sie jedoch unverzichtbar.

Familien – einschließlich moderner Formen des Zusammenlebens – bilden für die meisten Menschen das soziale Milieu, in das sie emotional am stärksten eingebunden sind. Daher bilden sich auch dort am häufigsten »Problemsysteme«, die am ehesten nur gemeinsam wieder auflösbar sind. Die systemische Familientherapie nutzt neben den bereits im vielfältigen Zusammenleben erprobten Alternativen auch das existentielle Interesse am Bestand der Familie und die wechselseitige Zuneigung. Dabei kam es jedoch zu Mißbräuchen: Der individualisierte »Problemträger« wurde auf Kosten anderer entlastet, denen man mangelnde Fürsorge oder die Ausbeutung des Problemträgers vorwarf. Dadurch wurde zwar das Gewissen mobilisiert, was zur Veränderung beitrug, aber moralisch war dieses Vorgehen kaum zu rechtfertigen.

Der Familientherapeut handelt in einem empfindlichen Milieu, darf also den internen Spannungsbogen nicht überdehnen. Der Auftrag muß sorgfältig formuliert, die Konstellation genau abgestimmt werden. Vor allem ist abzuwägen, ob Kinder oder nicht primär am Problem beteiligte Personen einbezogen werden. Zwar können jüngere Kinder sehr zur Lösung von Konflikten beitragen, da sie Dinge offen aussprechen, die Erwachsene lieber verschweigen; gerade dies kann sich aber für sie im nachhinein nachteilig auswirken.

Die Arbeit mit Familien erfolgt häufig in Form von »Beratung«. Bei Erziehungsproblemen geht es zum Beispiel darum, die vorhandenen strukturellen Möglichkeiten optimal zu nutzen. Auch »Begleitung« ist oft erforderlich, etwa bei Behinderung, chronischer Krankheit oder Altersschwäche. »Anleitung« wird meist erbeten, wenn Eltern sich ihren Erziehungsaufgaben nicht gewachsen fühlen. »Therapie« im engeren Sinne, als möglichst rasche Lösung eines leidvollen Lebensproblems, bildet bei Familien nur eine unter vielen anderen Maßnahmen.

Paare. Die Themen der »Paartherapie« – meist Beratung – sind in der

Regel Krisen des Zusammenlebens. Dabei steht das Leiden an der Beziehung (eines oder beider Partner) im Vordergrund. Der Helfer hat eine schwierige Aufgabe. Im gestörten Gleichgewicht wirkt er oft als das »Zünglein an der Waage«: Er stärkt einen der beiden Partner, ohne es zu wollen, treibt die Trennung voran oder festigt die Beziehung, indem er Konflikte auf sich zieht und durch seine bloße Anwesenheit zur »Solidarität« beiträgt. Meist wird implizit (manchmal sogar explizit) erwartet, daß er als neutraler Richter Schuld zuweist.

Besonders schwierig ist hier die Wahrung der Neutralität: Der Therapeut kommt nur schwer umhin, sich übermäßig mit seinem Geschlecht zu identifizieren und dabei vereinnahmen zu lassen, oder dieser Neigung zu widerstehen, indem er sich dem gegengeschlechtlichen Part als Stütze anbietet. Gemischte Beraterteams dienen der Balance, sofern das Problem nicht auf sie übergreift. Dann muß der Supervisor eingreifen, der aber auch kein Neutrum ist. Um die »logische Buchhaltung« zu wahren, empfiehlt es sich daher, den Auftrag möglichst präzise zu formulieren. Tabelle 7 faßt die üblichen Probleme von Paaren und die Möglichkeiten der Hilfestellung zusammen.

Eine besondere Form der Paarberatung betrifft manche Alleinerziehende mit Einzelkind. Obwohl sie eine »Teilfamilie« zu bilden scheinen, sind dabei oft alle Merkmale einer Paarkrise gegeben: Vater oder Mutter und Kind leben partnerschaftlich zusammen und geraten in Konflikt, weil sich einer von beiden bedroht fühlt und den anderen moralisch belastet. Dazu kommt es durch altersbedingte Ablösung oder wenn ein neuer Lebenspartner auftritt. In diesen Fällen gelten die Hinweise in Tabelle 7 entsprechend.

Stationäre Behandlung. Jay Haley fragte einmal provokant, warum es in psychiatrischen Kliniken keine Familientherapie geben sollte.[35] Auch wenn stationäre Patienten oft die schwierigsten sind, ist systemisches Arbeiten in der Klinik nicht nur möglich, sondern auch sinnvoll, sofern es an den jeweiligen Kontext angepaßt wird.

Hans Kowerk nannte unterschiedliche, in den stationären Kontext einbezogene Gruppen und wies auf den unvermeidlichen Zuwachs an Komplexität hin.[36] Beteiligt sind: der Patient, seine Angehörigen, die zuständigen Therapeuten, das Pflegepersonal, die Mitpatienten, andere Klinikinstanzen (Vorgesetzte, Kollegen, Verwaltung usw.) sowie außerklinische Instanzen (einweisende Behörden, Nachbarn, Freunde usw.). Angesichts dieser Vielfalt stellte Kowerk zu Recht fest, daß stationäre Therapie nicht mit ambulanter vergleichbar ist.

Stationäre Therapie im strengen systemischen Sinne gibt es auch nicht: Weder beruhen alle Maßnahmen auf einem frei vereinbarten Auftrag, noch

I. Beide Partner wollen die Beziehung.

Typ A : »Hilf uns, unsere Möglichkeiten zu nutzen!«
Hilfe : Paarberatung oder Anleitung

Typ B : »Hilf uns, unsere Lage zu ertragen!«
Hilfe : Begleitung oder Anleitung

II. Ein Partner möchte die Beziehung beenden.

Typ C : »Hilf mir, mich zu trennen!«
Hilfe : Einzeltherapie

Typ D : »Hilf ihm/ihr, die Trennung zu ertragen!«
Hilfe : i) Therapie des Hilfesuchenden (Umdeutung zu Typ C)
ii) Paarberatung (Umdeutung zu Typ A)
iii) Begleitung des »Verlassenen«

Typ E : »Hilf mir, sie/ihn zu behalten!«
Hilfe : i) Begleitung (bei fortbestehender Zuneigung)
ii) Einzeltherapie (bei Kränkung, Angst)

III. Beide Partner wollen die Trennung.

Typ F : »Hilf uns, uns zu trennen!«
Hilfe : i) Paarberatung
ii) »Paartherapie« (mit dem Problem »Trennung«)

IV. Beide Partner wissen nicht genau, was sie wollen.

Typ G : »Hilf uns irgendwie!«
Hilfe : Erarbeitung eines »Auftrags« (dies kann ausreichen)

*** Kein Fall von Paarberatung: Ein Partner leidet unter dem Leiden des anderen.

Typ : »Hilf uns, mein/sein/ihr Leiden zu beenden!«
Hilfe : Therapie mit oder ohne Einbeziehung des Partners, d. h. Therapie-mit-Paar und keine Paartherapie.

Tabelle 7. Anliegen von Paaren.

ist der zuständige Kliniker ein »Therapeut« im engeren Sinne, sondern eher ein »Manager« oder »Koordinator«. Bei ihm laufen, ganz anders als im Therapiesystem, viele Informationen über den Patienten zusammen. Er muß die Notwendigkeit des stationären Aufenthalts feststellen und nach außen hin rechtfertigen, über Beurlaubung und Entlassung befinden, parallel laufende Maßnahmen wie Gymnastik, Massagen usw. anordnen oder verweigern, die

Stationsmitarbeiter trösten und motivieren, »störende« Patienten zu ertragen, die Angehörigen beraten, Kontakt mit den einweisenden Behörden pflegen, um die Behandlung mit ihnen abzustimmen, Diagnosen und Prognosen stellen, Abschlußberichte verfassen usw. All das läßt sich mit Therapie beim besten Willen nicht vereinbaren. Versucht der Kliniker es doch, dann immer im Wissen darum, daß er aktiver »Eingeweihter« und nicht bloß »Helfer« ist.

Daraus folgt jedoch nicht, daß stationäre Behandlung systemisches Arbeiten ausschlösse. Dieses kann sogar erheblich dazu beitragen, die bestehenden Probleme zu überwinden und zu verhindern, daß sich in der Klinik neue Problemsysteme bilden. Systemisches Denken erinnert nämlich daran, daß Klinikstationen Institutionen sind, die verschiedene Subsysteme umfassen, und daß andauerndes Kommunizieren über ein gleiches Thema – hier: das Problem – dieses konsolidiert.

Schon die Aufnahme in eine Klinik kann das ursprüngliche Problem nachhaltig beeinflussen. Auch bei Menschen, die sich in der »Drehtür-Psychiatrie« verfangen haben, unterbricht die Aufnahme ein vereinsamtes Leben oder ein kompliziertes Zusammenleben und entlastet alle Beteiligten. Die Dynamik, die das Problem erhält, wird vorläufig außer Kraft gesetzt. Die Protagonisten des Problemsystems können sich ausruhen und gar »vergessen«, also frei vom Leidensdruck nach Alternativen suchen.[37] Da die Lebens- und Problemsysteme außerhalb der Klinik existieren, sind sie nur dort auflösbare, daher spielen Beurlaubungen und vor allem die Entlassung eine wichtige Rolle. Man muß also stets bedenken, daß der Aufenthalt kein Zweck an sich ist, sondern die Entlassung vorbereiten soll. In diesem Sinne hat Wilhelm Rotthaus betont, daß Kliniken – da sie stets mit verschiedenen, meistens fremden Aufträgen arbeiten, darunter die eigenen institutionellen – nur vorübergehend zuständig sind.[38]

Einzeltherapie. Die ambulante Einzeltherapie galt lange Zeit zu Unrecht als unvereinbar mit dem systemischen Ansatz. Dies ist weder rational noch empirisch begründet, da systemisches Arbeiten im Unterschied zu Individual- und Familientherapien kein spezifisches Setting vorschreibt. Zum einen suchen viele vereinsamte Menschen therapeutische Hilfe, zum anderen sind bei weitem nicht alle Kunden bereit, ihre Familie oder Angehörige in die Therapie einzubeziehen. Dabei muß jedoch beachtet werden, daß diese sehr unterschiedliche Voraussetzungen sind. Im ersten Fall geht es um eine regelrechte Einzeltherapie, im zweiten repräsentiert der Kunde ein Problemsystem, dessen übrige Mitglieder zwar nicht direkt, aber durch die Äußerungen des Kunden anwesend sind.

Beide Formen erfordern unterschiedliche Konzepte und Vorgehensweisen. Bei der Therapie mit nur einem anwesenden Mitglied des Problemsystems treffen alle Bestimmungen zu, die auch in der üblichen Therapie mit Kundensystemen gelten. Der Therapeut adressiert mit seinen Fragen, Reflexionen und Empfehlungen das gesamte System. Er kann dem Kunden vorschlagen, auf Fragen so zu antworten, wie es ein abwesendes Mitglied machen würde oder dies zum Beispiel auf dem Familienbrett darstellen lassen, er kann Hausaufgaben vergeben, die die Abwesenden einbeziehen usw.[39]

Die eigentliche systemische Einzeltherapie erfordert dagegen eine angemessene Bestimmung des Problems und darauf abgestimmte Interventionen. In Anlehnung an das Mitglied-Konzept und das Konzept des Problemsystems erscheint das Problem als eine intern geführte Kommunikation, als »Problemmonolog« oder negativ wertendes Selbstgespräch. Dieses entfaltet sich wie ein »virtuelles Problemsystem« zwischen verschiedenen »Selbsten« eines Individuums.[40] Da »Dritte« ausgeschlossen sind, kann Neues und Unerwartetes kaum einbezogen werden.

Die Arbeit des Therapeuten richtet sich demgemäß darauf, ein günstiges Klima zu fördern, in dem die Problemdynamik aktualisiert und »verstört« werden kann. Der Therapeut bietet sich als Partner an, der die Emotionen und Erwartungen des Kunden auf sich bündelt, und er macht dies zum Thema der Therapie. Die Interventionen beziehen sich also auf die einzig verfügbare Kommunikation, nämlich auf jene zwischen Therapeut und Kunde im gemeinsamen Therapiesystem. Sie zielen darauf, den Problemmonolog in einem geeigneten Dialog zu »verflüssigen«.

Diese Form der Einzeltherapie erzeugt zwei parallel laufende Systeme, und der Therapeut hat darauf zu achten, beide nicht zu vermengen: ein »virtuelles Problemsystem« und ein Therapiesystem. Durch seine doppelte Mitgliedschaft als am Problemsystem Beteiligter und als Therapeut trägt dieser dazu bei, das spezifische Spannungsfeld der Einzeltherapie zu entfalten, in dem sich die besonderen Schwierigkeiten, aber auch die Möglichkeiten dieses Verfahrens abspielen: Alle Wagnisse, die für die Verflüssigung des Problemmonologs notwendig sind, werden im Rahmen der Beziehung zwischen Kunde und Therapeut erprobt und durchlebt. Der Therapeut ist ein Beteiligter, der zugleich »mitmacht« und auf Alternativen hinweist. Dafür benötigt er jedoch außer einer ausgeprägten Flexibilität keine weiteren Techniken als die, die er in der Therapie mit sozialen Systemen anwendet. Es genügt, wenn es ihm gelingt, eine korrekte logische Buchführung einzuhalten.

Nach ersten auffangenden Gesprächen können in der Folge die Sitzungen in größeren Abständen stattfinden. Der Kunde kann in der Zwischenzeit das entfaltete Potential außerhalb der Therapie erproben und bestätigen lassen. In meinen klinischen Erfahrungen hat es sich als sinnvoll gezeigt, im vornherein Sequenzen von etwa zehn Sitzungen zu vereinbaren, die bei Bedarf um eine weitere Abfolge ergänzt werden können. Dies beugt der naturgemäßen Neigung einer Zweierbeziehung vor, sich unbegrenzt auszudehnen. Damit kann die Therapiedauer auf zehn bis zwanzig Sitzungen in einem Zeitraum von einem bis zwei Jahren beschränkt werden.

Ausbildung, Selbsterfahrung, Supervision

Abschließend möchte ich jene Maßnahmen skizzieren, die Therapeuten zu ihrer Arbeit befähigen und in der Praxis begleiten: Ausbildung, Selbsterfahrung und Supervision.

Ausbildung. Eine sinnvolle Ausbildung in systemischer Therapie sollte folgendes verbinden:

- Auseinandersetzung mit dem zugrundeliegenden systemischen Denken und Erweiterung des Reflexionshorizonts.
- Einüben von Techniken und Ausbau des Handlungsrepertoires.
- Erproben der erworbenen Fertigkeiten unter Supervision und Validierung des Gelernten.

Zu Beginn ihrer Therapieausbildung sind die Teilnehmer häufig »verstört«, weil sie mit zwei scheinbar unverbundenen Aspekten konfrontiert werden: erkenntnis- und sozialtheoretischen Grundlagen einerseits sowie praktischen Übungen in Rollenspielen und »live-Situationen« andererseits. Diese Synthese entspricht jedoch der systemischen Einsicht, daß Erkennen und Handeln eins sind. Die Schulung in systemischer Therapie soll den Therapeuten also nicht darauf vorbereiten, fertige Muster technisch versiert anzuwenden, sondern befähigen, mit Blick auf die Besonderheiten seiner Praxis selbständig zu denken. Therapeuten müssen der Vielfalt unterschiedlicher Therapiesysteme mit eigener Flexibilität begegnen und verschiedene Therapeuten »verkörpern« können. Sie haben also mehr – nämlich Vorurteile und starre Haltungen – zu »verlernen«, als Vorgegebenes zu erlernen. Was sie in der täglichen Praxis *tun* sollten, lernen sie ohnehin von selbst – an der Reaktion ihrer Kunden.

Selbsterfahrung. Die »Selbsterfahrung« wurde in der systemischen Ausbildung lange vernachlässigt, teilweise sogar verpönt. Ihr stand die Überbetonung der tiefschürfenden Selbsterkenntnis als negatives Vorbild im Wege. Jene Schulen, die angesichts der lähmenden Alternative »Sei du selbst« –

»Befolge Richtlinien!« davon ausgehen, daß persönliche Merkmale des Therapeuten heilsam oder hemmend wirken, legen besonderen Wert auf »Selbsterfahrung«: Die rituelle Auseinandersetzung des Helfers mit sich, seiner Biographie und seinem Familienhintergrund gilt dort als wichtiger Bestandteil der Ausbildung zum Therapeuten, gewissermaßen als »Initiationsritual«. Die eher technisch orientierten Schulen betrachten Selbsterfahrung dagegen meist als überflüssig.

Die systemische Schule leistet sich ein ambivalentes Verhältnis zur Selbsterfahrung: Einerseits ist sie programmatisch verpönt, andererseits integraler Bestandteil der Praxis und Ausbildung. Durch ständige, direkte Supervision im Umkreis einer Ausbildungsgruppe, sind systemische Therapeuten regelmäßig mit sich selbst – als Therapeuten – konfrontiert. Das gilt sowohl für Unterbrechungen der Sitzung, etwa durch Eingriffe von außen und kurze Beratungen, als auch für die Vor- und Nachbesprechung. Stets fließen in die Reflexionen der Beobachter Kommentare zum Handeln des Therapeuten ein, die eine »Selbsterfahrung« mit sich bringen, ob als solche deklariert oder nicht.

Was bedeutet aber »Selbsterfahrung«? Alles Erfahren ist psychischer Nachvollzug organischer Vorgänge, also nicht frei verfügbar: Es geschieht, wenn es geschieht. Erfahren kann man weder lernen noch gezielt üben, nicht einmal mitteilen, denn als mitgeteilte wird die Erfahrung zu einer Beschreibung oder Erklärung. Wie kann unter diesen Umständen eine sinnvolle Übung im »Selbsterfahren« aussehen? Sicher nicht, wie vielerorts in entsprechenden »Gruppen« – nämlich auf der Basis künstlicher Bedingungen hoher emotionaler und sozialer Spannung. Dabei neigen Menschen – allein schon wegen der Logik des Leidens – zu »Widerstand« oder »Anpassung«, und was resultiert, ist nicht »Lernen« oder »Erweiterung des menschlichen Potentials«, sondern Flucht (also Kapitulation) oder Anpassung an die Vorgaben des Veranstalters.

Das Ziel einer »systemischen Selbsterfahrung« muß dagegen sein, die Denk- und Handlungsmöglichkeiten des Therapeuten zu erweitern und gleichzeitig jene Blockaden abzubauen, die seine Flexibilität beeinträchtigen. »Systemische Selbsterfahrung« sollte also von den persönlichen Möglichkeiten ausgehen und auf die Erfordernisse der Therapeutenrolle ausgerichtet sein. Das ist am besten in der direkten Supervision erreichbar. Dabei kann aber das Gespräch mit einem Supervisor, etwa im Umkreis eines reflektierenden Teams, eine sinnvolle Ergänzung sein, sofern man sich auf konkrete Fragen des Helfens beschränkt; der Helfer erlebt sich in der Position des Kunden und lernt einzuschätzen, wie systemische Interventionen wirken.

Supervision. Supervision hat in der systemischen Therapie einen hohen Stellenwert. Sie findet statt, wenn
- ein Helfer fachliche Probleme thematisiert und
- ein anderer sich als Supervisor definiert und seine Intervention je nach Auftrag als Anleitung, Begleitung, Beratung oder Therapie versteht.

»Anleitung« (etwa im Rahmen der Aus- und Fortbildung) entspricht der Bitte: Hilf mir, meine beruflichen Möglichkeiten zu erweitern!

»Begleitung« folgt dem Wunsch: Hilf mir, mein berufliches Schicksal zu ertragen!

»Beratung« reagiert auf den Appell: Hilf mir, meine Möglichkeiten zu nutzen!

»Therapeutische Supervision« dient als Anstoß oder Hilfe, um Problemsysteme aufzulösen, die in einem Team oder mit Kunden entstanden sind und die gemeinsame Arbeit oder die Therapie blockieren.

Klinische Supervision kann drei Phasen betreffen: den therapeutischen Prozeß, die Vorbereitung oder die Nachbesprechung (zum Beispiel mit Video- oder Tonbandaufzeichnungen). Am wirksamsten ist die direkte »live-Supervision«; sie wurde durch Einführung des »Zwei-Kammer-Systems« ermöglicht: Therapie und Supervision geschehen parallel in zwei durch eine Einwegscheibe verbundenen Räumen.

Wie bei allen sozialen Systemen werden die Themen auch im Fall der Supervision mit der Zeit immer komplexer. Vor allem herrscht eine Tendenz, seitens der Kunden den ursprünglichen Auftrag zu überschreiten oder gar zu wechseln und seitens des Supervisors ganz im eigenen Auftrag zu arbeiten. Letzterer sollte also immer wieder prüfen, ob er beim Thema bleibt und den Auftrag sachgerecht erfüllt. Natürlich muß er auch flexibel genug sein, das Thema auf Wunsch seiner Kunden zu wechseln.

Resümee

Eine systemische Therapie hat folgende Phasen und Elemente:
- Definition der Mitgliedschaften.
- Bestimmung des Themas (Auftrags).
- Einladung des Therapeuten zu Kooperation und Dialog.
- Wahl des Mediums (Sprache, Spiele, Familienbrett usw.).
- Dialogisches Driften im Einklang mit den Kunden.
- Herausarbeitung angemessener Unterschiede.
- Rekapitulation der neuen Aspekte.

– Ausklang und Beendigung.

Musikalisch gewendet, ließe sich der therapeutische Prozeß als gemeinsames Improvisieren von Solisten darstellen. Einer davon – der »Profi« – wird gebeten, den ordnenden Part zu übernehmen und die schon beim Stimmen der Instrumente gehörten Ansätze in ein erstes Thema zu gießen. Die übrigen koppeln sich nach Möglichkeit an. So entstehen immer neue Variationen und Modulationen in weit entfernte Tonarten, und wenn alles gutgeht, finden die Musiker gemeinsam zu einer verbindlichen Melodie. Da tritt der Profi je nach Lage behutsam oder abrupt zurück, und er überläßt den anderen ihre Melodie. Schließlich sorgt er dafür, daß das gemeinsame Musizieren ein Ende findet.

7. Klinische Konstellationen

Im folgenden beschreibe ich drei »klinische Konstellationen«: kindliche Unruhe, jugendliche Magersucht und psychotische Krise.[41] Sie wurden hier deshalb als praktische Beispiele gewählt, weil ihre Therapie als besonders schwierig gilt und weil sie mit dazu veranlaßten, das systemische Denken in der Psychotherapie zu erproben. Mit den skizzierten Modellen strebe ich nicht an, eine neuartige Psychopathologie – etwa »der« Magersucht als Syndrom, als Typus familialer Transaktion – systemisch zu begründen. Sie richten sich vielmehr an den jeweiligen Therapeuten und sollen Modelle liefern, die ihn vom objektivistischen Ballast befreien und ihm pragmatisch die Arbeit erleichtern.

Kindliche Unruhe, jugendliche Magersucht und psychotische Krise werden nicht als »Probleme an sich« gesehen, sondern als Themen der Kommunikation. Hier abstrahiere ich von den Sozialsystemen mit der jeweiligen Problematik und suche nach Gemeinsamkeiten, die als Grundlage der Therapie dienen können. Wenn hier etwa von »der magersüchtigen Jugendlichen« die Rede ist, meine ich eine »Rolle«. Die Modelle beschreiben demnach verallgemeinerte »Programme« der Mitgliedschaft in Systemen.

Kindliche Unruhe

Mit der Industriellen Revolution unterlagen viele Kinder den neuen Zwängen der gesellschaftlichen Lern- und Arbeitssituation. Es erschien notwendig, ihre Impulsivität zu kontrollieren und primär Disziplin zu fordern. Scherten sie aus, so galten sie als unruhig oder unartig, genügten also nicht den Erfordernissen der modernen Organisation. Das Phänomen »kindliche Unruhe« entstand als soziales Problem und nährte eine »schwarze Pädagogik«, die sich im 19. Jahrhundert mit figurativen Etiketten wie »Zappelphilip«, »Kasperle« oder auch »Störenfried« hervortat.

Seit einem Vierteljahrhundert stehen unruhige Kinder im Zentrum des klinischen Interesses und der Sonderpädagogik. In den USA, wo das »Hyperaktivitätssyndrom« erfunden wurde, nahm man zunächst an, ein landesspezifisches Phänomen erfaßt zu haben. Inzwischen hat sich der Begriff aber auch in Europa, Afrika und Asien durchgesetzt. So schloß Minde 1985, daß »kindliche Hyperaktivität« keine kulturell bedingte Fehlanpassung, sondern eine allgemeine Abnormität ist.[42]

Das Syndrom Hyperaktivität. Anfangs traf die Diagnose »Hyperaktivität« nur wenige, besonders auffällige Kinder. Wie in der Psychiatrie üblich, umfaßte sie aber bald viele Störungen im Kindesalter und schien kaum noch von anderen sozial unerwünschten Verhaltensweisen unterscheidbar. Doch inspiriert durch antipsychiatrische Kritiker und Vertreter einer modernen Pädagogik entstand eine Gegenbewegung, die das Phänomen kindlicher Unruhe zu einem Mythos deklarierte:

- Diagnostisch gelang es nicht, dieses Verhaltensphänomen mit den naturwissenschaftlich konzipierten Kategorien zu fassen. Es war weder objektiv noch zuverlässig zu erfassen, so daß man die Validität der Diagnose bezweifeln mußte.
- Die Diagnose »Hyperaktivität« bezog, ähnlich wie »Schizophrenie«, nicht nur klinische, sondern viele sozial-normative Aspekte ein: Hyperaktivität wird primär bei Angehörigen der unteren Schichten festgestellt und tritt bei Jungen neunmal so häufig wie bei Mädchen auf. Außerdem ist die Diagnose kulturabhängig.[43]
- Nosologie und Ätiopathologie der kindlichen Unruhe sind bislang noch ungeklärt. In der Praxis geht man daher pragmatisch vor, und das Phänomen wird »medizinisiert« – so die Autoren von *Pillen für den Störenfried?*[44] –, »psychologisiert« oder »soziologisiert«.
- Nach groben Schätzungen soll der Anteil der Kinder im Schulalter, die durch ihr Sozialverhalten unangenehm auffallen, bei bis zu 15 Prozent liegen. Methodologisch strenge Studien ordnen jedoch nur ein bis höchstens fünf Prozent dieser Kinder der Gruppe der Hyperkinetischen zu.[45]
- Diagnostisch ist es schwierig, zwischen »rein« hyperaktiven und unkonzentrierten sowie frühkindlich hirngeschädigten und »bloß« aggressiven Kindern zu unterscheiden.[46]
- Das »endogene« Hyperaktivitätssyndrom ist kaum von »exogenen« Verhaltensstörungen abzugrenzen; die Überlappungsrate liegt bei mindestens fünfzig Prozent. »Unruhige Kinder« bilden also eine äußerst heterogene Gruppe.[47]

Hyperaktivität. Aus ihrer Arbeit mit unruhigen Kindern schlossen Henker und Whalen 1989, daß Hyperaktivität ein interaktionelles Phänomen ist.[48] Ihre Argumente:

- Hyperaktivität äußert sich immer im sozialen Bereich (Familie, Schule, Gleichaltrige), sei es im Sozialverhalten selbst oder in Sachbezügen (Aufgaben). Dabei liegt – entgegen früheren Annahmen – kein Defizit in der Informationsverarbeitung vor. Vielmehr gehen die bei diesen Kindern oft festgestellten kognitiven Defizite auf mangelhafte Selbstkontrolle zurück.[49]

– Hyperaktivität prägt unübersehbar den Kontakt zwischen dem Kind und seinen sozialen Welten. Unruhige Kinder senden unverkennbare Zeichen aus. Auch ungeübte Beobachter können etwa unter spielenden Kindern rasch die hyperaktiven ausmachen.[50]
– Die kindliche Unruhe läßt nicht in der Adoleszenz nach, sondern bleibt in irgendeinem Umfang lebenslang als soziale Kontakt- und Anpassungsschwierigkeit (»Anecken«) bestehen. Bei jugendlichen und älteren Delinquenten kann häufig eine Hyperaktivität im Kindesalter rekonstruiert werden. Meist wurden sie weder in der Kindheit noch später von »bedeutsamen Bezugspersonen« (Eltern, Verwandten, Erziehern, Gleichaltrigen, Lebenspartnern) kompensierend unterstützt.

Behandlungsansätze. Alle Schulen der Psychiatrie, Psychotherapie und Pädagogik haben Ansätze für den Umgang mit unruhigen Kindern und ihren Bezugspersonen entwickelt. Sie reichen von diätetischen und pharmakologischen Verordnungen bis zu psychotherapeutischen und sonderpädagogischen Maßnahmen:
– *Diät.* Der Verzicht auf »noxische« Stoffe in der Nahrung (Milch, Zucker, Phosphat usw.) wirkt sich nur bei wenigen unruhigen Kindern günstig auf das Verhalten aus. Der Preis ist eine streng reglementierte, entsagungsvolle und lustfeindliche Lebensführung. Eine direkt kausale Wirkung solcher Maßnahmen konnte bisher keine seriöse Studie nachweisen.[51]
– *Verhaltenstraining.* Kognitiv- und verhaltenstherapeutische Maßnahmen haben vor allem das schulische Verhalten unruhiger Kinder bessern können, ebenso gezielte Programme der Konzentrationsförderung.[52]
– *Sonderpädagogik.* Sonderpädagogische, ergotherapeutische und ähnliche Maßnahmen stärken – meist in der Schule eingesetzt – sozialverträgliche Verhaltensweisen und bauen das negative Selbstbild unruhiger Kinder ab, die oft unter Feindseligkeit zu leiden haben.[53]
– *Psychotherapie.* Die Effizienz psychotherapeutischer Maßnahmen ist ebensowenig erwiesen wie der Wert von Milieutherapien, die alle »ursächlichen« Faktoren in der Psyche oder der sozialen Umwelt ansiedeln.[54]
– *Psychopharmaka.* Am weitaus häufigsten werden unruhige Kinder mit Psychopharmaka aller Art »behandelt«. Viele Ärzte bevorzugen aus pragmatischen Gründen die »medikamentöse Einstellung« mit paradox wirkenden Psychostimulantia wie Ritalin, deren genaue biochemische Wirkung unbekannt ist. Diese Behandlung verzeichnet zwar Erfolge bei »Respondern« – Beruhigung – und trägt zu einer Veränderung der Bedeutung bei, die Erwachsene der Unruhe zumessen, sie kann aber naturgemäß nicht zum Aufbau alternativer Verhaltensweisen führen und kann zudem

Abhängigkeit hervorrufen. Daher sollte sie immer nur im Rahmen einer mehrdimensional angelegten Behandlung angewandt werden.[55]

- *Familientherapie.* Effizienzstudien für die familientherapeutische Behandlung von kindlicher Unruhe liegen noch nicht vor, obwohl dieser Ansatz in Kinderpsychiatrien, Erziehungsberatungsstellen und schulpsychologischen Diensten häufig angewandt wird. Kilian berichtete jüngst von guten Ergebnissen bei Interventionen nach Art des Mailänder Teams.[56] Auch wenn das eine familiale Ätiologie nahelegte, wüßten wir nicht, ob die beobachteten Konstellationen Ursache oder Folge der Hyperaktivität sind.

Fallbeispiele. Als Vorbereitung meiner Hinweise zum hilfreichen Umgang mit »unruhigen« Kindern und ihrem sozialen Kontext möchte ich zwei sehr unterschiedliche Fälle skizzieren (vgl. Anhang 1). Im ersten beschreibt sich die Mutter als überlastet und emotional erschöpft. Ihr Mann zeige keine partnerschaftliche Solidarität und mache ihr auch noch Vorwürfe, statt sie zu unterstützen: Das Kind schließt gewissermaßen die Lücke zwischen den Eltern und wird so pathologisiert. Im zweiten Fall sind beide Eltern kooperativ. Das Kind wird angenommen und unterstützt, nicht pathologisiert. Die Hyperaktivität der Kinder scheint zwar in beiden Fällen fest zum familialen Selbstverständnis zu gehören und entspricht genau den jeweiligen Besonderheiten, hat aber sehr unterschiedliche Folgen.

Ausgangslage. Rein hypothetisch könnte gelten: Alle Kinder kommen mit der gleichen biologischen Ausstattung (Anatomie, Morphologie, Physiologie, besonders des Zentralnervensystems) zur Welt; alle bestehen die heiklen Phasen der Kindheit gleich erfolgreich; alle sind gleichermaßen fähig, der gesellschaftlichen Forderung nach Wohlverhalten zu genügen. Akzeptierte man doch, daß es Kinder gibt, die unruhiger als andere sind, könnte darüber hinaus gelten: Alle Eltern sind gleichermaßen willens und fähig, ihre unruhigen Kinder günstig zu beeinflussen und einander in der Erziehung zu unterstützen; alle außerfamiliären Bezugspersonen (etwa Lehrer) unruhiger Kinder können psychisch oder situativ gleich liebevoll und geduldig mit diesen umgehen; alle Ärzte, Therapeuten, Berater usw. verfügen über geeignete Methoden, unruhigen Kindern zu helfen.

Ebenfalls rein hypothetisch sind folgende Gegenaussagen, die davon ausgehen, daß es Kinder gibt, die konstitutionell unruhiger als andere sind: Alle als unruhig geltenden Kinder haben biologische Mängel, oder sie sind »milieugeschädigt«. Die Eltern unruhiger Kinder verursachen deren Unruhe, da sie unfähig, nicht gewillt oder nicht in der Lage sind, einander in der Erziehung zu unterstützen; die außerfamiliären Bezugspersonen der unruhigen Kinder gehen nicht förderlich mit diesen um; Ärzte oder Therapeuten müssen bei der Behandlung unruhiger Kinder scheitern, weil sie keine geeigneten Methoden haben. Rein hypothetisch ist also auch der »Lösungsvorschlag«: Kinder, die normative Erwartungen der Erwachsenenwelt nicht erfüllen, sind auszusondern oder zu »medizinisieren«.

Folgerungen. Aus diesen widersprüchlichen Hypothesen möchte ich zunächst jener zustimmen, daß es unruhige Kinder gibt. Diese Sicht akzeptiert zunächst die Not dieser Kinder und ihrer Eltern als berechtigt und läßt folgende Erklärungsansätze formulieren:

- Kindliche Unruhe ist ein Phänomen der Interaktion und läßt sich nicht monokausal erklären.
- Unruhige Kinder koppeln sich strukturell den Möglichkeiten ihrer Umwelt an und gestalten dabei ihre Unruhe spezifisch aus.
- Eine differentielle Diagnostik, die kindliche Unruhe auf wenige Variablen beschränkt, ist praktisch irrelevant. Daher muß eine differentielle, »kausal« orientierte Therapie scheitern.
- Einseitige Schuldzuweisungen an das Kind, die Eltern oder die Lehrer sind nicht nur verfehlt, sondern mindern auch die Chancen, angemessen mit dem Phänomen umzugehen.
- Kindliche Unruhe kann kein reines »Familienproblem« sein, da sie meist nicht in der Familie auffällt. »Entdeckt« wird die Unruhe häufig erst, wenn das Kind in die außerfamiliale Erwachsenenwelt eintritt. Hier begegnen die Menschen dem Kind nicht mit primärer Liebe, so daß sie sich eher gestört fühlen. Die Eltern hingegen lieben ihr Kind – oder haben sich zumindest an dessen Verhalten gewöhnt.

Ein Teufelskreis. Die Erwachsenenwelt (Hort, Schule, Vereine usw.) stellt Erwartungen, denen unruhige Kinder oft nicht gewachsen sind – das erzeugt, wie Henker und Whalen knapp formulieren: »trouble«. Ein Teufelskreis droht. Die meist hilf- und fassungslosen Eltern suchen nach Erklärungen; sie deuten oft das störende Verhalten als unerzogen, boshaft, widerspenstig oder »krankhaft« und reagieren entsprechend. Die Kinder fühlen sich angegriffen und steigern ihr auffälliges Verhalten. Der Kreis schließt sich, wenn das hyperaktive Verhalten auch noch institutionell »paßt«. Dann füllt das Verhalten des unruhigen Kindes sozusagen die »Lücken« der betreffenden Systeme und wird zur Pauschalerklärung für alle geläufigen Interaktionsprobleme.

Die archetypische Rolle des »Sündenbocks« findet ihren – allzu passenden – Träger, und die betreffenden Kinder werden pathologisiert, gehänselt, gemieden oder gar offen ausgegrenzt. Meist reagieren sie ebenso hilf- und fassungslos wie ihre Umwelt: Sie haben sich selbst ja nie anders erlebt und daher kein »Störungsbewußtsein« entwickelt. So fühlen sie sich grundlos isoliert und schuldig, werden immer unruhiger, zügelloser und verwirrter und geraten schließlich auf den Weg zum aggressiven, ja destruktiven Verhalten.

Wird der Teufelskreis von Unruhe und Ablehnung nicht durchbrochen, bleiben diese Kinder in ihrer Entwicklung gehemmt und geraten in die Position sozialer Außenseiter. Minde berichtet, daß der beim Schuleintritt gemessene Intelligenzquotient unruhiger Kinder schon bis zur 6. Klasse erheblich sinkt.[57] Ihr Selbstbild wird zunehmend negativer, und sie leben stets in dem Gefühl, es niemandem recht machen zu können. Daraus resultieren Lernschwierigkeiten, soziale Isolation und Trotz.

Das Kind und seine Umwelt erklären sich den Konflikt meist durch Schuldzuweisungen. Dem ständigen Vorwurf: »Du bist böse!« steht die resignative Reaktion: »Ihr liebt mich nicht!« gegenüber. Unruhige Kinder können aber sehr freundlich, zugewandt und liebevoll sein – wenn man sie läßt. Analog zu Paul Dells These zur »Schizophrenie« könnte man auch bei der Hyperaktivität von einer »epistemischen Konfusion« sprechen.[58]

Henker und Whalen haben jedoch gezeigt, daß unruhige Kinder mit zuverlässigen, selbstbewußten Eltern, die sie angemessen fördern und vor der Außenwelt beschützen, die negativen Konsequenzen ihrer Unruhe teilweise kompensieren können. Übernehmen die Eltern jedoch aus Unsicherheit die negativen Urteile Dritter, tragen sie mit zur Pathologisierung ihrer Kinder bei.[59]

Hilfestellung. Manche Kinder sind lebhafter als andere, manche sogar in erheblichem Maße. Aber nicht die Unruhe selbst ist das Problem, sondern eine Kommunikation, die sie zum Dauerthema eines Problemsystems macht. Angemessene Hilfe muß daher von den Bedingungen dieser Kommunikation ausgehen und folgende Aspekte berücksichtigen:

– Eltern, die ihr Kind als unruhig beschreiben und etwas dagegen unternehmen möchten, haben immer recht, ebenso Lehrer, Erzieher und andere Bezugspersonen. Wer ihre Einschätzung in Frage stellt und die Hyperaktivität als Mythos »entlarvt« oder erklärt, sie sei ein bloßes Interaktionsproblem, verbleibt damit im Teufelskreis der »epistemischen Konfusion«. Am Beginn der Behandlung sollten also beruhigende Maßnahmen stehen, zum Beispiel eine ausführliche Anamnese und eine neuropädiatrische Diagnostik. Das wird von den Familien oft als Zeichen von Wissen, Erfahrung und Kompetenz des Helfers bewertet und sorgt daher für Vertrauensbildung. Dieser selbst verschafft sich dadurch ein klares Bild und kann, befreit von eigenen Zweifeln, seine Therapie beginnen.

– Die »feindiagnostische« Unterscheidung, ob das Kind »tatsächlich« hyperkinetisch, gar hirngeschädigt oder bloß »böse« und aggressiv ist, tauscht eine zweifelhafte Gewißheit gegen Strapazen und die Gefahr ein, den Teufelskreis endgültig zu schließen. Weitaus relevanter ist eine »Förderdiagnostik«, die Ressourcen und Möglichkeiten für einen »verwindenden« oder zumindest erleichterten Umgang mit dem Problem sucht. Meist setzt die klinische Hilfe an der Nahtstelle mehrerer sozialer Systeme an und sollte daher die Beteiligten zur Kooperation bewegen. Wenn die Klagen aus Kindergarten, Schule oder Nachbarschaft kommen, empfiehlt es sich oft, diese außerfamilialen Instanzen einzubeziehen. Bei der Beratung der Familie mit Blick auf den Umgang mit der Außenwelt empfiehlt es sich, die Erwachsenen zu motivieren, als »Botschafter« des Kindes für Wohlwollen und Verständnis zu sorgen. Daraus resultieren meist »kleine« Veränderungen, die große Wirkung zeigen können.
– Der Verzicht auf »medizinische« Pathologisierung, die das Kind zum einsamen Helden seines Dramas macht, kann sich günstig auf parallele Fördermaßnahmen wie motorisches und Aufmerksamkeitstraining auswirken. Kein theoretischer Ansatz kann mehr als eine der vielen Facetten kindlicher Unruhe erklären. Sie ist ein komplexes, heterogenes Phänomen der Interaktion, das sich nicht durch kausale Eingriffe in psychische, somatische, familiale, schulische oder diätetische Faktoren beseitigen läßt.[60]
– Helfer, die ihre Ziele im Alleingang festlegen, fallen oft ihren guten Absichten zum Opfer. Sie mißachten nicht nur die Autonomie ihrer Kunden, sondern provozieren auch »Widerstand«. Niemand kann voraussagen, zu welchen Veränderungen unruhige Kinder, ihre Eltern oder Lehrer bereit und fähig sind, so daß man mit Prognosen, Zielen und Potentialen sehr offen umgehen sollte.

Jugendliche Magersucht

Die Nahrungsverweigerung in der Adoleszenz wird traditionell sowohl bezüglich ihrer Entstehung als auch bezüglich ihrer Therapie an der Problematik Bindung/Ablösung thematisiert. Dieses Verständnis der Magersucht hat jedoch in der Praxis zu Komplikationen geführt, die einer rasch wirkenden Therapie hinderlich sind und oft sogar einer Chronifizierung unwillkürlich

Vorschub leisten. Ich nehme daher eine »Umdeutung« vor, die dieses Phänomen als »Liebesproblem« erscheinen läßt und Komplikationen vorbeugen hilft. Dabei gehe ich – getreu der Programmatik dieses Buches – von Konzepten aus, die in den Kapiteln 3 und 4 erörtert wurden, und verbinde sie zu einem praktikablen Ansatz. Es handelt sich um das Maturanasche Konzept der Emotion als einer biologischen Handlungsbereitschaft, vor allem um das Konzept der Liebe, sowie um die Luhmannschen Konzepte von Kommunikation und Sozialisation. Sie dienen mir als Grundlage der Differenzierung von „Lieben" und „Liebe", die ich für die Erklärung von zentralen entwicklungs- und sozialpsychologischen Aspekten der Magersucht heranziehe und die eigentlich die Voraussetzung für mein Verständnis dieses »Lebensproblems« ist.

Dieses Verständnis beruht auf den Erkenntnissen so vieler Disziplinen (u. a. Philosophie, Anthropologie, Soziologie und Psychologie) und bezieht so verschiedenartige Aspekte ein (u. a. Liebe, Sozialisation, Individuation, Anorexie), daß deren ausdrückliche Diskussion den Umfang eines ganzen Buches beanspruchen würde. Deshalb verzichte ich hier auf theoretische Ableitungen, detaillierte Beschreibungen und die Nennung der einzelnen Quellen und beschränke mich darauf, die Grundzüge eines Ansatzes zu skizzieren, der den therapeutischen Umgang mit jugendlichen Magersüchtigen erleichtern soll. Dieser Ansatz ist zwar seinem theoretischen Anspruch nach in sich und mit den Erkenntnissen der Forschung kohärent, er ist aber nicht als neues theoretisches Modell der Magersucht angelegt. Durch die Wahl eines alternativen Blickwinkels soll vielmehr dem Therapeuten geholfen werden, zu den Magersüchtigen und ihren Familienangehörigen eine Haltung einzunehmen, die dazu beiträgt, die in der Praxis üblichen Hindernisse zu vermeiden. Im folgenden beschränke ich mich bewußt auf die Magersucht in der Adoleszenz; andere klinische Zustände, die Nahrungsverweigerung als Begleitphänomen zeigen, etwa Depressionen, werden also nicht einbezogen.[61]

Lieben und Liebe. Ganz in Einklang mit Maturana betrachte ich die Liebe als Basis jeder Sozialisation, setze mich aber von seiner Auffassung ab, derzufolge die Liebe als undifferenzierte biologische Disposition betrachtet wird. Ich unterscheide vielmehr im folgenden zwei Aspekte der Liebe: Liebe als individuelle Emotion und Liebe als sozialer Prozeß. Wenn ich von Liebe als einer individuellen Emotion spreche, bezeichne ich das als LIEBEN; es schließt alle Formen emotionaler Zuwendung ein, ganz gleich ob es sich um wohlwollendes Interesse oder Verliebtsein, um milde oder leidenschaftliche Zuneigung handelt. LIEBEN bezeichnet also ein vom Individuum ausgehendes, primär biologisch begründetes Bezogensein auf andere, also eine

Emotion, die zu Handlungen im Bereich sozialer Interaktionen disponiert. Den Begriff LIEBE reserviere ich hingegen für das konkrete Phänomen Liebe, also für die Bezeichnung einer konkreten Liebesbeziehung, die Interaktion *und* Gegenseitigkeit voraussetzt. LIEBE bezeichnet also ein soziales Phänomen, das die Koordinierung des Liebens zwischen Individuen voraussetzt.

These 1. LIEBEN ist eine in der Natur des Menschen angelegte Emotion, also ein Potential oder eine Bereitschaft, auf andere bezogen zu empfinden und danach zu handeln.

Lieben ist ein spontanes, unverzichtbares, nicht erlernbares und nicht strategisches Bezogensein auf andere, das soziales Handeln und damit alle menschlichen Bindungen und Lebensweisen prägt; es steht an der Basis der Sozialisation. Für den einzelnen Menschen stellt sich Lieben als ein primäres, unerklärbares, lebenswichtiges Grundgefühl dar. Obwohl Lieben sich nur im individuellen Erfahrungsbereich abspielt, zu dem wir – wie in Kapitel 3 erläutert – keinen direkten Zugang haben, kennen wir es doch aus dem eigenen Erleben, und wir verwenden es hier als Konzept, um das Zustandekommen menschlicher Bindung zu erklären. Dabei nehmen wir an, daß Lieben kein bloßes psychisches Bedürfnis darstellt, das befriedigt werden kann oder nicht, sondern eine unverzichtbare biologische Disposition ist, die gelebt werden muß: Geschähe das nicht, gäbe es keine Sozialisation, also keine Menschwerdung. Dazu ist aber die Anwesenheit oder zumindest die Erreichbarkeit eines anderen erforderlich; erst dann erfährt das Liebespotential eine Zielrichtung und kann sich realisieren. Dabei spielt die Eigenart des anderen zunächst keine Rolle; der andere ist bloß notwendiges Medium, das die Erfahrung des Liebens ermöglicht. (Beim Säugling zum Beispiel reicht eine geringfügig mit menschlichen Zügen ausgestattete Attrappe, um ein Verhalten auszulösen – Lächeln –, das als emotionale Zuwendung imponiert.) Als primäres, diffuses Bezogensein auf andere tritt Lieben stets in gleicher Modalität auf, ob bei Säuglingen, Kindern oder Erwachsenen; sie alle verlangen nach der Anwesenheit des anderen, um lieben zu können und ihr Lieben in Handeln umzusetzen.

These 2. LIEBE ist sozialisiertes Lieben und beruht auf der Koordinierung des liebenden Potentials zwischen Menschen.

Die Sozialisation erfordert, daß das Kind lernt, auf der Basis seiner biologisch angelegten Bereitschaft zum Lieben die Besonderheiten des anderen und der gemeinsamen Interaktion zu beachten. In entwicklungspsychologischer Sicht bedeutet Menschwerdung die Ausbildung der Fähigkeit, die eigene und die Individualität des anderen zu erkennen und zu achten; erst dadurch können Beziehungen und Gemeinschaften entstehen, die von den Beteiligten als menschlich erlebt werden. Dabei kann die Eigenheit des anderen sehr unterschiedlich erfahren werden, was die entstehenden Bindungen vielfältig prägen kann. Erfahrungen, die ein Kind mit seinen Bezugspersonen in diesem Spannungsfeld macht, ob sie frustrierend bis befriedigend sind, prägen seine ersten Bindungsmuster. Darauf bauen alle späteren auf, und darauf wird in Zeiten der Not spontan zurückgegriffen. In diesem Prozeß können alle Grenzen, Launen, Beschäftigungen und Eigenheiten des anderen als Verhinderung des Liebens erlebt werden und dazu führen, daß das Kind darauf mit hilflosem Protest reagiert. Die Formen dieses Protestes können sich vom Beharren auf der Verfügbarkeit des anderen über das Zurückhalten des Liebens bis hin zur apathischen Resignation erstrecken. Im Verlauf seiner Auseinandersetzung mit den »Hindernissen«, die für das Kind aus der Autonomie, also der Undurchschaubarkeit und Unberechenbarkeit der anderen erwachsen, bildet es allmählich seine individuelle Art heraus, diese Hindernisse zu bewältigen, damit effektiv umzugehen und stabile Bindungen aufzubauen. Das Kind lernt, sein Lieben mit den Möglichkeiten seiner sozialen Umgebung zu koordinieren. Im Sinne der Luhmannschen Sinndimensionen lernt es zu differenzieren, also in der Sachdimension passende Themen zu wählen, in der Zeitdimension eine passende Zeitperspektive anzulegen – etwa beim Warten – und in der Sozialdimension den anderen als Alter Ego zu konstituieren.

Damit aus dem primären Lieben, das nach der Anwesenheit des anderen verlangt, Liebe erwachsen kann, müssen Formen des Miteinanders gefunden werden, die Distanzierung und vorübergehende Trennung ohne unerträgliche Verlustgefühle gestatten, also die Bildung von Vertrauen fördern. Erst dann eröffnet sich die Möglichkeit *gegenseitigen Liebens* auf der Basis von Akzeptanz und Respekt und somit der »bezogenen Individuation«. Der andere wird im eigenen Erfahrungsbereich als autonom und doch verläßlich hervorgebracht, die Beziehung kann jene Flexibilität und Offenheit entfalten, die ein befriedigendes Miteinander ermöglicht. Erst jetzt kann von LIEBE die Rede sein, jenem sozialen Phänomen, das aus gegenseitiger Akzeptanz und dem koordinierten Lieben autonomer Menschen entspringt.

Gegenüber dem Lieben als subjektivem, »ungebremstem« Bezogensein, das den anderen zum Medium macht und seine Eigenheit übergeht, ist Liebe unmittelbar auf die Individualität des anderen ausgerichtet. Da sich aber Liebe im Spannungsfeld zwischen füreinander undurchsichtigen und unberechenbaren Individuen abspielt, birgt sie prinzipiell alle Ungewißheiten, die dem Miteinander autonomer Wesen eigen und unvermeidbar sind: Liebe ist und bleibt ein offenes und daher leicht verstörbares Geschehen. Könnte dies grundsätzlich ausgeschlossen werden, müßte die Liebe erstarren, und das Lieben liefe Gefahr, in Kontrolltendenzen oder in eine »Sucht nach dem anderen« auszuarten. Daraus könnten vielfältige Probleme erwachsen, unter anderem die »Magersucht«.

Entwicklungspsychologische Relevanz. Betrachtet man die Sozialisation unter dem Aspekt der Differenz Lieben/Liebe, und verwendet man diese Differenz, um die Entstehung menschlicher Grundhaltungen zu erklären, so spielen sich die Möglichkeiten des Liebens zwischen den Polen Respekt/Mißachtung und Vertrauen/Mißtrauen ab:

Respekt: das »Sehen« (und Akzeptieren) des Selbst und des anderen als autonome Wesen;

Vertrauen: die »Gewißheit«, vom anderen als autonomes Wesen »gesehen« (respektiert) zu werden.

Mißachtung: das Streben nach Kontrolle und Unterjochung, bis zur Vernichtung (Negation, Trivialisierung oder Heteronomisierung) des Selbst und des anderen, um Bindung zu erzwingen oder Leiden unter Verzicht zu vermeiden;

Mißtrauen: Ungewißheit, ob mit der Achtung des anderen zu rechnen ist; dies löst Kontrollverhalten aus und blockiert die Liebe.

Die menschliche Entwicklung hängt davon ab, wie vielfältig die Modalitäten des Miteinander erfahren werden. Eine krasse Einseitigkeit in Umgang mit anderen über eine längere Zeit hinweg ist jedoch unwahrscheinlich und auf Dauer kaum aufrechtzuerhalten. In der Familie zum Beispiel sorgt die erweiterte soziale Umgebung für Zwischentöne: Verwandte, Nachbarn, Betreuer, Lehrer und Freunde bieten Alternativen und erweitern die Möglichkeiten und das Verhaltensrepertoire der Betroffenen. Insofern erfährt sich jeder Mensch irgendwann als Liebender im Kontext einer Liebesbeziehung. Daran kann eine Therapie anknüpfen, die alternative Ressourcen, Erfahrungen und Interaktionspotentiale der Klienten zu nutzen versucht.

Elemente der Magersucht. In Familien mit Magersucht herrscht meist Harmonie; die Frustrationen des Liebens bleiben gering. Da Trennungen oder vorübergehend distanzierende Auseinandersetzungen selten stattfinden, wird die Autonomie des anderen selten erlebt. Daher kommt es in aller Regel weder beim Kind noch bei dem das Sozialisationsgeschehen bestimmenden Elternteil, meistens der Mutter, bezüglich des anderen zum Aufbau eines unabhängigen, stabilen Du. Dies spielt während der Kindheit oder in

Fällen, in denen Individuation nicht gefordert wird, keine nennenswerte Rolle. In den Familien von Magersüchtigen aber wirkt sich in der Beziehung eines Kindes (meistens einer Tochter) zu einem Elternteil (meistens der Mutter) ab Beginn der Pubertät die geringe Erfahrung im Überstehen von Trennungen und das Fehlen einer differenzierten Ich-Du-Matrix erschwerend auf den Individuationsprozeß aus; dieser wird als existentielle Bedrohung erlebt und durch Verstärkung des Liebens abgewehrt.

Vor diesem Hintergrund lassen sich Entstehung und Therapie der jugendlichen Magersucht neu verstehen. In diesem alternativen Betrachtungskontext erscheint die Entstehung dieses Lebensproblems als Bereitschaft, die eigene Entwicklung zu opfern, um Schaden vom geliebten anderen abzuwenden. Für die Therapie ergibt sich daraus, daß sie ein Klima schaffen muß, in dem innerhalb eines geschützten Rahmens Individuierung und in der Folge die Rückkehr zu befriedigenden Liebesbeziehungen erprobt werden kann. Da im hier gewählten Betrachtungskontext die Magersucht als »Liebesproblem« erscheint, kann der Therapeut solche bisherigen Annahmen abschütteln, die den Magersüchtigen egoistische, machtgierige, aggressive oder regressive Tendenzen unterstellen oder als bloßes Opfer ihrer Erziehung bzw. ihrer familialen Bedingungen betrachten. Im Hinblick auf das Grundthema »Trennung« erscheint die Magersucht vielmehr als eine aus verzweifeltem Lieben entstandene »Sucht nach dem anderen«. Sie erwächst aus der Ungewißheit, ob der geliebte andere autonom ist und eigenständig leben kann. Das Besondere an dieser Sucht liegt also nicht darin, daß der süchtige Mensch ohne das Suchtmittel – Bezugsperson – nicht leben könnte, sondern umgekehrt in der Unentscheidbarkeit, ob der geliebte andere ohne den Süchtigen leben kann.

Beobachtungen.

- Mädchen, die magersüchtig werden, entwickeln dieses Verhalten meist im Zusammenhang mit einer phantasierten, erwarteten, geforderten, drohenden oder vollzogenen Trennung im familialen oder sonstigen Lebensmilieu (Auszug von Geschwistern, Tod eines nahen Verwandten, Ehekrise der Eltern mit drohendem Auszug eines Elternteils, ein Krankenhausaufenthalt, eine längere Reise usw.).
- Die betreffenden Familien beschreiben ihren Zusammenhalt in der Regel als besonders stark, harmonisch und liebevoll, was auch von Außenstehenden bestätigt wird.
- Schon vor Beginn der Magersucht leben diese Familien sehr zurückgezogen und sozial isoliert; durch die Magersucht verstärkt sich ihr innerer Zusammenhalt noch.

- Zumindest einige Mitglieder dieser Familien sind ungewöhnlich stark aneinander gebunden; sie fühlen gleich, denken gleich, haben die gleichen Bedürfnisse usw.
- Die Differenz von Ich und Du ist wenig ausgeprägt, das Wir-Gefühl dementsprechend diffus. Abgrenzungen werden gemieden. Vor allem soll der andere vor Leiden bewahrt bleiben. Streit und anschließende Versöhnung sind selten; es dominieren Harmonie und Eintracht.
- Bei einer bevorstehenden oder vollzogenen Trennung kommt es zur Krise, weil niemand weiß, welche Folgen die Trennung haben wird. Das magersüchtige Mädchen fürchtet um das Leben des geliebten anderen. Alle Beteiligten leiden unter lähmenden Schuldgefühlen.
- Mit dem Ausbruch der Magersucht kreisen alle Gedanken der Familie nur noch um das Thema »Essen oder Nicht-Essen«. Alles andere tritt in den Hintergrund. Das Familienleben stabilisiert sich neu um dieses Problem, das noch bedrohlicher ist als das alte. Die Magersucht wird zum Zentrum eines »Problemsystems« und damit eines rituellen »Polymonologs«. Intern erleben sich die Familienmitglieder ganz als Opfer einer unbegreiflichen Krankheit, eines Schicksalschlags, der sie überrascht und verwirrt.
- Fremde Hilfe, die den Kontext der eindimensionalen Kommunikation erweitern könnte, wird meist nicht aufgesucht. Erst wenn Dritte sozialen Druck ausüben, weil ein lebensbedrohliches Gewicht fast schon unterschritten ist, schaltet man Helfer ein. Dabei sind familientherapeutische Maßnahmen meist willkommen.
- Maßnahmen wie drastische Eingriffe in den Lebensablauf des Mädchens bzw. in die Familienstruktur oder Zwangsernährung bringen oft Besserung, können aber auch bulimische Verläufe herbeiführen; weitere therapeutische Bemühungen werden danach meist abgelehnt.

Auf dem Weg zur Magersucht.
- Die oft beiläufig (zum Beispiel durch eine Magen-Darm-Erkrankung) entstandene Unlust zu essen wird in den betreffenden Familien zu einer Strategie, die Gefahren der Trennung zu bannen: Eltern und Kind stellen ihre undifferenzierte, enge Bindung wieder her.
- Beim Kind mildert die Rückkehr zur primären Bindung starke Schuldgefühle. Die liebenden Eltern wollen dagegen alles tun, um das Kind zu beschützen und zu trösten. Sie stellen ihre sonstigen Interessen zurück und fördern ungewollt die Magersucht, indem sie sich ganz darauf konzentrieren.

- In späteren Phasen der Magersucht treten häufig Aggressionen auf: gegenseitige Anklagen, Wutausbrüche, Abwertung, Streitigkeiten bis zur versuchten Ablösung (etwa durch Auszug). Sie sind das Korrelat einer starken Bindung und daher nicht auf Familien mit Magersucht beschränkt. Typisch für diese Familien ist vielmehr ihre Neigung, danach rasch wieder in eine unvermindert enge Bindung zurückzukehren.
- In einigen dieser Familien wird die Magersucht durch Muster der elterlichen Beziehung gefördert. Der Vater kann nicht helfen, weil er am Rande steht und aus der Mutter-Kind-Matrix ausgeschlossen bleibt, oder er ist seiner Frau so ergeben, daß er weder dem Kind beistehen noch die Mutter entlasten kann; Mutter und Kind bleiben ineinander verschränkt.

Irrwege der Therapie. Die Erfahrung zeigt, daß viele Therapien an folgenden Vorurteilen des Therapeuten scheitern:

- Magersüchtige wollen Macht über ihre Eltern ausüben, oder diese unterdrücken das Kind und hemmen sein Wachstum.
  Hier wird die Sorge um den geliebten Menschen mit Machtstreben verwechselt. Wer als Therapeut von dieser Prämisse ausgeht, muß gegen die Familie ankämpfen, sie erniedrigen und hintergehen. Das mag »förderliche« Frustrationen auslösen, die für Abgrenzung und Stärkung der persönlichen Identität sorgen; gewiß ist es aber nicht das respektvollste Verfahren.
- Die elterliche Ehe liegt im argen; Magersüchtige fixieren sich nur deshalb so intensiv auf einen Elternteil, weil dieser in der Ehe keinen Halt und keine Liebe findet, so daß alle Gefühle auf das Kind bezogen werden.
  Diese Voranname verführt den Therapeuten leicht dazu, das Kind gegen die Eltern einzunehmen oder die Ehe der Eltern »reparieren« zu wollen. Daran scheitern viele Therapien, weil sich Kind und Eltern mißverstanden fühlen.
- Die Familie ist in sich »verstrickt«, überfürsorglich, starr und konfliktscheu.
  Diese Beschreibungen stammen von einem außenstehenden Beobachter, der die engen Bindungen in der Familie nach gesellschaftlichen Normen deutet und bewertet. Es muß also kein Anlaß bestehen, diese Bindungen in der Therapie zu durchbrechen.
- Magersüchtige sind regrediert, narzißtisch oder »frühkindlich« gestört.
  Danach wären alle Liebenden narzißtisch »gestört« oder regrediert; man hätte übersehen, daß Lieben immer in gleicher Modalität und nie vernunftgeleitet vorkommt. Demgegenüber ist festzustellen, daß die Mitglie-

der von Familien mit Magersucht außerhalb der Eltern-Kind-Beziehung durchaus reife, gesellschaftlich erfolgreiche Menschen sein können. Ihnen Defekte zu unterstellen ist weder gerechtfertigt noch sinnvoll.

– Die Liebe in Familien mit Magersucht ist unecht, basiert auf der Abwehr aggressiver Impulse.
  Gegenüber dieser Annahme empfiehlt es sich zu überdenken: Welches Lieben ist echter als jenes, welches den Verzicht auf Lebenserfüllung in Kauf nimmt und gar zuweilen zum Tod führt?

Folgen der Vorurteile.

– Therapeuten, die differentiell Schuld zuschreiben und einer Seite beitreten, verkennen die Liebe in der Familie und nähren ungewollt die Angst der Beteiligten vor Trennung und Schuldgefühlen. Daher verstricken sie sich oft selbst mit diesen Familien.
– Wer Begleitumstände der Magersucht – Abwehr der weiblichen Rolle, Eßphobie, Geschwisterrivalität, Koalitionen oder »Verführungen« seitens des Vaters – ins Zentrum der Therapie stellt, verkennt den Gesamtzusammenhang der durch Liebe und Fürsorge geprägten Familien und verfehlt daher oft das Hauptproblem.
– Werden Eltern und Kind aufgrund normativer Grundannahmen über die Struktur »gesunder« Familien getrennt oder deutet man Sucht als hilflose Abhängigkeit und ergreift Maßnahmen wie Isolation oder Zwangsernährung, kann dies – pragmatisch gesehen– sehr erfolgreich sein. Der praktische Erfolg beweist aber nur, daß die Angst vor der Trennung durch die erzwungene Trennung selbst zunächst ihre Basis verliert. Außerdem vermitteln solche krassen Maßnahmen – neben der körperlichen Wirkung – die neue Erfahrung, »Verrat«, Distanz und Trennung irgendwie auszuhalten. Es fragt sich aber, ob der dabei zu zahlende menschliche Preis gerechtfertigt ist.
– Sofern sich Therapeuten primär an Konzepten wie narzißtischer oder frühkindlicher Störung, »goldenem Käfig« usw. orientieren, bieten sie sich den Mädchen implizit als »befreiende« Alternative an. Das Problem dieser Lösung tritt meist erst zutage, wenn die Therapie beendet werden soll.
– In der Kinder- und Jugendpsychiatrie wird Magersucht bevorzugt stationär behandelt, was oft lange Klinikaufenthalte zur Folge hat. Die erzwungene Trennung dient auch hier der Einsicht, daß Distanz nicht zerstören muß; oft binden sich die Magersüchtigen aber sehr intensiv an das Pflegepersonal, wechseln also nur das Szenario. Dabei sind Konfrontationen zwischen Klinik und Familie kaum zu vermeiden. Kommen noch Besuchs-

verbote hinzu, intensivieren viele Familien ihre Bindung, nun allerdings in versteckten oder gar doppeltem »Spiel«.

Ein alternativer Ansatz. Unsere klinische Erfahrung hat uns gezeigt, daß die Therapie der Magersucht kein besonderes Vorgehen voraussetzt, um schnell und effektiv zu sein; das übliche Instrumentarium der systemischen Therapie reicht hierzu aus. Daher erscheint es mir wichtiger, statt einer gezielten und detaillierten Handlungsstrategie an dieser Stelle einen Vorschlag zu machen, der die Arbeit des Therapeuten erleichtert, weil er es ihm ermöglicht, Hindernisse zu umgehen. Der Vorschlag soll dem Therapeuten in erster Linie dabei helfen, gegenüber Magersüchtigen und ihren Familienangehörigen konsequent eine Haltung einzunehmen und durchzuhalten, die geeignet ist, die Entwicklung von Vertrauen in eine außerfamiliale Instanz bei ihnen zu fördern. Auf diese Weise soll ein Arbeitsklima gefördert werden, das jene Komplikationen vermeidet, die in Therapien von Magersüchtigen von den Familienmitgliedern häufig als erniedrigende Bevormundung und von den Therapeuten als lähmender Widerstand (Machtkampf) erlebt werden. Mit dem übergeordneten Ziel vor Augen, der Magersüchtigen und ihren Angehörigen zu helfen, aus ihrem verzweifelten Lieben (wieder) eine Form der *Liebe* erwachsen zu lassen, beschränke ich mich im folgenden darauf, den therapeutischen Prozeß in drei Phasen zu gliedern:
1. Auftragserarbeitung. Zu Beginn beschreiben die Magersüchtigen und ihre Angehörigen das Problem glaubhaft als für sie unverständlich und grundlos. Sie äußern kein Schuldbewußtsein, sondern vermitteln den Eindruck, in Liebe und Harmonie zusammengelebt zu haben. Da sie ihr Problem aus eigener Kraft nicht lösen können, fühlen sie sich ohnmächtig und würden resignieren, wäre der Zustand des Kindes nicht bedrohlich. Die Eltern erwarten vom Therapeuten, daß er ihr Kind wieder zum Essen bewegt, und bieten dabei ihre Mitarbeit an. Das Mädchen äußert in der Regel widersprüchliche Ziele: Es möchte sein Gewicht wieder kontrollieren können – ohne jedoch zuzunehmen. Dieses paradoxe Verlangen: »Hilf mir, mich nicht zu verändern!« ist mit der Forderung »Verändere mein Kind!« nicht zu einem erfüllbaren Auftrag zu verbinden; der Versuch auf dieser Grundlage zu arbeiten, würde schnell zu einer Karussellfahrt werden. Da aber keine Therapie ohne die Formulierung eines praktikablen Auftrags beginnen kann, muß hier der Therapeut seine Position deutlich markieren, indem er diese Aufgabe mit der nötigen Umsicht übernimmt und einen ersten Vorschlag für die Formulierung eines Auftrags macht. Er kann zum Beispiel ein Mindestgewicht festsetzen und ankündigen, daß er bei dessen Unterschreitung am-

bulante Gespräche nicht mehr verantworten könne oder aber eine stationäre Aufnahme und Zwangsernährung veranlassen müsse. Damit steckt der Therapeut den Rahmen der Therapie unmißverständlich ab und macht deutlich, daß er die Verantwortung für die Therapie nur übernimmt, sofern die anderen das einhalten, was sie ohnehin wünschen, nämlich keine Verschlechterung des Jetzt-Zustandes. Diese Setzung stellt also einen ersten minimalen Konsens aller Beteiligten her und wird vermutlich deshalb selten mißachtet. In der Folge rückt die Beschäftigung mit dem Essen meist aus dem Zentrum der familialen Aktivitäten; man öffnet sich für Neues.

2. Vertrauensbildung. In der zweiten Phase konzentriert sich der Therapeut auf die Bindungen innerhalb der Familie und folgt allen Berichten mit offenen, annehmenden Respekt. So entsteht nicht der Eindruck, die Therapie solle »gegen« die Familie oder zu Lasten einzelner Mitglieder durchgeführt werden. Die Anwesenden müssen ihre Bindungen und Konflikte weder verschweigen noch rechtfertigen und können ihre Situation aus allen Perspektiven beleuchten. Daraus können sich therapeutisch nützliche Hinweise ergeben; primär jedoch ist das Gespräch ein Mittel, ohne Angst mit Grenzen und Distanzierung zu experimentieren. In der Regel lassen sich die Familienmitglieder auf den therapeutischen Dialog ein und lösen in dessen Verlauf die starren Grenzen ihres Problemsystems allmählich selbst auf. In der Auseinandersetzung mit einem sie akzeptierenden und anerkennenden Außenstehenden können die Familienmitglieder nach und nach erfahren, daß Lieben und Abgrenzung vereinbar sind, und so den Horizont ihrer Liebesbeziehung erweitern.

3. Individuierung. Wird der Therapeut als jemand akzeptiert, der die Bindungen der Familie nicht gefährdet, kann nun die dritte Phase der Therapie beginnen: Einzelgespräche mit dem magersüchtigen Mädchen. Nachdem die Familie gespürt hat, daß Distanzierung nicht schädlich sein muß, ist das Mädchen frei, eine außerfamiliale Beziehung mit Billigung seiner Angehörigen einzugehen. Diese erste Trennung kann den Wunsch vertiefen, sich in gegenseitigem Respekt aus der lähmenden Alternative von Zusammenhalt und Individuation zu befreien. Oft ist eine gewisse Öffnung schon nach der zweiten Phase vollzogen. Dann dient die dritte Phase nur noch als ein Angebot, das dem Mädchen und seiner Familie Sicherheit vermittelt. In manchen Fällen kann diese dritte Phase aus einem einmaligen Gespräch oder einer einzigen Gesprächsabfolge bestehen, in anderen Fällen aus Gesprächssequenzen, die sich über Jahre erstrecken und die weitere Entwicklung begleiten. Im letzteren Fall ist es häufig so, daß das Mädchen zunächst nur einige wenige Gespräche in Anspruch nimmt, um dann nach einiger Zeit, häufig nach Vollzug eines weiteren Entwicklungsschrittes, auf das Angebot weiterer Gespräche zurückzukommen. Im stationären Bereich muß die Therapie aus Gründen des Behandlungsvertrags stringenter durchgeführt werden; hier können die Beteiligten zum Beispiel gegen die »externalisierte Magersucht«[62] ankämpfen und reizvolle »Verhaltenspläne« entwickeln. Dadurch kann das Mädchen wieder zunehmen, ohne sich schuldig zu fühlen oder sein »Gesicht zu verlieren« (vgl. Anhang 2). In den meisten Fällen empfiehlt es sich aber, die Therapie nach den ersten Anzeichen einer Besserung zu beenden oder nach den Wünschen des Mädchens auszurichten. Der Wunsch nämlich, bis zum »Erfolg« weiter zu behandeln, kann das Mädchen leicht in eine Situation bringen, in der es nicht mehr unterscheiden kann, wer stärker vom anderen abhängig ist, sie oder der Therapeut. Die Chance, Trennung zu erproben, wäre vertan; die Therapie liefe Gefahr, sich zu »verewigen«.

Psychotische Krise

»Psychotisch« enge ich hier auf alle Formen »schizophrenen« Verhaltens ein, die also nicht »exogen« oder organisch (durch Vergiftung, Drogenkonsum, Nervenkrankheiten usw.) bedingt sind. Andere Formen – etwa affektive Psychosen – bedürfen vermutlich eines anderen Erklärungs- und Handlungskonzepts.[63] Der Begriff »Schizophrenie« ist eng mit der Geschichte und dem Selbstverständnis der Psychiatrie verbunden. Daher skizziere ich zunächst seine Entwicklung.

Schizophrenie. Im selben Jahr, als der deutsche Arzt Snell 1865 die Monomanie – eine Vorform der Schizophrenie – von anderen psychischen Störungen als eigenständiges Syndrom unterschied, wurde die »Vereinigung der Deutschen Irrenärzte« gegründet.[64] Seitdem galt dieses Syndrom zugleich als Symbol und Hauptthema der Psychiatrie, es dient ihr heute nach wie vor als Garant für ihre existentielle Berechtigung.[65] Griesinger erweiterte 1867 dieses Konzept zur »primären Verrücktheit«, Kraepelin dann 1883 zur »Dementia Praecox«, und schließlich konsolidierte es Eugen Bleuler 1908 zum Sammelbegriff »Schizophrenie«. Es dauerte also gut vier Jahrzehnte, bis »die Schizophrenie« den Charakter eines »normal-wissenschaftlichen« Konzepts im Sinne Kuhns angenommen hatte.[66] Dieses erwies sich als sehr widerstandsfähig, es überstand seitdem Differenzierungen, Erweiterungen, Eingrenzungen bis zu Abschaffungstendenzen und setzte sich sogar in der Alltagssprache durch. Doch 1972 stellte Manfred Bleuler fest, die

»Schizophrenie« seines Vaters Eugen sei »schon so gründlich, so vielseitig und so oft untersucht worden, daß in nächster Zukunft ohne grundlegend neue Techniken oder neue Arbeitshypothesen kaum wichtige Erkenntnisse zu erwarten sind«.[67] 1987 fügte der Psychiater Janzarik hinzu, die »Schizophrenie« sei »noch keine schlüssig definierte Krankheit. Ihre Geschichte beruht nicht auf medizinischen Entdeckungen, sondern auf geistigen Modellen, an denen sich die Psychiatrie orientiert«.[68]

Überblick. Neuere Monographien zum Thema »Schizophrenie« zeigen, daß die vorhandenen Erklärungsansätze – ob biologisch, kognitiv, biographisch, kontextuell oder familial orientiert – allenfalls Teilaspekte des Phänomens erfassen:[69]

- »Schizophrenie« ist eine Mischkategorie. Zuverlässige Diagnosen lassen sich allenfalls darauf stützen, wenn man ihren Geltungsbereich über Gebühr einschränkt.[70]
- Die biologischen Befunde (der Pathophysiologie, Hirnanatomie, Virologie oder Biochemie) enthüllen in der Hauptsache nur Begleitphänomene und werden in späteren Untersuchungen als solche entlarvt (das gilt auch für die »Dopamin-Hypothese«).[71]
- Untersuchungen der siebziger Jahre zum Krankheitsverlauf (von M. Bleuler, Ciompi und Huber) belegen, daß dieser uneinheitlich ist. Der britische Epidemiologe Wing resümiert: Etwa ein Viertel der Patienten erholten sich nach einer psychotischen Episode vollständig, rund die Hälfte von ihnen zeigten jahrzehntelang immer wieder schwache bis stärkere Symptome, ungefähr 15 Prozent behielten Dauersymptome, und nur etwa ein Zehntel erlitten einen konstanten psychosozialen Verfall.[72]
- Die jährliche Rate der neu auftretenden Fälle (Inzidenzrate) liegt in modernen Industriegesellschaften je nach Erhebungsmethode zwischen 0,08 und 0,7 pro Tausend der Bevölkerung. Die Prävalenzrate (Anzahl der Erkrankten zu einem gegebenen Zeitpunkt) schwankt zwischen 0,6 und 8,3 pro Tausend. Nach Ansicht des Epidemiologen Zubin spiegelt sich in diesen Werten eher die kulturbedingte gesellschaftliche Toleranz gegenüber Randgruppen als eine biologisch bedingte Ätiologie (wie etwa bei Schwachsinn).[73]
- Neuere Studien schließen eine rein genetische Erklärung der Schizophrenie aus. Bei eineiigen Zwillingen beträgt die Konkordanzrate höchstens dreißig, bei zweieiigen zehn Prozent.[74] »Hoch gefährdete« Kinder – hier: »schizophrener« Mütter – sind zwar allgemein labil und haben Anpassungsschwierigkeiten, neigen aber nicht spezifisch zur Schizophrenie.[75]
- Die psychologischen Befunde wirken insgesamt widersprüchlich. So er-

brachten unzählige kognitionspsychologische Studien zur Reizverarbeitung keine eindeutigen Resultate; die sozialpsychologische Unterscheidung zwischen guter und schlechter »prämorbider« Anpassung kann hingegen als Indikator für den Krankheitsverlauf dienen.[76]
- Heute scheint sich die Vulnerabilitäts-Streß-Hypothese zunehmend durchzusetzen. Danach entsteht Schizophrenie, wenn angeborene und erworbene Faktoren einer besonderen Verletzlichkeit mit aktuellen Auslösern wie Drogenkonsum, Lebenskrisen (»life-events«) oder anhaltenden Zuständen extremer emotionaler Beanspruchung zusammenwirken.[77] Darauf beruhen die aktuellen psychoedukativen Behandlungsansätze.[78]
- Bei Kindern treten psychotische Krisen seltener auf als bei Erwachsenen, wobei die Kriterien sogar direkt aus der Erwachsenenpsychiatrie übernommen werden. Manche bezweifeln daher, ob Schizophrenie in der Kindheit überhaupt vorkommt, oder sie behaupten, daß die psychotische Symptomatik bei Jugendlichen ein spezifisches Syndrom ist, das erst im Erwachsenenalter rückwirkend als genuine Schizophrenie diagnostiziert wird.[79]

Der im 19. Jahrhundert zunächst heuristisch konzipierte Begriff »Schizophrenie« ist uneinheitlich und – wie jede Generalisierung – nur bedingt hilfreich. Wird er dogmatisch angewandt, besteht sogar die Gefahr, daß er implizit oder explizit Lebenswege festschreibt.

Auf dem Weg zur Schizophrenie. »Schizophrenie« ist primär eine Bezeichnung klinischer Helfer: Ohne Diagnose kein psychotischer Zustand. Die Psychosen bilden also das Thema bestimmter klinischer Systeme. Zwar können sich um Lustlosigkeit, Bizarrerien, Verwirrtheit, Destruktivität, seltsames Reden usw. jederzeit Problemsysteme herauskristallisieren – ihre Bezeichnung als »psychotisch« stammt aber immer von einem klinischen Beobachter. Ihre Einordnung als »Psychose« vereinheitlicht darüber hinaus die Vielfalt dieser Verhaltensweisen ungebührend und gibt sie der Verdinglichung preis.[80]

Zur Diagnose kommt es gewöhnlich wie folgt: Jemand entfaltet ein ungewöhnliches Handlungsrepertoire; ein anderer, meist ein naher Verwandter, fühlt sich gestört oder beunruhigt und eröffnet eine Problemkommunikation. Das unübliche Verhalten nimmt überhand; der Betreffende liegt zum Beispiel den ganzen Tag im Bett, ohne krank zu sein, wandert nachts umher, spielt laut Musik, reagiert nicht auf Ansprache, leidet unter Unruhe und Schlaflosigkeit, zerstört Mobiliar oder bedroht andere. Die Angehörigen suchen ärztliche Hilfe; der eingeschaltete Psychiater deutet die Zeichen im Sinne einer Psychose: Er erzeugt das Phänomen, indem er es benennt. Meist verordnet er Medikamente; gegebenenfalls – bei Gewalttätigkeit oder Suizidalität – kann auch eine Zwangseinweisung erfolgen.

Die zunächst vorläufige Diagnose erhärtet sich bei »Rückfällen«, so daß die medikamentöse Behandlung – oft lebenslang – fortgesetzt wird.[81] Dadurch lassen die Sorgen der Angehörigen und Helfer sowie das unerklärliche Leiden des Patienten nach. Der Kliniker hat also Fakten geschaffen, und nun weiß man, was zu tun ist – in der Regel abzuwarten, bis die Krise überstanden ist. Je nach Orientierung und Zeitbudget wendet der Arzt begleitend psychotherapeutische oder psychoedukative Maßnahmen an; das Ergebnis ist ungewiß. Im günstigen Fall reiht sich der Patient sozial wieder ein, vergißt die Krise allmählich und behält nur die vage Befürchtung zurück, vielleicht genetisch (also unheilbar) krank zu sein.

Ein beunruhigendes, störendes *soziales* Phänomen wird erfaßt und beschrieben. Beschreibungen konstituieren die Einheiten unserer Welt, sie schaffen Sinn und reduzieren damit Komplexität, schränken den Bereich des Möglichen ein und eröffnen zugleich Möglichkeiten. So gesehen, reduziert der Begriff »Schizophrenie« Komplexität, ordnet Phänomene einem Sinn zu und beruhigt die Beteiligten. Die begriffliche Einheit Schizophrenie schränkt also Mögliches ein und eröffnet Möglichkeiten – primär der Handhabung.

Anfangs war das Konzept »Schizophrenie« nur eine Arbeitshypothese und sollte den Umgang mit einem sehr komplexen sozialen Phänomen erleichtern. Durch die naturwissenschaftliche Orientierung der Psychiatrie verlor der Begriff nach und nach seine heuristische Färbung und wurde zunehmend verdinglicht. Widersprüchliche Befunde aus hundert Jahren Forschung entkräfteten ihn ebensowenig wie die mäßigen Erfolge der psychiatrischen oder psychologischen Therapie. (Auch die Familientherapie hat seit den fünfziger Jahren keine überzeugenden Erfolge vorzuweisen.)

Vieles spricht also dafür, die Einordnung psychotischer Phänomene wieder rein heuristisch aufzufassen: Sie sollte die Kreativität von Wissenschaftlern und Praktikern anregen, statt Gewißheiten vorzutäuschen, die sich meist destruktiv auswirken.

Psychotische Krise. Der Schweizer Psychiater Luc Ciompi weist auf einen gangbaren Weg hin. Nach jahrzehntelanger Auseinandersetzung mit dem Verlauf psychotischer Krisen unterschied er drei Stadien: die prämorbide Phase, die krisenhafte Destabilisierung mit akut psychotischem Verhalten und die postkritische Phase.[82]

Ciompi meint, man solle die erste und dritte Phase besser nicht der »Schizophrenie« zuordnen. Zum einen gebe es keine klaren Erkenntnisse über eine typisch prämorbide Biographie – viele Menschen mit »Vulnerabilitäten« würden vermutlich nie psychotisch. Zum anderen sei die »postkritische« Phase ein unglücklicher Ausgang der akuten und daher vom eigentlichen Phänomen der Schizophrenie zu unterscheiden. Chronische Verläufe folgten oft aus dem klinischen Umgang mit der Krise (seien also eine Folge des Hospitalismus). Zwar lasse sich nicht ausschließen, daß eine Chronifizierung in der Klinik verstärkt bei den Patienten auftritt, die hirnorganisch geschädigt sind und »negative Symptome« im Sinne des traditionellen Schizophreniebegriffs zeigen; es spreche aber vieles dafür, daß auch sie unter günstigen Milieubedingungen, einschließlich des Klinikmilieus, bessere Genesungschancen haben.

Das »klar und eindeutig Krankhafte« der Schizophrenie zeigt sich nach Ciompi nur in der zweiten Phase. Er schreibt:

> Ob richtig krank oder noch gesund, ist in erster Linie eine Frage der Ausschließlichkeit, der Stabilität und der Dauer des verrückten Zustandes, weniger dagegen der Qualität des psychotischen Erlebens an sich ... Als zentral erscheinen aus dieser Sicht für die psychotische Symptomatik also nicht mehr unverständliche Primär- oder Grundstörungen, sondern so gewöhnliche und allgemeinmenschliche, aber zunehmend ins Abwegige gesteigerte Phänomene wie Spannung, Verwirrung, Ambivalenz und Angst.[83]

Die akute Krise bilde den Kern des psychotischen Phänomens. Sie sei aber prinzipiell nur eine extreme Reaktion auf belastende, verwirrende Situationen, die auch bei sonst Gesunden auftreten könne.[84] Der Unterschied zur »gesunden« Reaktion liegt nach Ciompi nicht in den Symptomen selbst, sondern in der Ausschließlichkeit, Stabilität und Dauer des psychotischen Zustandes. Da man sie nicht unmittelbar auf äußere Ursachen zurückführen könne, seien diese Zustände beängstigend und kaum nachvollziehbar.

Entscheidend ist also nicht, wie es zu den Symptomen psychotischer Zustände kommt, sondern vielmehr, warum sie sich in bestimmten Fällen derart ausschließlich, stabil und dauerhaft verselbständigen. Daher muß geklärt werden, wie Notreaktionen für Krisenfälle in ein stabiles Dauerverhalten ausarten können. Da jede Streßreaktion durch etwas »Ausschließliches« geprägt ist, kann man diesen Aspekt meines Erachtens übergehen. Die Differenz zwischen »gesunden« und »psychotischen« Krisen liegt damit in ihrer Stabilität und Dauer, ist also nicht qualitativer, sondern nur quantitativer Natur.

Heuristische Elemente. Im folgenden erörtere ich einige Aspekte der Entstehung und Stabilisierung psychotischer Krisen:

– *Ungewißheit.* Psychotische Zustände können nur aus dem beobachteten Verhalten geschlossen werden. Ein Beobachter, der dieses Verhalten bloß als krankhaft und sinnlos deutet, legt ihm keinen Mitteilungswert bei und »versteht« es im Sinne Luhmanns nicht. Da ihm die innere Logik des beobachteten Phänomens verschlossen bleibt, folgt er nur der eigenen: Er kann das »Unverständliche« nicht als Kommunikation akzeptieren und etikettiert es konsequent als »endogen«. Damit markiert er den Beginn der »Psychose«.

- *Macht der Diagnose.* Die Diagnose »Schizophrenie« löst das Problem der doppelten Kontingenz auf spezielle Weise: Sie stabilisiert die Erwartungsstrukturen angesichts des Unbegreiflichen. Da sie viele Ungewißheiten rasch behebt, beruhigt sie alle Beteiligten – auch den Betroffenen selbst – und neigt zur Stabilisierung.
- *Die Rolle der Familie.* Psychotische Krisen treten häufig bei der Ablösung vom Elternhaus auf. Daraus einen inneren Zusammenhang abzuleiten und Begriffe wie »schizophrenogene Familie« oder gar »maligne Symbiose« zu prägen, scheint aber voreilig zu sein. Die Familie »verursacht« ebensowenig Schizophrenie wie etwa die Gene. Allerdings ist im Einzelfall zu prüfen, ob bestimmte Muster einer Familie die Flexibilität blockieren, die sich gerade im Umgang mit Krisen zu bewähren hat.
- *Selbstheilungsmechanismus.* Psychotische Krisen sind Zustände hoher interner Dissonanz, in denen die Wahrnehmung des Selbst nicht mit eigenen oder fremden Erwartungen – Weltbildern – vereinbar ist. Sie verursachen Leiden, das verringert werden soll. Im Rahmen des »Selbstheilungsprozesses« wendet sich die Person nach innen (Autismus, Isolierung) oder nach außen (Umtriebigkeit, ungezügelter Redefluß oder gar Aggression). Sie versucht also, die innere Konsonanz wiederherzustellen, indem sie verwirrende Reize ausblendet oder verstärkt einbezieht.
- *Stabilität.* Zu klären ist vor allem, warum derart aufreibende und anstrengende Reaktionen nicht – wie sonst üblich – rasch wieder abklingen (etwa durch Gewöhnung). Die Lösung wurde in Analogien zu physikalischen Modellen mit stabilisierten Fluktuationen und Synthesen idiosynkratischer Eigenwerte gesucht.[85] Kommunikationsforscher haben vermutet, die versuchte Rettung aus der Krise könne selbst zum Dauerproblem werden.[86] Denkbar wäre auch, daß der Betroffene infolge mangelnder Flexibilität in eine Endlosschleife gerät, die den Ausnahmezustand durch positive Rückkoppelung stabilisiert: Er reproduziert, »unverstört« durch innere oder äußere Einflüsse, seine Zustände nur im Kontext der Krise.
- *Monophrenie?* In differenztheoretischer Betrachtung ließe sich hypothetisch annehmen, daß der Betroffene zum Zeitpunkt der Krise über nur wenige oder unzulängliche Muster – operationale Kohärenzen – verfügt,

um mit der Vielfalt gesellschaftlicher Anforderungen adäquat umzugehen. Aus dieser Sicht entspräche die psychotische Krise nicht der Spaltung einer einheitlich aufgefaßten Seele (»Spaltungsirresein«), sondern dem Zusammenbruch der normalen »polyphrenischen« Persönlichkeitsstruktur zu einem »monophrenischen«, einheitlichen Zustand. Dies würde viele Aspekte der psychotischen Krise – etwa undifferenzierte Reizverarbeitung, einförmige Logik des Denkvorgangs, stereotypes Sozialverhalten, Rigidität gegenüber Veränderung usw. –, aber auch die Beobachtung erklären, daß sich eine vielseitige prämorbide Situation auf den Verlauf positiv auswirkt. Chronische Verläufe wären hingegen Folge einer dauerhaften »monophrenischen« Einschränkung der Persönlichkeitsstruktur als Resultat der Krise und ihrer Behandlung. Für die Therapie folgte, daß sie entweder Aktivierung derzeit vernachlässigter Kohärenzen anregen (eigentliche Therapie) oder zur Erweiterung des entsprechenden Repertoires (psychoedukativer Ansatz) beitragen sollte.

- *Einfluß der Behandlung.* Das Umfeld einer Klinik kann stabilisierend wirken. Es schafft Ablenkung, unterbricht also die Regelkreise, die den Ausnahmezustand reproduzieren. Die Folgen einer psychotischen Krise hängen aber entscheidend davon ab, wie der Patient behandelt wird. Wichtig ist vor allem, aktiv nach Alternativen zu suchen und nicht nur das Nachlassen der Krise abzuwarten oder erneute Krisen etwa durch Dauermedikation zu vermeiden. Letzteres birgt die Gefahr, pathogene Erwartungen auszulösen.

Ziele der Therapie. Der Umgang mit akuten Krisen hat lebenslange Folgen. Einige Sofortmaßnahmen, die das Leiden zunächst lindern, können das Problem auf Dauer festschreiben. Das gilt besonders für die »Pathologisierung« und die medikamentöse Behandlung. Erstere führt das Leiden auf »externe« Ursachen zurück und verringert so die innere Dissonanz und Ungewißheit des Patienten. Medikamente versetzen den Patienten dagegen in einen ihm fremden organischen Zustand, der (anders als der psychotische) auf externe Faktoren bezogen werden kann und daher entspannend wirkt.[87]

Beide Behandlungsformen können sinnvoll und unumgänglich sein. Sie beruhigen alle Beteiligten und entspannen die Lage, was sich sehr günstig auf die spätere Therapie auswirken kann. Bei Kindern und Jugendlichen, vermutlich auch Erwachsenen, wirken schon Beginn, Verminderung und Absetzen der Medikation therapeutisch, nämlich als äußere Kriterien für die »fachkundige« Beurteilung des eigenen Zustandes. Die Annahme, eine medikamentöse Behandlung sei an sich schon ausreichend oder sinnvoll, wird jedoch weder durch klinische Erfahrungen noch durch die Forschung bestätigt.

Eine sinnvollere und umfassendere Alternative ist auch hier die Hilfe zur Selbsthilfe. Vor allem bei Jugendlichen bietet es sich an, das Potential der Familie zu nutzen. Dadurch erhält diese eine Chance, ihre Kräfte zu mobilisieren und dem Betroffenen dabei zu helfen, neue Interaktionsmuster vor Ort zu erproben. Gelingt der Familie das, verringert sich die Wahrscheinlichkeit für das Auftreten einer weiteren psychotischen Krise. In der Therapie sollten folgende Aspekte berücksichtigt werden:

- Transparentes Handeln des Therapeuten dient der Reorientierung und wirkt als »Gegengift« gegen Verwirrung.
- Erkundung der Ressourcen des Betroffenen und seiner Angehörigen, um die Therapie darauf abzustimmen.
- Der Auftrag sollte mit viel Feingefühl und Respekt ausgehandelt werden. Meist wünschen die Betroffenen entweder, die momentane Krise möglichst rasch zu überwinden, oder sie wollen nur in Ruhe gelassen werden. Im ersten Fall empfiehlt es sich, »abzulenken«, um den psychotischen Regelkreis zu durchbrechen. Hat sich der Betroffene jedoch auf einen »chronischen Lebensweg« eingestellt, obliegt es dem Helfer, für eine menschenwürdige Unterbringung zu sorgen. Das erspart beiden unfruchtbare und letztlich demütigende Erfahrungen. Manche Betroffenen setzen in und nach psychotischen Krisen erstaunliche Kräfte frei; man muß aber auch jenen Respekt zollen, die keine therapeutische Hilfe annehmen.

Abschließend möchte ich eine ehemalige Patientin des britischen Psychiaters Shepherd zitieren, eine Schriftstellerin, der nach vielen Klinikaufenthalten und etwa zweihundert Elektroschocks ihre Genesung »klinisch bestätigt« wurde. Sie schrieb rückblickend:

> Plötzlich war ich des Gewands beraubt, das ich gut zwölf Jahre lang getragen hatte – meiner Schizophrenie. Ich entsinne mich noch daran, wie ich es bekam; wie ich dahinter inmitten von Agonie und Panik unverhofft Wärme, Trost und Schutz fand; wie ich mich danach sehnte, es abzulegen, und mich doch nicht davon trennen mochte; obwohl ich das Gewand nicht öffentlich trug, hatte ich es immer dabei, für den Notfall, um es dann rasch als Schutz gegen die grausame Welt anzuziehen. Und nun war es weg, von Fachleuten offiziell verbannt. Es würde mir nie wieder helfen können.[88]

Resümee

Diagnosen sind Beschreibungen und sagen immer etwas über ihre Urheber, auch wenn sie sich als kommunikativ brauchbar erweisen. Kategorien für menschliches Verhalten dienen dem Praktiker als Hilfsmittel, um Komplexität zu reduzieren und handlungsleitende Entscheidungen zu treffen. Modelle wie die hier entwickelten können nur hilfreich sein, wenn sie als Anregungen verstanden werden, ohne eine objektive Realität liefern zu müssen. Diese Modelle sollen vor allem öffnend wirken und die verfügbaren Möglichkeiten erweitern – sollen dazu beitragen, die Neugier und Kreativität des Klinikers anzuregen und die Last einengender »Gewißheiten« abzulegen.

8. Evaluation

In diesem letzten Kapitel untersuche ich die Möglichkeiten, klinische Hilfe zu bewerten, ohne den Neigungen nachzugeben, die Gurman und Kniskern »Technolatrie« und »Methodolatrie« nannten[89]: die soziale Komplexität von Therapien auf Standardtechniken oder -modelle zu reduzieren. Der Nutzen von Therapien soll hier also »systemisch« beurteilt werden.

Evaluation in der Psychotherapie

Evaluation mutet als Begriff zunächst unkompliziert an: Etwas ist wertvoll oder nicht. Die Frage aber, wie der Wert eines Sachverhalts konsensualisiert werden kann, setzt geeignete Kriterien, Kenntnis der Variablen, glaubwürdige Beurteiler und vergleichbare Ergebnisse voraus. Darin zeigt sich die Problematik jeder Evaluationsforschung, die über das bloße Wertbemessen hinauszugehen hat und nach wissenschaftlich akzeptablen Kriterien durchgeführt wird.

In der »exakten« Wissenschaft ist der Wert eines Sachverhaltes eine inhärente Eigenschaft und durch geeignete Methoden »objektiv« zu erfassen. Systemische Forscher müssen jedoch davon ausgehen, daß der Wert eines Sachverhalts – ebenso wie alle Erkenntnisse und Erklärungen – aus der biologischen Struktur von Beobachtern entspringt. Wollen sie aber ihre Wertaussagen konsensualisieren und dabei dem Vorwurf des bloßen Subjektivismus begegnen, müssen sie ihre Erkenntnisse und Bewertungsmaßstäbe kommunikativ brauchbar mit anderen koordinieren.

Der Sog der Tradition

Evaluationsforschung bedeutet in der Psychotherapie traditionell, den Nutzen der angewandten Methoden bereinigt von allen sonstigen Einflüssen einzuschätzen. Nach dem Modell des wissenschaftlichen Experiments gelten die therapeutischen Methoden als unabhängige, ihre kausalen Effekte als abhängige Variablen. Eventuelle Störvariablen sind nach Möglichkeit auszugrenzen, etwa: subjektiv »kontaminierte« Urteile, das »Charisma« des Therapeuten, Placebo-Effekte, spontane Remission, »natürliche« Veränderungen, Zufälle, äußere Einflüsse usw. Dabei werden quasi experimentelle Studien durchgeführt, zum Beispiel Zeitreihenvergleiche oder Vergleiche mit Kontrollgruppen, auch nach Placebo- und Pseudobehandlung.[90]

Diese Forschung behandelt Lebensprobleme als diskrete, beständige Einheiten, die man objektiv erfassen und messen sowie auch kausal beeinflussen kann, unterliegen also der linearen Kausalität und der Subjekt-Objekt-Struktur. Aus dieser Sicht sind die Urteile der Beteiligten – Therapeut und Kunde – prinzipiell unzuverlässig, da sie uneinschätzbaren und unausschließbaren Einflüssen unterliegen, nicht zuletzt der Emotionalität der therapeutischen Beziehung. Statt dessen benötigt man im Idealfall neutrale Beurteiler und objektive Messungen, mindestens jedoch ein in sich konsistentes und valides Untersuchungsdesign. Da aber im psychotherapeutischen Bereich diese Voraussetzungen kaum zu erfüllen sind, lasten viele Kritiker der konventionellen Evaluationsforschung an, sie genüge in der Regel noch nicht einmal ihren eigenen Kriterien. Im Lichte dieser Kritik zeigen die Ergebnisse:[91]

- Psychotherapie hat, ungeachtet ihrer Ausrichtung, nur geringe bis mittlere Wirkung und wird zudem von »spontanen Heilungen« überlagert.
- Bisher hat keine Schule die postulierten Wirkfaktoren und Effekte spezifisch nachweisen können.
- Die Erfolge der Psychotherapie gehen zu einem wichtigen Teil auf »unspezifische« Faktoren der Beziehung zwischen Patient und Therapeut zurück. Daher müssen diese »unspezifischen Faktoren« gebührend beachtet werden.[92]

Zuversichtlicher stimmen die Ergebnisse der Meta-Analyse von Erfolgsstudien. Smith, Glass und Miller prüften zum Beispiel in ihrer vielbeachteten Studie 475 Berichte über kontrollierte Therapien im Sinne der Effektstärke (standardisierten Mittelwertdifferenz zwischen Behandlungs- und Kontrollgruppen). Sie bezogen 18 Therapieformen ein, darunter auch »Placebo-Behandlungen«. Die Ergebnisse ließen – trotz methodologischer Mängel – im wesentlichen erkennen, daß die Psychotherapie insgesamt hilfreich ist und bessere Resultate erzielt als viele psychosoziale Maßnahmen.[93]

Die Evaluationsforschung in der Psychotherapie hat jedoch bislang keine kausalen Wirkungen nachweisen oder voraussagen können. In ihrem Bemühen, Probleme und deren Lösung objektiv zu erfassen, hat sie sich in die erkennntnistheoretische Sackgasse des Objektivismus manövriert und mußte den flüchtigen, rekursiven Charakter sozialer Phänomene leugnen. Bedenklich ist aber auch, daß dieser Ansatz die Autonomie, Glaubwürdigkeit und Urteilsfähigkeit der Beteiligten implizit mißtraut.

Die Familientherapie sollte in den fünfziger und sechziger Jahren als Alternative zur individuumszentrierten Psychotherapie ein neues Fundament bilden. Zwar hat sie vor dem Hintergrund von Systemtheorie und Kybernetik das therapeutische Denken verändert, brachte aber keine eigenständige Evaluationsforschung hervor; die bisherigen Ergebnisse sind darüber hinaus widersprüchlich. So schlossen einerseits Gurman und Kniskern 1981 in ihrer Studie:

- Familientherapie ist jedenfalls effektiver als keine Therapie.
- Zwei Drittel der Familien zeigen nach einer Therapie irgendeine Besserung.
- Nur fünf bis zehn Prozent der behandelten Familien klagen über negative Effekte.
- Familientherapie eignet sich besonders für eheliche und familiale Probleme sowie für Störungen bei Kindern und Jugendlichen.[94]

Wells und Dezen wandten andererseits ein, Familientherapie sei zwar vermutlich wirksam, klare Beweise für ihre Effizienz stünden aber noch aus.[95] Auch im deutschsprachigen Bereich ist die Frage der Effizienz bislang ungeklärt: »Die Familientherapie hat sich also weitgehend, wenn nicht völlig ohne gesicherte ›Erfolgsmeldungen‹ ausgebreitet.«[96] Doch Bommert et al. kommen zu einer günstigeren Einschätzung.[97] Danach ist Familientherapie eindeutig effizient, vom jeweiligen Setting (ambulant oder stationär) unabhängig und besonders wirksam bei Kommunikationsproblemen. Zwei Drittel der Familien würden Erfolge vorweisen, negative Effekte seien nicht häufiger als bei anderen Verfahren; die Dauer der Therapie sei nicht maßgebend für das Gelingen.

Evaluation aus systemischer Sicht

Ausgangslage. Evaluation hängt immer von den Wertmaßstäben der direkt Beteiligten ab. Was zum Beispiel »normales«, »ideales« oder »akzeptables« Familienleben bedeutet, kann sehr unterschiedlich beurteilt werden. Daher hat es wenig Sinn, die Evaluation »neutralen«, unbeteiligten Beurteilern – mit eigenen Wertvorstellungen – zu überlassen.[98]

Jay Haley gab Mitte der siebziger Jahre erste Impulse für eine systemische Evaluation. Er grenzte die Arbeit des Therapeuten strikt von der des Forschers ab und beschrieb Symptome als Einheiten, die nur in dem kommunikativen Zusammenhang verständlich sind, in dem sie entstehen. Sie konstituieren also keine isolierbaren Informationseinheiten, die gemessen und verglichen werden könnten, sondern sinnstiftende Äußerungen in einem kommunikativen Prozeß. Die Äußerungen von Patienten nach einer Therapie – etwa bei einer katamnestischen Nachbefragung – entstehen im Rahmen einer spezifischen Kommunikation und sind nicht unmittelbar mit denen zu vergleichen, die zur Therapie motivierten. Der Vergleich von Angaben vor und nach einer Therapie entspräche dem Vergleich zweier Unbekannten ohne gemeinsame Bezugsgröße. Daher schlägt Haley vor, die Therapiebewertung auf folgende Fragen zu beschränken:

– Ist das Problem gelöst oder besteht es noch?
– Hat der Patient nach der Therapie eine andere Hilfsinstanz aufgesucht?[99]

Diese Kriterien entsprächen sowohl dem Wunsch der Klienten nach Problembewältigung als auch dem Erkenntnisinteresse der Kliniker. Wer mehr fordere, verkenne das kommunikative Moment der Evaluation und verdingliche den therapeutischen Prozeß.

Lyman Wynne schlägt vor, die Evaluationsforschung auf zwei Säulen zu stützen, das »präsentierte Problem« und das gemeinsame erarbeitete »Therapieproblem«. Sie trügen sowohl die Durchführung der Therapie als auch die Evaluation. Als aktiver Familientherapeut plädiert Wynne zudem dafür, gemeinsam mit der Familie das ursprüngliche »Problem« zu einem »Beziehungsproblem« umzudeuten:

> Für mich persönlich ist Familientherapie erst dann »richtige« Familientherapie, wenn ein Konsens über ein Beziehungsproblem erzielt worden ist und gleichzeitig ein formaler oder informaler Kontrakt geschlossen wurde mit dem Ziel, diese Beziehungsstörung zu behandeln.[100]

Steve de Shazer und Kollegen greifen bei ihren Therapiestudien auf die subjektiven Beurteilungen der Kunden zurück. Dies mag zwar aus Sicht der herkömmlichen Evaluationsforschung anfechtbar sein, es beruht aber auf der Entscheidung, den Kunden ernst zu nehmen und zum zentralen Maßstab jeder Therapiebewertung zu machen. De Shazer wendet zu Recht ein, daß schon am Anfang einer Therapie eine Selbstbeurteilung stehe: »Ich/wir habe/n ein Problem«. Wenn diese Selbstbeurteilung schon ausreiche, um professionelle Hilfe zu bekommen, müsse sie auch als Kriterium für den Wert einer Therapie gelten:

> Alles in allem sind wir der Meinung, daß die Klienten bereits wissen, was sie tun können, um die Probleme zu lösen, deretwegen sie uns aufsuchen. Sie wissen nur nicht, daß sie das wissen. Unsere Aufgabe in der Kurztherapie ist es, ihnen dabei zu helfen, das Wissen, das sie bereits haben, auf neue Weise für sich nutzbar zu machen.[101]

Stützt man die Evaluation auf die Selbstbeurteilung der Kunden – »Kundigen« oder »Experten ihrer Selbst« –, geht man von ihrer Mündigkeit aus: Da sie wissen, wann sie ein Problem haben und professionelle Hilfe brauchen, können sie auch am besten einschätzen, ob das Problem weiterbesteht und ob die Hilfe angemessen war.

Klinische Positionsbestimmung

Evaluation ist Kommunikation. Das verweist alle Urteile externer und beteiligter Beobachter in enge Grenzen: Jede noch so »neutral« durchgeführte Erhebung am Anfang oder Ende einer Therapie betrifft nur diesen bestimmten Ausschnitt der Kommunikationsmöglichkeiten, und ihr Sinn hängt davon ab, wie die Beteiligten den Kontext der Erhebung erkennen und bewerten, sowie was sie mitzuteilen bereit sind. Als kommunikativ bedingter Prozeß ist Evaluation immer subjektiv und emotional gefärbt, so daß der Versuch, diese Grenzen durch noch so raffinierte Methoden zu überschreiten, nicht die Fakten objektiviert, sondern neue Phänomene und neue »Systeme« erzeugt.

Formen der Evaluation. Um die Evaluation von Therapien gruppieren sich unterschiedliche Kommunikationssysteme mit je eigenen Zielen und Themen, die ich nach vier Aspekten unterscheiden möchte:

- Das gesellschaftliche Interesse am Schutz der Hilfesuchenden vor ineffizienten oder schädlichen Maßnahmen;
- das wissenschaftliche Interesse an »anschlußfähigen« Erklärungen;
- das klinische Interesse des Therapeuten, sein Handeln zu orientieren;
- das Interesse der Kunden, die erhaltene Hilfe zu beurteilen und danach zu handeln.

Beim ersten Aspekt geht es um die Kommunikation zwischen Helfern und gesellschaftlichen Organen: Die Therapeuten müssen Kompetenz nachweisen, um das Wohlergehen der Hilfesuchenden zu gewährleisten und die investierten Kosten zu rechtfertigen. Hierbei lassen sich die Fragen an die Therapieschulen durch statistische Angaben beantworten, die eine übergeordnete Kosten-Nutzen-Abwägung ermöglichen.

Wissenschaftliche und praktische Interessen sind dagegen vielfach vernetzt. Letzten Endes soll die Forschung den Praktikern zur Orientierung dienen. Da aber populationsbezogene Aussagen sich kaum auf den Einzelfall beziehen lassen, müßte die Evaluationsforschung, will sie praxisrelevant sein, ein ausgewogenes Verhältnis zwischen den Interessen an allgemeinen und speziellen Bewertungen anstreben. Reine statistische Angaben reichen hier nicht aus.

Das Interesse des Kunden muß weder gefordert noch geregelt werden, sondern ist spontan und unausweichlich vorhanden. Ich gehe davon aus, daß es die wichtigste Evaluationsquelle ist, da allein der Kunde den »Erfolg« einer Therapie beurteilen kann: Nur er kennt die Emotionen, um die es hier geht: Leiden und Linderung. Dabei ist völlig irrelevant, welche Maßstäbe und Kriterien der Kunde anlegt. Sein Urteil kann sogar im Verlauf der Therapie wechseln oder von der Einschätzung des Therapeuten und anderer Beobachter abweichen.

Systemische Evaluation. Eine ausgearbeitete, systemisch konzipierte Evaluation liegt noch nicht vor. Sie müßte von der Autonomie der Beteiligten – Kunde, Therapeut und Forscher – ausgehen und sich als Kommunikation verstehen, sich also auf das Urteil der Betroffenen stützen und dabei berücksichtigen, ob gesellschaftliche, wissenschaftliche oder persönliche Interessen von Therapeut und Kunde im Vordergrund stehen. Das Ergebnis wären vier verschiedene Phänomenbereiche, die weder zusammengefaßt noch aufeinander reduziert werden sollten.

Erste Ergebnisse

Die Einschätzung der Beteiligten über Verlauf und Erfolg einer Therapie vollzieht sich im Rahmen zweier unterschiedlicher Kommunikationen mit je eigenen Themen: Zufriedenheit des Kunden und Zufriedenheit des Therapeuten. Der Kunde ist zufrieden, wenn er sich vom Therapeuten angemessen behandelt fühlte und sein Leid gelindert oder beendet ist (»consumer satisfaction«). Der Therapeut ist wiederum dann zufrieden, wenn er die Kriterien und Methoden beachtet hat, die seinem Ansatz zugrundeliegen (»professionelle Zufriedenheit«). Beide Formen der Zufriedenheit betreffen verschiedene Phänomene, sie können aber vom Forscher, der eine übergeordnete Perspektive einnimmt und den gemeinsam vereinbarten Auftrag fokussiert, »korreliert« und vereinheitlicht werden. Da er dabei eine neue Kommunikationsebene einführt, sollte er die logische Buchhaltung beachten und aus korrelativen Zusammenhängen keine kausalen Schlüsse voreilig ziehen.

Beispiele relevanter Forschung. Die systemische Therapie ist ein noch junger Ansatz und kann wenige eigene Studien zu ihrer Effektivität vorweisen. Arbeiten, die meist im Umkreis der systemischen Familientherapie durchgeführt wurden, weisen jedoch Elemente auf, die eine systemische Evaluationsforschung orientieren können. Einige davon erscheinen mir erwähnenswert:

Das McMaster Family Therapy Outcome Study stütze sich auf eine Nachuntersuchung von 279 Familien nach Abschluß familienbezogener Kurztherapien mit im Durchschnitt sechs Sitzungen. Dabei wurde ein Maß der Zufriedenheit mit den Ergebnissen und dem Verlauf der Therapie zugrundegelegt. Es zeigte sich, daß trotz hoher Besserungsrate (79 %) Erfolg und Zufriedenheit nicht durchgehend zusammenhingen. Ein globales Maß der »consumer satisfaction« sei zwar ein wichtiges Bewertungskriterium, wenn es sorgfältig auf die Besonderheiten des jeweiligen Falls bezogen werde, der Prozeß eine Therapie sei jedoch ein komplexes Phänomen, dessen einzelne Merkmale nicht unbedingt zusammentreffen.[102]

Im Redwood Center in Kalifornien untersuchte man den Effekt von Konsultationen à la Mailand. Dabei werden die Kunden einmalig von einem anderen als dem sonst mit ihnen arbeitenden Therapeuten interviewt, während der reguläre Therapeut das Interview hinter der Einwegscheibe beobachtet. Es zeigte sich, daß Familien, die Therapien plus Konsultation erlebt hatten, bessere Ergebnisse erzielten. Die Autoren schlossen daraus, daß Therapeut und Kunde in aller Regel schon bei der achten Sitzung ein festgefügtes Interaktionsmuster gebildet haben und dazu neigen, dies zu wiederholen, ohne Neues einzubeziehen. Die Konsultation unterbreche den Prozeß des Therapiesystems und führe Unerwartetes ein.[103]

Die Ergebnisse der Untersuchungen zur Kurztherapie in Milwaukee beruhen auf knappen telefonischen Nachbefragungen einer repräsentativ zusammengestellten Stichprobe von 25 Prozent der 1.600 zwischen 1978 und 1983 behandelten Fälle mit im Durchschnitt 6 Sitzungen. Rund 70 Prozent der Befragten gaben an, entweder ihr Therapieziel oder zumindest so viel Besserung erreicht zu haben, daß sie keine weitere Therapie benötigten.[104] Diese Ergebnisse stimmen mit denen anderer Studien zur lösungsorientierten Kurztherapie überein.[105] Bei einer späteren Studie stellte man fest, daß bei Erhebungen, die im Abstand von sechs Monaten nach Beendigung von rund fünf Therapiesitzungen wiederholt wurden, die Besserungsraten jeweils weiter anstiegen und die Größenordnung von über 80 Prozent erreichten.[106]

Die Ergebnisse der Heidelberger Arbeitsgruppe um Helm Stierlin deuten darauf hin, daß ihr Konzept der systemischen Familientherapie sich bei Familien mit psychotischen und magersüchtigen Mitgliedern positiv auswirkt. Dabei stützen sie ihre Erhebung auf faktische Daten (niedrigere Hospitalisierungsfrequenz und geringere Medikation einerseits, Veränderung des Eßverhaltens, Gewichtszunahme und Besserung in anderen körperlichen Merkmalen andererseits) und ergänzen diese mit Selbsteinschätzungen der Patienten bezüglich ihrer Familienstruktur und der Zufriedenheit mit ihrem Lebensablauf.[107]

Die Wiener Arbeitsgruppe um Ludwig Reiter erbrachte ebenfalls Resultate, die ganz im Trend der üblichen Drei-Drittel-Regel stehen: Ein Drittel Problemlösung, ein Drittel Besserung und ein Drittel ohne Veränderung.[108]

Mosche Talmon belegte schließlich den eindrucksvollen Wert einer »Single-Session-Therapy«. Menschen, die trotz eines vorhandenen Angebots nur eine Sitzung in Anspruch nahmen, berichteten dennoch zu einem großen Prozentsatz von eindeutigen Besserungen. Anders als ursprünglich angenommen, handelte es sich bei diesen sog. »Abbrechern« weder um Menschen, die »Widerstand« leisteten, unmotiviert, ungeeignet oder ungeduldig waren, noch um schlecht behandelte, sondern um durchaus zufriedene Kunden.[109] Dieses Ergebnis bestärkt den klinischen Eindruck, daß die häufige und am wenigsten intervenierende Einmaltherapie eine überaus nützliche Form der Hilfestellung sein kann.

Alle berichteten Ergebnisse rühren vom Ansatz her, die Therapie so kurz wie nur möglich zu halten. Die Kürze einer Therapie bietet meines Erachtens die beste Garantie, daß die Autonomie der Kunden respektiert wird: Der Therapeut erfüllt mit einem Minimum an Einmischung seinen Auftrag. Zudem nutzt dieser Ansatz den Vorteil erster therapeutischer Begegnungen: Studien zum »Dosis-Effekt-Verhältnis« in der Psychotherapie haben nämlich gezeigt, daß der Effekt anfangs steil ansteigt und bereits in der achten Sitzung eine Besserungsrate von etwa 60 Prozent erreicht; ab dann sind unproportional mehr Sitzungen notwendig, um einen weiteren bedeutsamen Anstieg festzustellen.[110]

Eigene Studien. In einer Reihe von Untersuchungen, die wir zwischen 1981 und 1988 an der Ambulanz der Abteilung für Kinder- und Jugendpsychiatrie der Universität Hamburg durchführten, befragten wir im nachhinein die Klientenfamilien nach ihrer Zufriedenheit mit der Therapie und ihrem aktuellen Zustand zum Zeitpunkt der Nachbefragung.[111] Im Rahmen von zwei größeren Katamnesen erreichten wir postalisch insgesamt 532 unselektierte Familien, die unsere Einrichtung in den Jahren 1983–1986 aufgesucht hatten. Wir verschickten einen zu diesem Zweck erstellten und mehrfach revidierten Fragebogen – »Hamburger-Evaluations-Fragebogen HEF«, den 225 Familien zurücksandten (Rücklaufquote: 42 %). Um abzusichern, daß nicht nur uns freundlich Gesinnte geantwortet hätten, führten wir Telefonate mit zufällig gewählten Klienten und konnten feststellen, daß diese im gleichen Verhältnis wie die Antwortenden zum Verlauf und Ergebnis der Therapie standen.

Ergebnisse: Bei einer durchschnittlichen Therapiedauer von nur drei Sitzungen (etwa je ein Drittel hatte nur eine, zwei bis drei oder maximal zwölf

Sitzungen gehabt) gaben rund 60 Prozent der Antwortenden an, das Problem sei jetzt gelöst oder gebessert. Einige mehr (75 %) zeigten sich darüber hinaus mit dem jetzigen Zustand des Kindes, das damals Anlaß zur Therapie gewesen war, und insgesamt mit ihrer Lebenssituation zufrieden. Dabei stimmte die Beurteilung der Therapiebedingungen – etwa Verhalten des Therapeuten und Klima der Gespräche – mit obigen Angaben überein: Rund 75 Prozent der Befragten würden bei ähnlichen Problemen diese Art von Therapie empfehlen, 77 Prozent sehen heute eher eigene Möglichkeiten, neu auftretende Probleme selbst zu lösen.

Diese Ergebnisse gehen auf die Arbeit von nur wenigen Therapeuten einer einzigen Einrichtung zurück und können schon daher weder verallgemeinert noch als Beleg für die Wirksamkeit »der« systemischen Therapie betrachtet werden. Darüber hinaus läßt eine anonyme postalische Befragung viele Aspekte unberücksichtigt und eine »Besserungsrate« von rund 60 Prozent gibt, zumal bei sich naturgemäß in Entwicklung befindlichen Kindern und Jugendlichen, keinen Anlaß für übertriebene Erwartungen. Andererseits sehen wir keinen Grund, die berichteten Einschätzungen unserer Kunden über sich selbst und die Therapie anzuzweifeln. Außerdem gehen wir nicht davon aus, daß alle unselektierten Klienten einer kinder- und jugendpsychiatrischen Ambulanz mit bekanntlich schwierigen Problemen und zum Teil »unabänderlichen« Leiden restlos davon befreit werden könnten. Kurzum: Bei aller Unzulänglichkeit des verwendeten Untersuchungsdesigns stimmten uns diese ersten Ergebnisse mit einem neuen Therapieverfahren zuversichtlich, und sie nutzen uns bei der Weiterentwicklung unserer theoretischen und praktischen Konzepte. Auch dann, wenn unsere systemische Therapie im wesentlichen jenen nützt, die ihr Problem ohnehin mit der Zeit gelöst hätten, erspart sie ihnen das Mühsal eines langen diagnostischen und therapeutischen Prozesses. In diesem Sinne scheint sich der Wert unserer systemischen Therapie vor allem durch folgende Aspekte zu erweisen: Ihre Kürze, die Anregung zur Selbsthilfe und der so geäußerte Respekt vor der Autonomie unserer Kunden.

Resümee

Ein wesentlicher Aspekt der Evaluation von Therapien ist, zumal aus der Sicht von Kostenträgern, das Verhältnis von Nutzen und Dauer. Während an »Gründlichkeit« und »Tiefe« orientierte Schulen prinzipiell in Jahren rechnen, orientiert sich die systemische Therapie an der Zahl der Sitzungen und

versucht, diese möglichst gering zu halten. Dagegen werden von unterschiedlichen Seiten etwa folgende Einwände vorgebracht:
- Was langsam entsteht, kann nur langsam vergehen.
- Schwierige Probleme erfordern komplizierte Therapien.
- Der Kunde übt Widerstand, den er nur allmählich aufgibt.
- Lebensprobleme sind endgültig heilbar oder lösbar, was jedoch tiefe Selbsterkenntnis und einen langen Prozeß voraussetzt.

Trotz bester Absichten können diese Vorgaben in Maßnahmen der Kontrolle und Bevormundung ausarten, die sich nicht mit Respekt vor dem Sosein und Willen der Kunden vereinbaren lassen. Insofern erscheint mit folgender Vorschlag als eine sinnvolle Grundlage für die Beziehung zwischen Therapeut und Kunde:

> Ich werde Ihnen beistehen, solange Sie mich brauchen. Dafür erwarte ich von Ihnen, daß Sie mit mir zusammen daran arbeiten, meine Hilfe so bald wie möglich überflüssig zu machen.[112]

In diesem Buch habe ich eine Denkweise erkundet, die den Menschen als autonomes und zugleich kommunizierendes Wesen begreift. Gemäß diesem Ansatz ist keine Therapie die beste Therapie. Wird dennoch therapeutische Hilfe als unvermeidlich eingeschätzt, dann sollte sie möglichst gezielt und konzentriert sein.

Damit möchte ich jedoch nicht der Devise folgen, Therapie habe an sich und unabhängig vom Problemkontext kurz zu sein. Zwar soll sie nicht ausufern, ihre Dauer unterliegt aber stets individuellen und nicht absoluten Maßstäben. Mag für jede Psychotherapie gelten: »In der Kürze liegt die Würze«, im Einzelfall hat sie sich aber an der Problemlage und am Respekt zu orientieren.

Anhang 1

Fallbeispiele für kindliche Unruhe

Fall A: Beim Aufnahmegespräch berichtet die Mutter, ihr zehnjähriger Sohn terrorisiere sie regelrecht, greife sie tätlich an, sabotiere das Mittagessen, um sie dann, wenn alle fertig seien, erneut zum Kochen zu zwingen. »Gehorche« sie nicht, trete er ihr gegen die Beine, beiße sie usw. Einige Zeit nach dem »black-out« wisse der Junge nichts mehr davon, wirke verzweifelt und sei wieder lieb. Nach Meinung der Mutter gehen die »Anfälle« auf eine »Phosphat-Allergie« zurück, die der Kinderarzt diagnostiziert hat.

Der Vater, oft tagelang auf Dienstreise, gibt sich gelassen und selbstsicher: Wenn er zu Hause sei, passiere das alles nicht. Er sagt, die Schwierigkeiten hätten drei Jahre zuvor – nach der Einschulung – begonnen. Bis dahin habe es nur die ganz »normalen« Erziehungsprobleme gegeben. Ein damals aufgesuchter Kinderarzt habe sie als »Verhaltensstörung« bagatellisiert. Später habe eine Neuropädiaterin »Wahrnehmungsstörungen« festgestellt. Nach einer erfolglosen Behandlung mit Ritalin seien Störungen im Phosphatstoffwechsel »festgestellt« worden. Durch »phosphatarme« Diät habe sich die Lage kurzfristig beruhigt, doch nach wenigen Tagen seien die »Anfälle« erneut aufgetreten.

Der Junge sagt, er wolle »kein Theater mehr machen« und sich auf der Station bessern. Er merke selbst, daß er »wütend werde«, wenn er Phosphate gegessen habe. Dies geschehe aber nur zu Hause, wenn der Vater nicht da sei.

Ansonsten erfahren wir, daß weder aus dem Kindergarten noch aus der Vorschule Klagen gekommen seien. In der Schule gelte der Sohn als intelligent, störe aber durch seine »Zappeligkeit« häufig den Unterricht.

Im Verlauf der achtwöchigen stationären Behandlung lernten wir die Mutter als völlig resigniert kennen. Sie betont, viel Anerkennung zu brauchen und alles zu tun, um eine gute Mutter zu sein. Bei ihren drei sehr lebhaften Söhnen, die sie fast allein erziehen müsse, gelinge ihr das aber nicht. Darunter leide sie. Sie sei erpreßbar und kaum fähig, konsequent zu bleiben. Zudem schreie ihr Mann sie häufig vor den Kindern an oder lache sie aus, wodurch sie sich »entwertet« fühle.

Auf der Station wurde nur die »phosphatarme« Diät nach und nach abgesetzt, um eine »diagnostisch notwendige« Beobachtung zu ermöglichen. Der Junge war meist freundlich und kooperativ, bei aufkommender Unruhe jederzeit verbal zu beruhigen.

Als der Junge an Wochenenden beurlaubt und nach Hause geschickt wurde, zeigten sich wesentliche Veränderungen. Die Mutter bemühte sich, konsequent und eindeutig zu handeln; der Vater hielt sich weitgehend zurück. Das störende Verhalten des Jungen ließ nach und blieb im Rahmen des Erträglichen.

Später erfuhren wir vom Vater, daß die alten Probleme gänzlich verschwunden seien: Aufgrund seiner neuen beruflichen Situation müsse er nicht mehr verreisen und sei häufiger zu Hause. Zudem habe sich ein Schulwechsel günstig auf den Jungen ausgewirkt.

Einige Monate später rief jedoch die Mutter alarmiert an: Der Junge verhalte sich fast wieder so rüde wie anfangs; der Vater sitze seit einigen Wochen im Gefängnis.

Fall B: Ein 14jähriger kommt mit seinen Eltern zum Vorstellungstermin. Geschickt hat sie ein Psychologe, der den Jungen bei einer Kur betreute; dieser habe ein Hyperaktivitätssyndrom festgestellt und dringend zu einer Familientherapie geraten.

Die freundliche Mutter fällt durch stockendes, hastiges Reden und motorische Unruhe auf. Der Vater sitzt als ruhender Pol zwischen ihr und dem Sohn. Die Eltern berichten, der Junge sei von jeher ungeschickt und leicht ablenkbar, dabei aber sehr freundlich und hilfsbereit. Er leide an Legasthenie. In der Schule sei er zwar durch Unruhe aufgefallen, die Lehrer hätten ihn aber integrieren können.

Zu uns seien die Eltern nur gekommen, weil sie nichts unversucht lassen wollten. Im Gespräch erfahren wir, daß die Mutter während ihrer Kindheit stets sehr unruhig gewesen sei. Ihr Mann dagegen sei immer besonders ruhig gewesen, habe jedoch unter einer nicht erkannten Legasthenie gelitten.

Kind und Eltern präsentieren sich als eine harmonische, aber nicht »harmonisierende« Einheit. Sie selbst halten eine Behandlung nicht für erforderlich. Die Eltern fühlen sich imstande, ihrem Sohn die nötige Sicherheit, Unterstützung und emotionale Geborgenheit zu geben, ihn gegebenenfalls auch zu bremsen oder zu fordern. Wir kommen gemeinsam zu dem Schluß, daß keine weitere Diagnostik oder gar Behandlung angezeigt ist. Schließlich habe der Junge in seinen Eltern gute, erfahrene Experten, die ihm Wege zeigen können, seine Unruhe und seine Legasthenie zu meistern. Damit war die Beratung beendet.

Anhang 2

Auszüge aus Gesprächen mit einem magersüchtigen Mädchen

Das 13jährige Mädchen – hier »Karin« genannt – ist 158 cm groß und wiegt 33 Kilo, hat also rund 25 Prozent Untergewicht. Karin ist seit ungefähr einem Jahr magersüchtig und war bereits zweimal in stationärer Behandlung. Beide Male nahm sie mit Sondennahrung und restriktiven Maßnahmen relativ schnell zu und erreichte das Normgewicht, um entlassen zu werden. Kaum zu Hause, nahm sie wieder ab. An unsere Klinik hatte sie ihr Kinderarzt wegen bedenklicher Blutwerte überwiesen.
(T = Therapeut; K = Karin)

T: Wir können von zweierlei ausgehen: Du bist in einer Sackgasse und brauchst Hilfe, um da heraus zu finden. Oder es geht dir gut, und du verstehst nicht, was du hier sollst. Was ist dir lieber?

K: Das erste.

T: Ich kann dir zweierlei anbieten: Gespräche, in denen wir gemeinsam nach Auswegen suchen, ohne Gesichtsverlust, und einen Essensplan, damit du nicht immer allein entscheiden mußt, ob und was du ißt oder nicht.

K: Hm.

T: Angenommen, die Behandlung hier ist beendet und war erfolgreich. Was ist anders, woran merkst du das?

K: Ich kann leichter essen, nicht nur nach Plan, sondern Verschiedenes, denke nicht nur an das Essen und das Gewicht, kann wieder Sport treiben, bin weniger isoliert.

T: Wann fingst du mit dem Abnehmen an?

K: Vor einem Jahr. Ich war im Krankenhaus wegen einer schweren Grippe, verlor viel an Gewicht. Später dann, zu Hause, bekam ich Angst vor dem Dickwerden.

T: Was heißt Dicksein für dich? Nenn doch ein paar Begriffe, die dazu passen!

K: Komisch aussehen, verspottet werden, unbeweglich, häßlich, isoliert, ekelhaft, peinlich, schmutzig, unkontrolliert, süchtig, schwabbelig, unappetitlich, willenlos.

T: Fällt dir auch was Gutes dazu ein?

K: Nein!

T: Wie wäre es mit: fröhlich, warm, gemütlich, lebensfroh? Das schreibt man Dicken zu.

K: Ja, das stimmt.
T: Du sagst, Dicksein ist peinlich, man wird verspottet. Wie ist es mit Dürrsein?
K: Man kriegt Mitleid.
T: Was ist besser, Spott oder Mitleid?
K: Mitleid ist weniger schlimm.
T: Hm! Stell dir vor, daß es Männer gibt, die mollige Frauen mögen, aber kaum welche, die ganz dürre Frauen gut finden.
K: Ich dachte, es wäre umgekehrt.
T: Wenn es aber so ist, ist es den Dürren wohl nicht gegenüber den Männern peinlich, sondern eher gegenüber den Frauen. Was denkst du?
K: Das könnte sein.
T: Von Magersüchtigen weiß man, daß sie ihre Mütter besonders lieb haben. Stimmt das für dich?
K: Ja.
T: Was für ein Mensch ist deine Mutter?
K: Ernst, oft niedergeschlagen.
T: Und dein Vater?
K: Lustiger.
T: Wem kommst du eher nach?
K: Beiden, irgendwie.
T: Wärest du immer so wie dein Vater, was würde deine Mutter denken?
K: Sie fände es gut.
T: Immer?
K: Vielleicht wäre sie manchmal neidisch.
T: Würde sie es dir zeigen?
K: Nein.
T: Dann wüßtest du nicht, woran du bei ihr bist?
K: Stimmt.
T: Könnte es sein, daß du das, was du von deinem Vater hast, lieber unterdrückst?
K: Ja, das stimmt. Zum Beispiel, wenn Mama ihre Migräne hat. Dann bin ich traurig.
T: Wenn du lustiger wärest, wärest du dann besser als Mama?
K: Vielleicht.
T: Und das wolltest du nicht, weil du sie lieb hast?
K: Ja.
T: Könnte die ganze Magersucht ein Versuch sein, nicht besser zu sein als Mama?

K: Das könnte sein.
T: Aber du wärest zugleich doch besser, da willensstärker.
K: Hm!
T: Ein schwieriges Rennen. Du darfst weder gewinnen noch verlieren. Gewinnst du, bist du besser als Mama; verlierst du, was ist dann?
K: Mama denkt, ich habe keine Kontrolle über mich.
T: Und das heißt?
K: Sie denkt, ich bin unselbständig und sie muß auf mich achten.
T: Das heißt: Weder du noch Mama dürfen gewinnen oder verlieren. Gewinnst du, bist du die Bessere, eine Rabentochter, und Mama ist vielleicht traurig; verlierst du, dann bist du ein kleines, doofes Kind. Gewinnt sie, ist sie eine Rabenmutter; verliert sie, dann ist sie die Doofe. Was macht man mit so einem schwierigen Rennen?
K: Man gibt es auf.
T: Das hört sich wie eine Sackgasse an. Was heißt das aber für die Behandlung hier? Was denken deine Eltern, wenn du hier zunimmst?
K: Daß es hier besser ist als zu Hause.
T: Und wenn du nicht zunimmst?
K: Daß ich undankbar bin.
T: Das heißt, du kannst auch hier nicht besser werden? Oder doch? Gibt es einen Ausweg?
K: Vielleicht.
T: Wie wäre es mit einem Alibi? Nicht du bist hier besser geworden, sondern du konntest es nicht vermeiden, wegen des Plans.
K: Hm.
T: Bevor wir einen Plan machen, wie wäre es, wenn du ganz genau prüfst, ob du in den nächsten Tagen zunimmst, abnimmst oder gleich bleibst. Das nehmen wir dann als Ausgangspunkt. Einverstanden?
K: Einverstanden.
T: Nur eine Bitte: Wenn du beschließt, abzunehmen, dann nicht zu viel. Dann wären deine Eltern besorgt und wir müßten dich zwingen, zuzunehmen. O. K.?
K: O. K.!

Drei Tage später hat Karin das Gewicht aufs Gramm gehalten. Nun wünscht sie einen Plan: »Dann kann ich sagen, es lag an dem Plan.« Im weiteren Verlauf des stationären Aufenthaltes richtet sie sich genauestens nach dem Plan, allerdings ohne wesentlich zuzunehmen. Der Plan sieht vor, daß sie nur ab einem bestimmten Gewicht das Wochenende zu Hause verbringen darf. Karin nimmt während der Woche zu und am Wochenende zu Hause wieder ab. Nach einigen Wochen stellen Karin und ich gemeinsam fest, daß ihre Magersucht viel zu stark ist, um ihr den Umgang damit ganz selbst zu überlassen. Wir ändern den Plan und schränken sie stärker ein. Aber sie nimmt weiter ab. Die folgenden Auszüge stammen aus einem Gespräch, das wir nach der Straffung des Plans führten. (Dabei orientierte ich mich an Michael Whites Konzept der »Externalisierung«.)

T: Du hast wieder abgenommen; was bedeutet das?
K: Es geht mir schlecht, der neue Plan hat mir den Mut genommen. Nun komme ich gar nicht mehr nach Hause.
T: Heißt das, daß Magersucht nun ganz und gar am Siegen ist?
K: Weiß ich nicht.
T: Sie scheint über dich zu herrschen und deine Gesetze zu machen; oder gibt es ein anderes Gesetz, wonach du lebst?
K: Ja: Ich darf mir nichts gönnen.
T: Ist es dann eher Schuld, die deine Gesetze erläßt?
K: Wohl ja.
T: Woran merkst du das?
K: Zum Beispiel, in letzter Zeit. Ich denke, daß ich es nicht wert bin, daß meine Eltern mich immer noch hier besuchen.
T: Was alles beherrscht denn Schuld bei dir?
K: Fast alles.
T: Heißt das, daß Schuld bei dir viel mehr Aufgaben hat, als sie haben sollte? Denn eigentlich gehört sie in den Hintergrund und sollte aufpassen, daß du nichts Böses tust. Außerdem kann sie dich von dort aus auf deine Fehler hinweisen, damit du lernen kannst, dich richtig zu verhalten.
K: Ja, sie mischt sich in alles hinein.
T: Woher hast du diese so starke Schuld; wer hat sie dir gegeben?
K: Wohl meine Eltern. Sie gönnen sich auch kaum etwas.
T: Wollen wir also untersuchen, wie sich Schuld auf die Beziehung zu deinen Eltern auswirkt?
K: Ja.
T: Zum Beispiel, wie mischt sie sich in die Beziehung zu deinem Vater, was ermöglicht sie, was verhindert sie?
K: Sie verlangt, daß ich alles tue, damit Papa nicht traurig ist.
T: Und was ermöglicht sie?
K: Harmonie, daß ich seine kleine Tochter bleibe.

T: Und was verhindert sie?
K: Daß wir beide wachsen, daß jeder für sich ist, und daß wir doch eine gute Beziehung zueinander haben, eine andere, eine erwachsene Beziehung.
T: Das heißt, Schuld bekämpft und unterdrückt Wachsen? Kannst du dich aber erinnern, wann Wachsen in der Beziehung zu deinem Vater in letzter Zeit gegen Schuld gesiegt hat?
K: Ja, ich war in letzter Zeit häßlich zu Papa und er war traurig. Es ging aber dann vorbei. Da war Wachsen gegen Schuld erfolgreich.
T: War es gut oder schlimm?
K: Es war gut.
T: Und wie wirkt Schuld in die Beziehung zu deiner Mutter hinein?
K: Früher hat Mama immer gesagt, ich sei nicht schuld.
T: Und jetzt?
K: Wenn ich nicht zunehme, dann sagt Mama, es sei meine Schuld.
T: Könnte das heißen, daß Magersucht deine Verbündete ist, die dafür sorgt, daß Schuld deine eigene ist? Daß sie dir hilft, dir deine eigene Schuld zu erobern und sie deiner Mutter abzunehmen?
K: Hm.
T: Dann wäre Magersucht eher ein Mittel, um erwachsen zu werden, das heißt, eine eigene Schuld zu haben, die nicht mehr deiner Mutter gehört.
K: Hm.
T: Das klingt sehr sinnvoll. Denn als Kind hat man meistens noch keine eigene Schuld; sie wird von den Eltern verwaltet. Das heißt, du wüßtest, daß du erwachsen bist, wenn du eine eigene Schuld hast? Klingt das für dich auch sinnvoll?
K: Ja.
T: So gesehen, wäre es dumm, wenn du zu schnell auf Magersucht verzichtest, oder?
K: Das könnte sein.
T: Kannst du dich erinnern, wann du zuletzt schuldig warst gegenüber deiner Mutter?
K: Ja, zu Weihnachten. Da habe ich Mama gekränkt ...
T: Woran wirst du erkennen, daß Schuld deine eigene ist in bezug auf deine Mutter?
K: Wenn sie wütend auf mich ist. Das kommt aber selten vor, nur jetzt, wegen der Magersucht.
T: Also Magersucht ist deine Verbündete, um deine Mutter zu ärgern, damit sie dir deine Schuld überläßt?

K: So sieht es aus.

T: Denn nur wer eine eigene Schuld hat, ist erwachsen. Dann wird man ernstgenommen; man hat eine eigene Schuld.

K: Ja.

T: Und wenn deine Mutter das Opfer einer zu starken Schuld ist, die sie daran hindert, wütend auf dich zu werden? Dann würdet ihr euch im Kreis drehen und gar nicht zueinander finden. Was macht ihr dann?

K: Vielleicht muß ich es ausprobieren, ob sie doch wütend wird. Dann hätte ich meine Schuld.

T: Und wenn sie nicht wütend werden kann? Willst du ein Leben lang darauf warten und es immer wieder versuchen?

K: Nein. Dann möchte ich erwachsen werden, auch dann, wenn Mama nicht mitkommt.

Einige Tage später bittet uns Karin, für sie zu bestimmen, was sie essen solle. Sie schaffe es nicht allein. In dieser Phase ziehen sich die Eltern fast ganz zurück und besuchen ihre Tochter selten. Wir erfahren, daß sie erstmals ohne ihre Tochter in Sommerurlaub gefahren sind und sich dabei wohlfühlen. Karin nimmt »grammweise« zu und verkündet, daß sie unsere Maßnahmen mißachte. So verliert der stationäre Aufenthalt seinen Sinn und scheint das Problem noch zu verhärten. Beim Abschlußgespräch räumt der Therapeut ein, daß Karin und ihre Magersucht stärker sind als seine Möglichkeiten. Er habe versagt und gebe daher auf.

Daraufhin eröffnet Karin sichtlich befriedigt, daß sie nun, wenn sie wieder nach Hause komme, zuversichtlich sei, die Magersucht aufgeben zu können. Ihre Eltern hätten sich verändert und hingen nicht mehr an ihr; sie fühle sich nun frei, ein eigenes Leben zu beginnen. Die Eltern ergänzen, auch sie hätten Mut zum eigenen Leben gewonnen; jetzt liege es allein an der Tochter, was sie tun wolle. Sie würden Karin nicht mehr einengen.

Einige Monate später schrieb uns Karin, es gehe ihr wesentlich besser; ihre Eltern lebten nun ihr eigenes Leben.

Anmerkungen

I. Teil

1 Vgl. J. Dastague, »Die Paläopathologie«, in: R. Toellner (Hrsg.), *Illustrierte Geschichte der Medizin*, Band 1, Salzburg 1986, S. 19–47.

2 Vgl. etwa W. Schmidbauer, *Psychotherapie: Ihr Weg von der Magie zur Wissenschaft*, München 1971.

3 Vgl. J. Bengoa, *Historia del pueblo mapuche*, Santiago de Chile 1985, auch K. Ludewig, »Schritte in die Vergangenheit«, in: *Familiendynamik* 14, 1989, S. 163–177.

4 Nach Baissette, »Die Medizin bei den Griechen«, in: Toellner, *op. cit.*, S. 179–299, sind diese drei Mittel die Grundformen des Heilens schon bei Asklepios und in der altiranischen Medizin.

5 Vgl. Baissette, *op. cit.*

6 Vgl. H. P. Duerr, *Traumzeit*, Frankfurt 1983.

7 Heinz von Foerster definiert »Trivialität« als Kennzeichen monotoner Prozesse ohne strukturelle Veränderung, zum Beispiel bei bloßem Input-Output, vgl. *Sicht und Einsicht*, Braunschweig 1985.

8 Der Gesellschaftskritiker I. Illich spricht der modernen Medizin sogar ihren Erfolg ab und plädiert dafür, medizintechnische Krankheitspflege in menschenwürdige Gesundheitspflege zurückzuverwandeln, vgl. *Die Nemesis der Medizin*, Reinbek 1977.

9 Vgl. H. R. Maturana und F. Varela, *Der Baum der Erkenntnis*, Bern München Wien 1987.

10 N. Luhmann, *Soziale Systeme. Grundriß einer allgemeinen Theorie*, Frankfurt am Main 1984, S. 13.

11 Vgl. B. Snell, *Die Entdeckung des Geistes. Studien zur Entstehung des europäischen Denkens bei den Griechen*, Hamburg 1948.

12 Dieses Prinzip der »Naturheilkunde« prägt auch den Ansatz der Weltgesundheitsorganisation (WHO). Sie bestimmt Gesundheit als völliges Wohlergehen, nicht bloß als Gegenteil von Krankheit.

13 Vgl. Baissette, *op. cit.*, L. Bourgey und M. Martiny, »Hippokrates und die griechische Medizin des klassischen Zeitalters«, in: Toellner, *op. cit.*, S. 301–349.

14 Vgl. H. Glaser, *Das Denken in der Medizin*, Berlin 1967.

15 Der Begriff »Kunde« ist eine sinnvolle Alternative zu »Patient« (der Leidende oder Duldende) und »Klient« (der Schutzbefohlene). Aufgrund der althochdeutschen Wortstämme »kund« (gewußt, bekannt) und »kundo« (Bekannter, Einheimischer) betont er Autonomie und Mitwirkung: Der Kunde weiß, was ihm fehlt, was er will und vor allem, was ihm hilft.

16 Vgl. etwa A. Schorr, *Die Verhaltenstherapie. Ihre Geschichte von den Anfängen bis zur Gegenwart*, Weinheim Basel 1984.

17 Einen Überblick über diese Denksysteme geben B. B. Wolman, *Contemporary Theories and Systems in Psychology*, New York 1960, auch zusammengefaßt C. Hampden-Turner, *Modelle des Menschen. Ein Handbuch des menschlichen Bewußtseins*, Weinheim Basel 1982; über die Modelle der Psychotherapie J. Kriz, *Grundkonzepte der Psychotherapie*, München 1985, sowie J. D. Frank, *Die Heiler*, Stuttgart 1981.

18 Maturana und Varela führten den Begriff »Driften« in die Evolutionstheorie ein, um eine Alternative zur »Anpassung an Gegebenes« vorzuschlagen. In ihrer »Wassertropfen-Analogie« verglichen sie das Driften der Lebewesen mit Rinnsalen, die vom Gipfel eines Berges an den Hängen hinabfließen und vielfältige »Pfade« einschlagen, vgl. *Der Baum der Erkenntnis*, *op. cit.*, S. 120 f.

19 Vgl. A. Roback, *Weltgeschichte der Psychologie und Psychiatrie*, Olten 1970.

20 W. James, *Psychologie*, Leipzig 1909, S. 469.

21 »Heinz von Foersters Theorem Nr. 2« lautet: »Die ›hard sciences‹ sind erfolgreich, weil sie sich mit den ›soft problems‹ beschäftigen; die ›soft sciences‹ haben zu kämpfen, denn sie haben es mit den ›hard problems‹ zu tun.« Vgl. v. Foerster, *Sicht und Einsicht*, *op. cit.*, S. 17.

22 Vgl. S. Preiser, »Kontroversen um das Experiment«, in: H. Balmer (Hrsg.), *Geschichte der Psychologie*, Band 1, Weinheim Basel 1982, S. 43–57. Eine Zusammenstellung des aktuellen Diskussionsstandes hierzu bietet G. Jüttemann (Hrsg.), *Die Geschichtlichkeit des Seelischen*, Weinheim 1986.

23 W. Metzger, »Psychologie zwischen Natur- und Geisteswissenschaften«, in: Balmer, *op. cit.*, S. 15.

24 Vgl. *ibid.*

25 Vgl. T. Herrmann, »Ganzheitspsychologie und Gestalttheorie«, in: Balmer, *op. cit.*, S. 573–658; W. Metzger, »Gestalttheorie im Exil«, in: Balmer, *op. cit.*, S. 659–683; und Wolman, *op. cit.*

26 Gestaltpsychologie und verstehende Psychologie lassen sich auf das »epistemologische Vermächtnis« Kants zurückführen. Objektives Erfassen ist unmöglich, weil die Parameter unserer Wahrnehmung keine Eigenschaften der Welt, sondern der apriorischen Kategorien unseres ordnenden Geistes sind. Vgl. z. B. M. Heidelberger, »Selbstorganisation im 19. Jahrhundert«, in: W. Krohn u. G. Küppers (Hrsg.), *Selbstorganisation. Aspekte einer wissenschaftlichen Revolution*, Braunschweig Wiesbaden 1990, S. 67-104.

27 Metzger, »Gestalttheorie im Exil«, *op. cit.*, S. 661.

28 *Ibid.*, S. 662.

29 Vgl. Herrmann, *op. cit.*

30 P. R. Hofstätter bemerkt hierzu, daß »die These vom Primat der Gestalt und der Ganzheit zu einem Glaubensbekenntnis wurde, dessen Ablegung außerwissenschaftlichen Bedürfnissen diente«, vgl. *Psychologie*, Frankfurt am Main 1957, S. 144 f.

31 Vgl. G. Portele, »Gestalttheorie, Theorie der Autopoiese und Gestalttherapie«,

in: *Gestalt Theory* 7, 1985, S. 245–259, sowie *Autonomie, Macht, Liebe*, Frankfurt 1989.

32 H. Thomä und H. Kächele meinen, daß die begrifflichen Anleihen der Psychoanalyse bei der Mechanik (Energie, Übertragung, Widerstand, Verdrängung, Apparat, Objektbesetzung, Projektion, Verschiebung usw.) nur epochenbedingte Metaphern waren, vgl. *Lehrbuch der psychoanalytischen Therapie*, Berlin Heidelberg 1985.

33 Vgl. E. Fromm, *The Crisis of Psychoanalysis*, Greenwich 1970.

34 Aufgrund dieser Einschränkung wurde der Psychoanalyse von positivistischer Seite vorgeworfen, sie sei »unwissenschaftlich«. Dem liegt jedoch der Universalitätsanspruch »einer« Wissenschaft zugrunde.

35 Der späte Freud hinterfragte selbst diesen reduktionistischen Aspekt seiner Theorie.

36 Am erfolgreichsten waren die Analytische Psychologie Jungs, die Individualpsychologie Adlers und die späteren Ich-Psychologien. Auf der Basis späterer Gedanken Freuds (etwa in »Zur Einführung des Narzißmus« und »Massenpsychologie und Ich-Analyse«) richteten Anna Freud, Hartmann und andere ihr Interesse vom Es auf das Ich. Später wurde davon das Selbst abgegrenzt. Fromm bemerkte hierzu, die Ich-Psychologie verharmlose den radikalen Ansatz Freuds, eine Psychologie des Irrationalen zu begründen, und sei konformistisch: Sie gebe das emanzipatorische Ziel Freuds auf, dem Menschen zur Rationalität zu verhelfen. (Fromm, *The Crisis of Psychoanalysis*, *op. cit.*, S. 32 f.).

37 Die Freudsche Psychoanalyse diente vielen späteren Theorien als negativer Bezugspunkt. Das gilt auch für die Familientherapie, die sich anfangs fast feindselig von der Psychoanalyse abgrenzte, vgl. z. B. G. Guntern, »Die kopernikanische Revolution in der Psychotherapie: der Wandel vom psychoanalytischen zum systemischen Paradigma«, in: *Familiendynamik* 5, 1980, S. 2–41. Die Reaktionen von Anhängern der Psychoanalyse waren aber nicht minder polemisch, vgl. z.B. T. Plankers, »Zum Verhältnis von Psychoanalyse und Systemtheorie«, in: *Psyche* 40, 1986, S. 678–705; G. Fischer u. B. Wurth, »Handlungskausalität und zirkuläres Denken – Systemtherapie vs. Psychoanalyse«, in: *Psyche* 43, 1989, S. 339–358. In letzter Zeit nähern sich jedoch einige Psychoanalytiker der Systemtheorie an, vgl. M. Buchholz, *Die unbewußte Familie*, Berlin Heidelberg New York 1990, T. H. Brocher u. C. Sies, *Psychoanalyse und Neurobiologie*, Jahrbuch der Psychoanalyse, Beiheft 10, Stuttgart 1986.

38 Insbesondere durch Sechenow, Pawlow und Bechterew.

39 Ein wichtiger Vorläufer war Edward L. Thorndike, der 1898 das »Gesetz des Effektes« publizierte.

40 Watsons radikaler Behaviorismus äußert sich in folgendem Zitat: »Gebt mir ein Dutzend gesunder Säuglinge, und ich garantiere euch, aus jedem beliebigen von ihnen einen Wissenschaftler, Bettler oder Dieb zu machen, unabhängig von

seinen Talenten und Fähigkeiten oder der Rasse seiner Vorfahren«, vgl. Wolman, *op. cit.*, S. 78.

41 Die Verhaltenstheorie Hulls stützte sich auf Newtons Mechanik und den logischen Positivismus des Wiener Kreises. Hull beschrieb menschliches Verhalten mittels mathematischer Formalismen als zielgerichtet; angestrebt sei stets, Bedürfnisspannung (*drive*) abzubauen. Lernen heiße, Gewohnheitspotentiale (*habits*) für bestimmte Reizkonstellationen auszubilden. Tolmans Verhaltenstheorie läßt sich als Kognitionstheorie deuten: Der Organismus assoziiert nicht nur automatisch Reiz und Reaktion, sondern nimmt auch durch innere Erwartungen die Folgen seines Verhaltens vorweg, selektiert also. Skinner lehnte es gegenüber seinen Vorläufern ab, Verhalten (etwa Lernen) mit Phänomenen aus anderen Bereichen (wie Physiologie) oder intervenierenden Variablen (der Spannung oder Erwartung) zu erklären. Die psychologische Grundeinheit sei der Reflex. Die Psychologie untersuche Verhaltensweisen und Situationen; alles andere sei pure Spekulation.

42 Wolman bemerkt hierzu: »Man könnte sagen, daß Skinner und Freud dasselbe Objekt untersuchten: Skinner von außen, Freud von innen. Ihre Befunde dürfen einander nicht widersprechen, obwohl sie für unterschiedliche Aspekte des beobachteten Phänomens gelten«, vgl. *op. cit.*, S. 139.

43 Die Persönlichkeitspsychologen des frühen 20. Jahrhunderts (zum Beispiel W. Stern in Deutschland und G. Allport in den USA) hatten ihren Gegenstand als einen Komplex von prägenden Grundmerkmalen (*traits*) definiert. Dagegen analysierten die Verhaltenspsychologen prägende Zustände (*states*). In den sechziger Jahren entstand mit dem Interaktionismus eine vermittelnde Position, das Verhalten als eine Wechselwirkung personaler und situativer Aspekte aufzufassen. Dieser Ansatz öffnete den Weg zu einer transpersonalen Psychologie.

44 H. S. Sullivan erweiterte die Individualtherapie um den Aspekt des Transpersonalen; K. Horney betonte Geschlecht, Gesellschaft und Kultur, E. Fromm führte ethisch-normative und sozial-emanzipatorische Momente ein.

45 Vgl. etwa W. D. Hitt, »Two Models of Man«, in: *American Psychologist* 24, 1969, S. 651–658.

46 E. Fromm, *Man for Himself*, London 1949, S. 237.

47 Die humanistischen Psychologen knüpften an die philosophischen Ansätze jüdisch-christlicher Denker wie Martin Buber und Gabriel Marcel an. Diese wandten sich gegen die zunehmende Unterordnung des Menschen unter die Technik und stellten der kapitalistischen Moral der Habgier einen neuen Humanismus entgegen. Darin bedingt das Du die Existenz und Selbsterkenntnis des Ich: Der Mensch verwirkliche sich im Dialog durch Liebe und Hingabe an das Du. Nach Marcel ist die Verbindung von Du und Ich zum »Wir« zugleich das Grundmotiv der menschlichen Existenz und das einzige tragende Fundament einer Ontologie. Vgl. H. Noack, *Die Philosophie Westeuropas*, Darmstadt 1962.

48 Vgl. C. Rogers, *On Becoming a Person*, London 1961; ders. und B. Stevens, *Person to Person: The Problem of Being Human*, Lafayette 1967; und L. A. Pervin, *Persönlichkeitstheorien*, München 1987.

49 Rogers und Stevens, *op. cit.*, S. 3.

50 Vgl. Rogers, *Client-centered Therapy*, Boston 1951; R. Tausch, *Gesprächspsychotherapie*, Göttingen 1968; R. und A. M. Tausch, *Erziehungspsychologie*, Göttingen 1970.

51 Die Einbeziehung ethischer Gesichtspunkte ist ein zentrales Thema der humanistischen Psychologie. Erich Fromm unterschied zwischen reifen, liebesfähigen und unreifen, allenfalls zur Pseudoliebe fähigen Menschen (*Die Kunst des Liebens*, Frankfurt Berlin 1980). Abraham Maslow stellte eine Hierarchie der menschlichen Grundmotive auf. Danach erreichen nur jene Menschen die höchste Stufe – Selbstverwirklichung –, die alle wichtigen Zwischenstufen – physiologische Bedarfsdeckung, Geborgenheit, Zugehörigkeit und Anerkennung – erfolgreich durchlaufen haben. Im Lichte seiner empirischen Befunde forderte er die Psychologen auf, ihre Methoden auf die Förderung von Glück und Gesundheit auszurichten, statt sich nur negativ zu orientieren (*Motivation and Personality*, New York 1970).

52 Systemtheoretisch orientierte Projekte finden sich in der akademischen Psychologie vereinzelt z. B. bei D. Dörner et al., *Lohhausen. Vom Umgang mit Unbestimmtheit und Komplexität*, Bern Stuttgart Wien 1983, W. Stangl, *Das neue Paradigma der Psychologie*, Braunschweig 1989, G. Schiepek, *Systemtheorie der Klinischen Psychologie*, Braunschweig 1991.

53 Vgl. T. Parsons, *The Social System*, Glencoe 1951.

54 Nach Watzlawick et al. gilt als Axiom: »Man kann nicht nicht kommunizieren.« Jede Mitteilung habe einen Inhalts- und einen Beziehungsaspekt; letzterer betreffe die pragmatische Bedeutung. Kommunikation sei digital oder analog, stütze sich auf abstrakte Zeichen (Namen, Worte) oder bildhafte Darstellung (Gesten). Die gewählte »Interpunktion« diene als Zuordnungsfaktor. Beziehungen seien symmetrisch, wenn sie auf Gleichheit, oder komplementär, wenn sie auf Unterschiedlichkeit (Hierarchie) beruhen. Vgl. *Menschliche Kommunikation*, Bern Stuttgart Wien 1969.

55 H. von Foerster unterscheidet zwischen »Kybernetik 1. Ordnung« (des Beobachteten) und »Kybernetik 2. Ordnung« (des Beobachtens, also des Beobachters). Vgl. »On cybernetics of cybernetics and social theory«, in: G. Roth/H. Schwegler (Hrsg.), *Self-organizing Systems*, Frankfurt New York 1981, S. 102–105.

56 G. A. Kelly entwarf in den fünfziger Jahren eine kognitive Persönlichkeitstheorie, die ihrer Zeit weit voraus war. Danach bildet der Mensch im Lauf seines Lebens »Konstruktsysteme«, mit denen er Verhalten deutet und sein Handeln orientiert. Diese Theorie zeigt deutliche Parallelen zu Piagets Entwicklungstheorie der Kognition. Beide verbindet die Auffassung, daß Konstrukte »real« sind, ob sie der »realen« Welt entsprechen oder nicht. Vgl. Kelly, *Die Psychologie der persön-*

lichen Konstrukte, Paderborn 1986; und Piaget, *Einführung in die genetische Erkenntnistheorie*, Frankfurt am Main 1973.

57 Vgl. E. v. Glasersfeld, *Wissen, Sprache und Wirklichkeit*, Braunschweig 1987 sowie S. J. Schmidt (Hrsg.), *Der Diskurs des Radikalen Konstruktivismus*, Frankfurt 1987.

58 Gegenüber der alten Frage, ob Psychotherapie Kunst oder Wissenschaft ist, schlugen sich führende systemische Therapeuten auf die Seite der Kunst. Vgl. B. F. Keeney, *Aesthetics of Change*, New York 1983, H. Stierlin, »Familientherapie: Wissenschaft oder Kunst?«, in: *Familiendynamik* 4, 1983, S. 364–377.

59 G. Schiepek, *Systemtheorie*, *op. cit.*, S. 16 f.

60 F. W. Deneke, »Das Selbst-System«, in: *Psyche* 43, 1989, S. 589.

61 Das Konzept »Übertragungsneurose« diente anfangs diagnostischen und erst in zweiter Linie therapeutischen Zwecken. Im heutigen Verständnis steht sie im Mittelpunkt psychotherapeutischer Theorie (vgl. Thomä u. Kächele, *op. cit.*).

62 Die auf Freud zurückgehende psychoanalytische Standardtechnik erwies sich bekanntlich bei »schwer gestörten« Patienten als psychische, bei vielen anderen als finanzielle Überforderung.

63 Vgl. Thomä u. Kächele, *op. cit.*, mit weiteren Hinweisen.

64 Vgl. etwa P. Fürstenau, »Der Psychoanalytiker als systemisch arbeitender Therapeut«, in: *Familiendynamik* 9, 1984, S. 166–176 sowie Buchholz, *op. cit.*, mit weiteren Hinweisen.

65 Vgl. D. H. Malan, *Psychoanalytische Kurztherapie*, Bern 1965, M. Balint et al., *Fokaltherapie. Ein Beispiel angewandter Psychoanalyse*, Frankfurt 1973.

66 Nach eigenen Angaben führte der Psychologe H. J. Eysenck 1959 den Begriff »behaviour therapy« ein. Diese Therapie sollte den Psychologen vorbehalten bleiben, während Mediziner sich auf die Psychoanalyse zu beschränken hatten. Vgl. »Behaviour Therapy: Present and Future«, in: J. C. Brengelmann und W. Tunner (Hrsg.), *Behaviour Therapy – Verhaltenstherapie*, München Berlin Wien 1973, S. 5.

67 Vgl. H. Reinecker, *Grundlagen der Verhaltenstherapie*, München Weinheim 1987.

68 Vgl. H. J. Eysenck und S. Rachman, *The Causes and Cures of Neuroses*, London 1965.

69 Vgl. L. P. Ullmann und L. Krasner, *A Psychological Approach to Abnormal Behavior*, Englewood Cliffs 1969.

70 I. Hand und E. Kaunisto beziehen daher systemische Aspekte in ihr verhaltenstherapeutisches Konzept ein, vgl. »Multimodale Verhaltenstherapie bei problematischem Verhalten in Glücksspielsituationen«, in: *Suchtgefahren* 30, 1984, S. 1–11.

71 Danach sind Verhaltensanomalien Symptome eines nach dem Modell somatischer Krankheiten konzipierten Prozesses, zum Beispiel eines innerpsychischen Konflikts. Vgl. H. Keupp, *Psychische Störungen als abweichendes Verhalten*, München Berlin Wien 1972.

72 Vgl. Reinecker, *op. cit.* Iver Hand unterscheidet zwischen klinischer Verhaltenstherapie bei »Patienten« und Verhaltensmodifikation bei »Klienten« (sonst insgesamt adaptierten Personen). Vgl. »Verhaltenstherapie in der Psychiatrie«, in: *Therapiewoche* 34, 1984, S. 259–270.

73 Vgl. etwa F. S. Perls, *Gestalt-Therapie in Aktion*, Stuttgart 1974; H. Petzold, *Gestalttherapie und Psychodrama*, Kassel 1973; bzw. C. R. Rogers, *Client-centered Therapy, op. cit.*; H. Bommert, *Grundlagen der Gesprächspsychotherapie*, Stuttgart 1982; R. Sachse und J. K. Howe (Hrsg.), *Zur Zukunft der klientenzentrierten Psychotherapie*, Heidelberg 1989.

74 Dokumente aus dieser Zeit finden sich in: Bateson et al., *Schizophrenie und Familie*, Frankfurt am Main 1969; MacGregor et al., *Multiple Impact Therapy with Families*, New York 1964. Vgl. auch L. Hoffman, *Grundlagen der Familientherapie*, Hamburg 1987.

75 Nach eigenen Angaben war Bateson von 1949 bis 1962 als »Ethnologe ohne besondere Aufgabe« im Veterans Administration Hospital in Palo Alto, Kalifornien, beschäftigt. Er nutzte diese Zeit, um die Kommunikation schizophrener Patienten zu studieren. 1952 schlossen sich ihm Jay Haley, John Weakland und andere an. 1956 führte das Team die »double-bind-Hypothese« ein. Vgl. Bateson et al., *op. cit.*, S. 11–43 und Bateson, *Ökologie des Geistes*, Frankfurt am Main 1980, S. 270–301.

76 Vgl. S. Minuchin, *Familie und Familientherapie*, Freiburg 1977; J. Haley, *Direktive Familientherapie*, München 1977; P. Watzlawick et al., *Lösungen. Zur Theorie und Praxis menschlichen Wandels*, Bern Stuttgart Wien 1974; M. Selvini Palazzoli et al., *Paradoxon und Gegenparadoxon*, Stuttgart 1978.

77 D. D. Jackson prägte 1957 das Konzept »Familienhomöostase« analog zum physiologischen Gleichgewicht. Vgl. »The Question of Family Homeostasis«, in: *International Journal of Family Therapy* 3, 1981, S. 5–15.

78 Gerade diese Orientierung brachte der Familientherapie den Vorwurf ein, einen antiquierten »Familialismus« zu betreiben. Vgl. G. Hörmann et al. (Hrsg.), *Familie und Familientherapie*, Opladen 1988.

II. Teil

1 Vgl. Luhmann, *Soziale Systeme*, *op. cit.*

2 Vgl. F. J. Varela/E. Thompson, *Der Mittlere Weg der Erkenntnis,* Bern, München, Wien 1992.

3 Eine für die systemische Therapie relevante Gegenüberstellung der Gedanken Batesons und Maturanas bietet P. F. Dell, »Von systemischer zur klinischen Epistemologie. I. Von Bateson zu Maturana«, in: *Zeitschrift für systemische Therapie* 2, 1984, S. 147–171.

4 Maturana und Varela, *op. cit.*, S. 20.

5 Das theoretische Gebäude Maturanas ruht auf eigenen Untersuchungen zur optischen Wahrnehmung und aus der Reinterpretation einiger Befunde der Neurophysiologie, besonders im Bereich der sog. optischen Täuschungen. Bei Studien zur Farbwahrnehmung konnte Maturana in den sechziger Jahren keine eindeutige Korrelation zwischen der chromatischen Zusammensetzung gemessener Lichtreize und der Aktivität von Rezeptorzellen der Netzhaut herstellen. Dagegen korrelierte die Aktivität der Netzhaut und anderer Bestandteile des Nervensystems mit der sprachlichen Kodierung – der Benennung – von Farben. Das Nervensystem arbeitet also intern kohärent, und nicht abhängig von Eigenschaften der Außenwelt. Davon zeugt das »Konstanzphänomen«: Trägt man zum Beispiel eine Apfelsine durch unterschiedlich beleuchtete Räume, wird sie stets orangefarben wahrgenommen, obwohl die gemessenen Werte der Lichtreflexion schwanken. 1943 nutzte der Physiologe Sperry die Tatsache, daß sich durchtrenntes Gewebe, so auch der Sehnerv, bei Salamandern regeneriert, um Wahrnehmungsprozesse zu studieren: Er entfernte operativ ein Auge und setzte es dem Versuchstier um 180 Grad verdreht wieder ein. In der Folge züngelte der Salamander beim Fliegenfangen in die falsche Richtung. Auch hier korreliert die Aktivität der Netzhaut mit der Motorik der Zunge; die Position des Außenreizes ist dagegen unerheblich. Vgl. H. R. Maturana, *Erkennen: Die Organisation und Verkörperung von Wirklichkeit*, Braunschweig 1982; ders. und Varela, *Der Baum der Erkenntnis*, *op. cit.*

6 So sah es der Literaturwissenschaftler Hartmut Böhme bei seiner Behandlung der Philosophie des Fragens (»Die literarische Dimension der Frage und des Fraglosen im Werk Hubert Fichtes«, Vortrag im Institut für Systemische Studien Hamburg am 29. 9. 90); vgl. auch H. v. Foerster, »Entdecken oder Erfinden – Wie läßt sich Verstehen verstehen?«, in: W. Rotthaus (Hrsg.), *Erziehung und Therapie in systemischer Sicht*, Dortmund 1987, S. 23 ff.

7 Vgl. H. R. Maturana, »Wissenschaft und Alltagsleben: Die Ontologie der wissenschaftlichen Erklärung«, in: W. Krohn et al. (Hrsg.), *Selbstorganisation. Aspekte einer wissenschaftlichen Revolution*, Braunschweig Wiesbaden 1990, S. 107–138.

8 H. R. Maturana, »Biologie der Kognition«, in: *Erkennen*, *op. cit.*, S. 34.

9 Maturana, *Erkennen*, *op. cit.*, S. 15.

10 Das Konzept »Errechnen« geht auf Heinz von Foerster zurück, vgl. *Sicht und Einsicht*, *op. cit.*

11 Vgl. v. Foerster, *op. cit.*, S. 41

12 Näheres hierzu bei Luhmann, *Soziale Systeme*, *op. cit.*; in diesem Band Kap. 4.

13 Mit dem Begriff »Erkenntnis« bleibe ich in der Terminologie Maturanas, berücksichtige jedoch den Einwand von Glaserfelds, daß dieser Begriff traditionell die »Widerspiegelung einer Welt« impliziere. Die Alternativen – Wissen, Konstrukte, Konstruktionen usw. – befreien doch nicht von den Tücken der Semantik.

14 Maturana und Varela, *op. cit.*, S. 36.

15 *Ibid.*, S. 32.

16 Ein Beispiel für das Mißverständnis, das aus der Identifikation von Innen- und Außenperspektive resultieren kann, geben Maturana und Varela: »Stellen wir uns jemanden vor, der sein ganzes Leben in einem U-Boot verbracht hat, ohne es je zu verlassen, und der im Umgang damit ausgebildet wurde. Nun sind wir am Strand und sehen, daß das U-Boot sich nähert und an der Oberfläche auftaucht. Über Funk sagen wir dem Steuermann: ›Glückwunsch, du hast alle Riffe umschifft und bist elegant aufgetaucht; du hast das Boot perfekt manövriert!‹ Der Steuermann im Inneren des Boots ist erstaunt: ›Was heißt denn ›Riffe‹ und ›Auftauchen‹? Ich habe nur Hebel betätigt und Knöpfe gedreht, um bestimmte Relationen zwischen den Anzeigen der Geräte herzustellen – alles in einer vorgeschriebenen Reihenfolge, an die ich gewöhnt bin. Ich habe kein ›Manöver‹ durchgeführt, und was soll das Gerede von einem U-Boot?‹ Für den Kapitän gibt es nur Anzeigen der Instrumente, ihre Übergänge und Relationen. Nur für den Außenbeobachter, der sieht, wie sich die Relationen zwischen dem U-Boot und seiner Umgebung verändern, gibt es ein ›Verhalten‹, das je nach seinen Konsequenzen mehr oder weniger angemessen erscheint.« (Maturana und Varela, *op. cit.*, S. 149 f.)

17 H. R. Maturana und F. J. Varela, *De máquinas y seres vivos*, Santiago de Chile 1972, S. 9 (Deutsch in: Maturana, *Erkennen*, *op. cit.*, S. 170–235).

18 H. R. Maturana, *Biología de la Cognición y Epistemología*, Temuco 1990, S. 63.

19 Anders als in meiner Übersetzung von *Der Baum der Erkenntnis*, wo ich die Begriffe »Perturbieren« und »Perturbation« übernahm, verwende ich hier die Ausdrücke »Verstören« und »Verstörung«, die ich 1983 in den therapeutischen Diskurs einführte. Sie sollten aber, zumindest in der aktiven Form »Verstören«, mit gebotener Vorsicht verwendet werden. (»Die therapeutische Intervention«, in: K. Schneider [Hrsg.], *Familientherapie in der Sicht psychotherapeutischer Schulen*, Paderborn 1983.) In der Klinischen Theorie verwende ich entsprechend »Anregen« für den aktiven Part des Helfers und reserviere »Verstörung« für die vom Kunden strukturell bestimmte Reaktion (Veränderung seiner Struktur).

20 Griechisch: *autos* = selbst, *poiein* = gestalten, machen.

21 Maturana führt die Entstehung dieses Begriffs auf seine Auseinandersetzung mit dem Dilemma des Don Quijote zurück, sich zwischen den Waffen (Praxis) und der Kunst (Poiesis) zu entscheiden. Daran habe er erkannt, daß »Poiesis« die Organisation des Lebens weit besser trifft als »Autonomie« (Vgl. K. Ludewig und H. R. Maturana, *Conversaciones*, Temuco 1992).

22 Maturana und Varela, in: *Maturana, Erkennen, op. cit.*, S. 184 f.

23 »Allopoietische« Maschinen erzeugen dagegen etwas von sich Verschiedenes (etwa Dinge, Gegenstände).

24 Vgl. S. J. Schmidt (Hrsg.), *Gedächtnis*, Frankfurt 1991; H. Nowotny, *Eigenzeit. Entstehung und Strukturierung eines Zeitgefühls*, Frankfurt am Main 1989.

25 Neologismus aus der spanischen Wortschöpfung »lenguajear« (englisch: »to language«). Linguieren meint nach Maturana eine Lebensweise und kann daher

etwa mit »Sprechen« oder »Versprachlichen« nur unzureichend übersetzt werden, zumal damit allein verbale Äußerungen oder Umsetzung in Sprache gemeint wären.

26 Maturana unterscheidet fünf Ebenen rekursiver Koordination des Verhaltens:
- Die Primär- oder Grundebene (Verhaltenskoordination);
- die Sprachebene (Linguieren);
- die Ebene der sprachlichen Unterscheidung (Beobachten), auf der »Objekte« konstituiert werden;
- die körperliche Zuordnung des Beobachtens (Beobachter), mit der Bewußtsein entsteht; und
- die Abgrenzung des Beobachters von einem Netzwerk rekursiver Interaktionen (Selbstbewußtsein). Vgl. »Reality: The search for objectivity or the quest for a compelling argument«, in: *Irish Journal of Psychology* 9, 1988, S. 46–48.

27 Maturana und Varela, *op. cit.*, S. 226.

28 H. R. Maturana, *Biología de la Cognición, op. cit.*, S. 33.

29 *Ibid.*

30 Vgl. H. R. Maturana, »Ontologie des Konversierens«, in: K. W. Kratky und F. Wallner (Hrsg.), *Prinzipien der Selbstorganisation,* Darmstadt 1990, S. 140–155.

31 Maturana, »Reality ...«, *op. cit.*, S. 28.

32 *Ibid*, auch Maturana, »Wissenschaft und ...«, op. cit.

33 Eine wissenschaftliche Erklärung setzt nach Maturana voraus: Beschreibung eines Phänomens (einer Erfahrung), das heißt Angabe der Operationen, die andere Beobachter ausführen müssen, um das Phänomen nachzuvollziehen; Erzeugung oder Rekonstruktion des Phänomens aus Elementen, die einem anderen, grundlegenderen Erfahrungsbereich entstammen; Ableitung weiterer Phänomene, die ebenfalls »erzeugt« werden; Beobachten (Erleben, Erfahren) der abgeleiteten Phänomene. Vgl. *ibid.*

34 G. Schiepek, »Beitrag zu einer Diskussion im Vorfeld systemischer Methodologie«, in: *Zeitschrift für systemische Therapie* 6, 1988, S. 75.

35 Ernst von Glasersfeld erklärt aus epistemologischen Gründen die Autonomie des Anderen für unverzichtbar, zumal der Einzelne weder Erkenntnis noch Wirklichkeit zu konstituieren vermag (»Zuerst muß man zu zweit sein«, in: *Systeme* 4, 1990, S. 119–135).

36 H. R. Maturana, »Hinter den Kulissen der Kognition«, in: *Familiendynamik* 13, 1988, S. 168.

37 H. R. Maturana, »Reflexionen über Liebe«, in: *Zeitschrift für systemische Therapie* 3, 1985, S. 129f.

38 v. Glasersfeld, *op. cit.*, S. 119f.

39 Maturana, *Erkennen, op. cit.*, S. 75.

40 Der Begriff »Metapher«, etwa im Unterschied zu »Wahrheit«, erweist sich im systemischen Denken als gegenstandslos und ist daher im strengen Sinne überflüssig.

41 Vgl. P. F. Dell, »Violence and the systemic view: The problem of power«, in: *Family Process* 28, 1989, S. 1–14.

42 Vgl. etwa Heft 3, 1987 der *Familiendynamik* und Heft 2, 1989 der *Zeitschrift für systemische Therapie*.

43 Den Begriff »Trivialität« verwendet H. von Foerster im Sinne des Mathematikers Alan Turing, um triviale von nicht-trivialen Maschinen zu unterscheiden: Eine »triviale Maschine« verbindet Ursachen fehlerfrei und monoton mit Wirkungen. Eine »nicht-triviale Maschine« verändert bei jeder Operation ihren »internen Zustand«, ist also unberechenbar. Triviale Maschinen sind synthetisch determiniert, analytisch determinierbar, unabhängig von der Vergangenheit und voraussagbar. Nicht-triviale Maschinen sind synthetisch determiniert, analytisch unbestimmbar, abhängig von der Vergangenheit und praktisch nicht voraussagbar. Gegenüber einer nicht-trivialen Welt sieht von Foerster drei Möglichkeiten zu handeln: Ignoriere die Frage! Trivialisiere! Entwickle eine Epistemologie des Nicht-Trivialen! Vgl. »Entdecken oder Erfinden«, *op. cit.* S. 36–41.

44 G. Roth, »Autopoiese und Kognition«, in: G. Schiepek (Hrsg.), *Systeme erkennen Systeme*, München Weinheim 1987, S. 50–74.

45 Maturana, *Erkennen, op. cit.*, S. 269.

46 H. v. Foerster, *Sicht und Einsicht, op. cit.*, S. 25.

47 E. v. Glasersfeld, »Siegener Gespräche über Radikalen Konstruktivismus«, in: S. J. Schmidt (Hrsg.), *Der Diskurs, op. cit.*, S. 430.

48 Vgl. G. Bateson, *Geist und Natur. Eine notwendige Einheit*, Frankfurt am Main 1982, S. 88.

49 Luhmann unterscheidet vier Grundarten von Systemen: Maschinen, Organismen, soziale und psychische Systeme. Jedem von ihnen liegt eine spezifische basale Operation zugrunde.

50 H. Willke, *Systemtheorie*, Stuttgart New York 1982.

51 Griech. systema (= Gebilde), aus syn (= zusammen) und histanai (= stellen). Erste Zeugnisse des konzeptionellen Umgangs mit Ganzheit führen spätestens auf Aristoteles zurück: »Das Ganze ist mehr als die Summe seiner Teile.« Über die Entwicklungsgeschichte des Konzepts System informiert u.a. L. v. Bertalanffy, *General System Theory*, New York 1972.

52 v. Bertalanffy, *op. cit.*

53 Zitiert nach Watzlawick et al., *Menschliche Kommunikation, op. cit.*, S. 116.

54 G. Roth und H. Schwegler, »Self-organization, emergent properties, and the unity of the world«, in: W. Krohn et al. (Hrsg.), *Selforganization. Portrait of a Scientific Revolution*, Dordrecht Boston London 1990, S. 36–50.

55 Roth und Schwegler (*op. cit.*, S. 39) zeigen, wie sich Natrium- und Chloratome bei der Verbindung zu einem Natriumchlorid-Molekül (Kochsalz) verändern. Die neuen Eigenschaften stammen von keinem der beiden Atome, sondern allenfalls von deren »Fähigkeit«, sich bei der Elektronenfusion umzustrukturieren. Das NaCl-Molekül besteht, so gesehen, nicht aus den Elementen Na und Cl, son-

dern aus transformierten Zuständen ihrer Atome. Selbst auf dieser relativ einfachen Ebene der Systembildung läßt sich also zeigen, daß Systemkomponenten zusammen mit dem System emergieren.

56 Luhmanns Antworten auf diese drei Fragenkomplexe ergeben sich aus folgenden Zitaten: »Systeme ... konstituieren und erhalten sich durch Erzeugung und Erhaltung einer Differenz zur Umwelt, und sie benutzen ihre Grenzen zur Regulierung dieser Differenz ... Die Umwelt erhält ihre Einheit erst durch das System und nur relativ zum System ... sie ist selbst also kein System. Sie ist für jedes System eine andere, da jedes System nur sich selbst aus seiner Umwelt ausnimmt« (*Soziale Systeme*, *op. cit.* S. 35 f.).
»Systemdifferenzierung ist nichts weiter als Wiederholung der Systembildung in Systemen ... Deshalb ist Systemdifferenzierung ein Verfahren der Steigerung von Komplexität« (*ibid.*, S. 37 f.).
»Die Differenz System/Umwelt muß von einer zweiten, ebenfalls konstitutiven Differenz unterschieden werden: der Differenz von Element und Relation. In jenem wie in diesem Falle muß man die Einheit der Differenz als konstitutiv denken. So wenig wie es Systeme ohne Umwelten gibt oder Umwelten ohne Systeme, so wenig gibt es Elemente ohne relationale Verknüpfung oder Relationen ohne Elemente ... Die Einheit eines Elementes (zum Beispiel einer Handlung in einem Handlungssystem) ... [ist] ... nicht ontisch vorgegeben. Sie wird vielmehr als Einheit erst durch das System konstituiert« (*ibid.*, S. 41 f.).

57 Den differenztheoretischen Ansatz führt Luhmann auf Spencer-Brown zurück (vgl. *Laws of Form*, London 1969). Anders als Gestalt- und Ganzheitstheoretiker fragt er nicht nach Strukturen, sondern nach Operationen (der Unterscheidung). »System« *ist* hiernach die Unterscheidung zwischen System und Umwelt, nicht nur die Folge einer – kausalen – Unterscheidung.

58 Ein Beobachter, der System und Umwelt unterscheidet, fokussiert eines der Glieder dieser Einheit, um es zu bezeichnen (distinction vs. indication nach Spencer-Brown, *op. cit.*). Dabei gerät er in eine paradoxe Situation: Um eines sehen zu können, muß er das aus zweien bestehende Ganze außer acht lassen, also Blindheit in Kauf nehmen. Er sieht nicht, daß er nicht sieht, stellt sozusagen selbst einen »blinden Fleck« her. Nach Luhmann läuft jede an Vollständigkeit orientierte Beschreibung auf diese Paradoxie hinaus, vor allem jedoch jene, die sich im Sinne der Kybernetik 2. Ordnung selbst einbezieht, vgl. »Sthenographie«, in N. Luhmann et al., *Beobachter. Konvergenz der Erkenntnistheorien?*, München 1990.

59 N. Luhmann, *Die Wissenschaft der Gesellschaft*, Frankfurt am Main 1990, S. 366–368.

60 Der gegen Luhmann geführte Einwand, er betreibe mit seiner Aussage »es gäbe Systeme« ontologischen Realismus (vgl. z. B. Marianne Krüll in: Krüll et al., »Grundkonzepte der Theorie autopoietischer Systeme«, *Zeitschrift für systemische Therapie* 5, 1987, S. 4–25; R. Böse und G. Schiepek, *Systemische Therapie und Theorie. Ein Handwörterbuch*, Heidelberg 1989, S. 190), läßt sich jedoch

entschärfen. Luhmann stellt allein fest, daß es Forschungsgegenstände gäbe, also Konstrukte, die den Gebrauch des Systembegriffs rechtfertigen. Systemtheorie führe ohnehin anstelle der ontologischen Differenz Sein/Nicht-Sein jene von System/Umwelt ein, die besagt, daß Systeme in Strukturkoppelung mit ihrer Umwelt existieren, also Anschluß in ihrer Umwelt finden müssen. Der Realitätsbegriff erweist sich somit als funktionaler und nicht ontologischer Begriff, vgl. *Die Wissenschaft der Gesellschaft, op. cit.*, S. 67 f.

61 H. R. Maturana, »Biologie der Sozialität«, in: *Delfin* V, S. 6.

62 Vgl. z. B. P. Berger und T. Luckmann, *Die gesellschaftliche Konstruktion der Wirklichkeit*, Frankfurt am Main 1969, sowie W. B. Pearce und V. E. Cronen, *Communication, Action, and Meaning*, New York 1980.

63 E. Steiner und L. Reiter, »Zum Verhältnis von Individuum und sozialem System«, in: *Familiendynamik* 11, 1986, S. 325–342.

64 Maturana, »Biologie der Sozialität«, *op. cit.*, S. 9.

65 Vgl. K. Ludewig und H. R. Maturana, *Conversaciones, op. cit.*

66 Maturana, »Biologie der Sozialität«, *op. cit.*

67 N. Luhmann, *Soziale Systeme, op. cit.*, S. 346.

68 N. Luhmann, in: Krüll et al., *op. cit.*, S. 8.

69 N. Luhmann, *Soziale Systeme, op. cit.*, S. 92.

70 Das entspräche dem Kommunikationskonzept der Nachrichtentechnik als einer trivialen Konstruktion, in der die Zustände von Sender und Empfänger einander genau entsprechen. Dieses Modell wurde von der Biologie und den Humanwissenschaften übernommen und prägte den Kommunikationsbegriff im Sinne von Input/Output. Um »instruktive Interaktion« auszuschließen, verzichtete Maturana auf diesen Kommunikationsbegriff und ersetzte ihn durch »Konversieren«.

71 Luhmann, *op. cit.*, S. 96.

72 Luhmann in: J. Habermas und N. Luhmann, *Theorie der Gesellschaft oder Sozialtechnologie – was leistet die Systemforschung?*, Frankfurt am Main 1971, S. 12.

73 Jedes sinnhafte Ereignis, das Systemzustände beeinflußt, hat Informationswert, der durch Wiederholung verlorengeht. Das erneute Lesen einer Nachricht in einer anderen Zeitung hat nach wie vor »Sinn«, der Informationswert ist aber verbraucht. Gleiches gilt für das Verhältnis von Sinn und Zeichen. Ein Zeichen muß Sinn haben, um verweisen zu können; Sinn ist aber selbstreferentiell und somit kein Zeichen, da ein Zeichen nicht sich selbst bezeichnen kann.

74 Der Begriff »Kontingenz« bezeichnet hier »etwas, was weder notwendig noch unmöglich ist, was also so, wie es ist, sein kann, aber auch anders möglich ist« (*Soziale Systeme, op. cit.*, S. 152).

75 Luhmann, *op. cit.*, S. 156 f.

76 Vgl. B. Brock, *Ästhetik gegen erzwungene Unmittelbarkeit*, Köln 1986. Brock spricht von der ästhetischen Differenz zwischen Zeichen und Bezeichnetem, die in jeder Kommunikation erzeugt werde.

77 Luhmann, *op. cit.*, S. 158.

78 *Ibid.*, S. 330.

79 Anders als in seinem Buch »Soziale Systeme«, in dem Luhmann den Parsons'schen Begriff der »Interpenetration« übernimmt, verwendet er in jüngster Zeit »strukturelle Kopplung«, um auf die wechselseitige Abhängigkeit und die notwendige Vereinbarkeit zwischen System und Umwelt hinzuweisen. Damit meint er in Einklang mit Maturana ein Verhältnis von Gleichzeitigkeit und korrelativem Zusammenhang, jedoch keine Kausalität, vgl. *Die Wissenschaft der Gesellschaft, op. cit.*, S. 38 ff.

80 Luhmann, *Soziale Systeme, op. cit.*, S. 266.

81 *Ibid.*, S. 327.

82 *Ibid.*, S. 326.

83 *Ibid.*, S. 328.

84 *Ibid.*, S. 327.

85 Maturana, »Biologie der Sozialität«, *op. cit.*, S. 11.

86 Maturana, »Reflexionen über Liebe«, *op. cit.*, S. 130.

87 Maturana, »Biologie der Sozialität«, *op. cit.*, S. 13.

88 Luhmann, *op. cit.*, S. 92.

III. Teil

1 Wissenschaftlich offenbaren sich die Paradoxien des menschlichen Beobachtens und Kommunizierens nach Luhmann nicht zuletzt in den Begründungen: »... alles Begünden verwickelt sich in eine Paradoxie ... Jedes Begründen setzt sich durch den bloßen Vollzug ... dem Vergleich mit anderen Möglichkeiten und damit dem Selbstzweifel aus. Die Begründung ... entfernt sich von dem Ziel, das sie anstrebt. Sie sabotiert sich laufend selbst, indem sie einen Zugang zu anderen Möglichkeiten eröffnet ...« (in: Luhmann et al., *Beobachter. Konvergenz der Erkenntnistheorien?*, München 1990, S. 132). Bezüglich dieser Paradoxie verweist Luhmann auf die mythologischen Figuren der drei Gorgonen: die unsterblichen Schwestern Stheno und Euryale sowie die sterbliche Medusa, deren Anblick jeden Sterblichen erstarren läßt. Nach Luhmann hat man drei Möglichkeiten, mit Paradoxien umzugehen: »reduktionistisch« und ignorant, indem man die Medusa erlegt, oder »postmodern«, indem man sich die unsterbliche Stheno zum Leitgedanken und Schutzschild macht. Bei dieser Lösung – der »Sthenographie« – laufe man jedoch Gefahr, in Beliebigkeit und Lähmung zu erstarren: »Vielleicht ist es Euryale, die solch einem Beobachter, der es geschickt vermeidet, sie zu beobachten, ihren Segen verleiht. Dann könnte man ein Interesse für kreative Entparadoxierung auch Euryalistik nennen« (*ibid.*, S. 124).

2 H. Anderson und H. A. Goolishian, »Menschliche Systeme als sprachliche Systeme«, in: *Familiendynamik* 15, 1990, S. 212–243.

3 Nach Parsons setzt soziales Handeln eine normative Orientierung voraus, um stabile Strukturen zu fördern. In sozialen Systemen müsse die Motivation (»value-orientation«) mit kulturellen Normen (»cultural tradition«) übereinstimmen. Dieses Verständnis basiert auf Konzepten wie Status, Rolle und Hierarchie und faßt soziale Systeme als stabile Strukturen. Somit lassen sich soziale Systeme danach beurteilen, ob ihre Strukturen den gesetzten Normen genügen oder davon abweichen, also »pathologisch« sind. Vgl. *The Social System*, Glencoe 1951.

4 Vgl. P. Dell, »From systemic to clinical epistemology«, Zürich, *Zusammenhänge* 3, 1982, S. 51–78.

5 In der 1982er Ausgabe der Zeitschrift *Family Process*.

6 Das äußerte sich in dem Titel, den Ludwig Reiter et al. für ihren Sammelband zur systemischen Therapie wählten: *Von der Familientherapie zur systemischen Perspektive*, Berlin Heidelberg New York 1988.

7 Vgl. Anderson und Goolishian, *op. cit.*

8 Harry Goolishian und seine Mitarbeiter stützen sich auf die Narrationstheorien nordamerikanischer Anthropologen und auf neuere Ansätze der Hermeneutik (Gadamer, Rorty); sie fassen soziale Systeme als narrativ entstandene, sprachliche Gebilde (vgl. Anderson und Goolishian, op. cit.) White und Epston verbinden Gedanken Foucaults mit moderner Anthropologie und betrachten Kommunikation als »interaction of readers around particular texts«, die mächtige, lebensbedingende »Geschichten« verfaßt (vgl. M. White und D. Epston, *Literate means to Therapeutic Ends*, Adelaide 1989; deutsch *Die Zähmung des Monsters*, Heidelberg 1990). Lynn Hoffman und andere beziehen die Geschlechterdebatte mit ein (vgl. L. Hoffman, »Constructing realities: An art of lenses«, in: *Family Process* 29, 1990, S. 1–12). Steve de Shazer deutet soziale Systeme neuerdings als Sprachspiele im Sinne Wittgensteins und der Dekonstruktivisten (vgl. S. de Shazer, *Putting Difference to Work*, New York 1991). Die Bandbreite der Versuche, soziale Systeme neu zu konzeptualisieren, reicht von Keeneys Begriff der Familie als Verbund interaktioneller Gewohnheiten (»set of habits of interaction«) über Bogdans Umsetzung von Batesons »Ökologie des Geistes« bis zum jüngsten Vorschlag Varelas, den Systembegriff in der Familientherapie ganz aufzugeben und durch den eines Bereiches menschlichen Handelns (»domain of human actions constituting subjects and actors«) zu ersetzen (vgl. B. F. Keeney, »Pragmatics of family therapy«, in: *Journal of Strategic and Systemic Therapies* 1(2), 1981, S. 44–53; J. L. Bogdan, »Family organization as an ecology of ideas«, in: *Family Process* 12, 1984, S. 375–388; F. J. Varela, »Reflections on the circulation of concepts between a biology of cognition and systemic family therapy«, in: *Family Process* 28, 1989, S. 15–24).

9 Das Fundament für unsere heutigen Auffassungen legten wir 1981: Therapie vollzieht sich im therapeutischen System; der Therapeut orientiert sich am Verlauf des therapeutischen Prozesses, nicht an »Hypothesen«; Therapie muß so kurz wie möglich sein. 1982 bezogen wir den »Kliniker« mit in das »psychotische System«

ein. Ab 1983 argumentierten wir: Nicht Abnormität sondern (beobachtete) »Auffälligkeit« führt zur Therapie; Therapie ist ein kokreativer Prozeß; therapeutische Interventionen sind »Verstörungen« im therapeutischen System, deren Wirkung von *diesem* System abhängt; der Erfolgsmaßstab kann nicht allein Nutzen sein, sondern bedarf auch ästhetischer und ethischer Elemente. 1984 integrierten wir das kurztherapeutische Vorgehen Steve de Shazers in unsere Praxis. Zudem formulierten wir die erste Version der »Leitsätze zur Orientierung des Therapeuten« und gründeten nebenher das »Institut für systemische Studien Hamburg«, wobei wir unsere bisherigen Gedanken für die Lehre umformulieren mußten. 1985 rezipierten wir das Werk Luhmanns und begannen, das Konzept »Sozialsystem« an die Zwecke der Klinischen Theorie anzupassen. Im selben Jahr übernahmen wir das Konzept des »problem-determined system« von Harry Goolishian und begannen, unser Verständnis des »Problemsystems« zu erarbeiten. Dabei gingen wir vom interventionistischen zum dialogischen Therapieverständnis über und verließen das Fundament der Familientherapie.

10 Der Begriff »Operator« meint hier eine formale Einheit, ein wirkendes Agens. Von Foerster beschreibt einen Operator in Anlehnung an den Mathematiker Turing als eine »Maschine«, die etwas transformiert, ordnet, koordiniert usw. Rekursive, auf sich selbst wirkende Operatoren stabilisieren sich zu Eigenwerten, Eigenverhalten, Eigenstrukturen usw. und erzeugen so Kontinuität und Geschlossenheit. Vgl. *Sicht und Einsicht*, *op. cit.*, S. 207 ff.

11 Mit »Verkörpern« ist hier die Leistung eines Menschen gemeint, der die notwendigen Strukturen (körperlicher und geistiger Art) zur Verfügung stellt, auf die das »Mitglied« zurückgreift, um Kommunikation zu erzeugen und die Bildung von sozialen Systemen zu ermöglichen.

12 Institutionen können als Suprasysteme aufgefaßt werden, da sie von direkter Kommunikation weitgehend unabhängig sind. Sie lassen sich – wie etwa das Finanzamt oder die Inquisition – über Urkunden identifizieren oder historisch rekonstruieren. Institutionen sind als komplexe soziale Systeme nahezu zeit- und handlungsunabhängig. Daher definierte Wolfgang Loth sie als »formalisierte Regelungen der Choreographie verschiedener sozialer Systeme« (*Zeitschrift für Systemische Therapie* 9, 1991, S. 35). Komponenten (Operatoren) von Institutionen bezeichnet er, um sie von »Mitgliedern« abzugrenzen als »Personen« (= Rollenspieler), die sich über Mitglied-Handeln konstituierten.

13 Vorläufer dieses Konzepts waren das Verständnis von Symptomen als Kommunikation, unter anderen bei Haley und Watzlawick, oder als »Spiel«, etwa bei Mara Selvini Palazzoli. Goolishians Konzept des »problem-determined system« ist jedoch um einiges radikaler: Es verwirft ganz und gar die Einbindung dieser »Symptome« in soziale Strukturen wie Familie und Ehe, vgl. z. B. H. A. Goolishian und H. Anderson, »Menschliche Systeme. Vor welche Probleme sie stellen und wie wir mit ihnen arbeiten«, in: L. Reiter et al., *Von der Familientherapie*, *op. cit.*, S. 189–216.

14 »Problem« impliziert allzu unmittelbar sein Komplement »Lösung« und verführt dadurch zu der Annahme, kommunikativ entstandene und getragene Lebensprobleme seien ebenso lösbar wie etwa mathematische oder technische. Begriffliche Alternativen, die diese semantische Schwierigkeit umgingen, bieten sich jedoch nicht an.

15 Vgl. J. Haley, *Direktive Familientherapie, op. cit.*; S. Minuchin, *Familie und Familientherapie, op. cit.*; M. Selvini Palazzoli et al., *Paradoxon und Gegenparadoxon, op. cit.*; B. F. Keeney, »Pragmatics of family therapy«, *op. cit.*

16 Vgl. etwa P. F. Dell, *Klinische Erkenntnis*, Dortmund 1986, B. F. Keeney (Hrsg.), *Konstruieren therapeutischer Wirklichkeiten*, Dortmund 1987; G. Cecchin, »Zum gegenwärtigen Stand von Hypothetisieren, Zirkularität und Neutralität: Eine Einladung zur Neugier«, in: *Familiendynamik* 13, 1988, S. 190–203 und T. Andersen, *Das Reflektierende Team*, Dortmund 1990, sowie die Sammelbände: L. Reiter et al. (Hrsg.), *Von der Familientherapie, op. cit.* und L. Reiter und C. Ahlers (Hrsg.), *Systemisches Denken und therapeutischer Prozeß*, Berlin Heidelberg Wien 1991.

17 Tom Andersen hat hierzu das Konzept der »angemessen ungewöhnlichen Intervention« geprägt (*Das Reflektierende Team, op. cit.*).

18 G. Vattimo verwendet den Begriff »Verwinden«, um die Philosophie der Postmoderne von jener der Moderne zu unterscheiden, die auf »Überwinden«, also auf Abwählen oder Ablösen des Althergebrachten angelegt ist. Das Denken der sog. Postmoderne habe keine ontologische Grundlage mehr, um die Elemente früheren Denkens grundsätzlich abzulehnen (*Das Ende der Moderne*, Stuttgart 1990).

19 Eysenck stellte fest, daß ein Großteil »psychischer Störungen« nach einiger Zeit ohne Therapie spontan zurückgeht. Dieses Konzept ist jedoch allenfalls von akademischem Interesse; Leidende lassen sich infolge der Dynamik des Leidens mit »Warten« sicher nicht vertrösten. Vgl. »The effects of psychotherapy«, in: ders. (Hrsg.), *Handbook of Abnormal Psychology*, New York 1961.

20 Vgl. H. Brodys Auseinandersetzung mit dieser wenig sinnvollen Annahme, in: *Placebos and the Philosophy of Medicine*, Chicago London 1977.

21 Diese Extreme belegen exemplarisch die Positionen Goolishians und de Shazers, vgl. Goolishian und Anderson, *op. cit.*; S. de Shazer, *Clues. Investigating Solutions in Brief Therapy*, New York 1988 (deutsch: *Der Dreh*, Heidelberg 1989).

22 Näheres in K. Ludewig, »10 + 1 Leitsätze bzw. Leitfragen«, in: *Zeitschrift für systemische Therapie* 5, 1987, S. 178–191.

23 M. Horkheimer, »Dialog über Dialog«, in: *Gesammelte Schriften*, Band 7, Frankfurt am Main 1985, S. 300.

24 Vgl. J. Sommer, *Dialogische Forschungsmethoden*, München Weinheim 1987.

25 In ihrer »reinsten« Form läßt sich Therapie allein auf Ausnahmen oder Alternativen zum Problem stützen. In diesem Fall erfährt der Therapeut zu keinem Zeitpunkt, was das eigentliche Problem »ist«.

26 F. B. Simon und H. Stierlin, *Die Sprache der Familientherapie. Ein Vokabular*, Stuttgart 1984, S. 370.

27 Der Anthropologe Tullio Maranhao betrachtet Psychotherapie als angewandte Rhetorik. »Strategische« Ansätze folgen der sophistischen Tradition und streben gezielt einen im voraus bestimmten Ausgang an, »dialogische« entsprechen hingegen der sokratischen Maieutik – der »Hebammenkunst« – und fördern vorhandene Möglichkeiten ans Tageslicht (*Therapeutic Discourse and Socratic Dialogue*, Madison 1986).

28 Vgl. Anderson und Goolishian, *op. cit.*, S. 226.

29 S. de Shazer, »Kreatives Mißverstehen«, in: *Systeme* 4, 1990, S. 147.

30 Vgl. M. White, *Selected Papers*, Adelaide 1989

31 A. R. Bodenheimer, *Warum? Von der Obszönität des Fragens*, Stuttgart 1984, S. 35.

32 Vgl. T. Andersen, *op. cit.*

33 S. de Shazer und A. Molnar, »Rekursivität. Die Praxis-Theorie-Beziehung«, in: *Zeitschrift für systemische Therapie* 1(3), 1983, S. 3.

34 Das »Familienbrett« ist ein Kasten mit Innen- und Außenfeld. Es gibt kleine und große Holzfiguren (eckig und rund) und dazu drei farbige sechseckige große Figuren für besondere Zwecke (Therapeut, Richter usw.). Die Beteiligten werden gebeten, mit den Figuren ein bestimmtes soziales System auf der Fläche darzustellen. Der oder die Aufstellenden können so bislang nicht geäußerte Ansichten erstmals konkretisieren. Bei gemeinsamem Aufstellen können die Konstellationen verändert und es kann darüber diskutiert werden.

Das Verfahren hat sich für die empirische Untersuchung der Struktur von Familien und anderen sozialen Systemen als brauchbar erwiesen, vgl. K. Ludewig et al., »Entwicklung eines Verfahrens zur Darstellung von Familienbeziehungen: Das Familienbrett«, in: *Familiendynamik* 8, 1983, S. 235–251; van den Berg et al., »(Re)Konstruktion familiärer Geschichte unter Verwendung des Familienbretts: Methodische Zugänge«, in: *Familiendynamik* 14, 1989, S. 127–146; H. Kowerk, »Qualitative Evaluation systemischer Aspekte bei stationärer Therapie in der Kinder- und Jugendpsychiatrie«, in: *Praxis der Kinderpsychologie und Kinderpsychiatrie* 40, 1991, S. 4–22; S. Reichelt-Nauseef, *Der Einfluß von Alkoholismus auf Familienstrukturen und deren Veränderung aus der Sicht ihrer Mitglieder*, Ammersbek 1991. Eine monographische Zusammenfassung der bisherigen Ergebnisse befindet sich in Vorbereitung: K. Ludewig (Hrsg.), *Das Familienbrett. Ein Verfahren zur Konstruktion und Abbildung sozialer Beziehungen in Therapie und Beratung (Arbeitstitel)*.

35 J. Haley, »Why a Mental Health Clinic should avoid Family Therapy«, in: *Journal of Marriage & Family Counseling* 1, 1975, S. 3–13.

36 Vgl. H. Kowerk, »Ein Ansatz zu einer systemischen Betrachtungsweise von Familientherapie unter stationären Bedingungen«, in: *Zeitschrift für systemische Therapie* 4, 1986, S. 4–9.

37 Die Folgen der Unterbrechung einer problematischen Lebenslage durch Klinikeinweisung erlebt man in der Psychiatrie täglich. Trostlos überforderte, schlaflose, agitierte und randalierende Hilfesuchende beruhigen sich zusehends; diese Zustände treten erst wieder auf, wenn bestimmte Personen zu Besuch kommen. Aber selbst das läßt mit der Zeit nach. Nehmen wir den Fall einer 14jährigen Patientin, die sich in einen Reinlichkeitszwang verstrickt hatte: Gerade auf der Station angelangt, wurde ihr frische Bettwäsche ausgehändigt. Obwohl sie seit Wochen nichts mehr angefaßt hatte, blieb ihr nichts anders übrig als anzunehmen. Später berichtete sie uns, sie habe auf der Stelle ihr Zwangssystem modifiziert und die Klinik aus dem Bereich des Unhygienischen ausgenommen. Ihre Angehörigen zu Hause durften wieder die »staubaufwirbelnde« Treppe benutzen, statt über eine Außenleiter ins Schlafzimmer zu steigen. Für beide Parteien begann eine Zeit der Entspannung, in der sie freier und ohne Groll aufeinander zugehen konnten. Die Entlastung durch die Aufnahme kann jedoch »paradox« wirken, und die Klinik ersetzt das Problem, so daß die Patienten auf Dauer bleiben möchten.

38 Rotthaus bezieht sich zwar ausdrücklich auf Minderjährige und betrachtet die Eltern als die Auftraggeber der Kliniker, die über den gesamten Verlauf der stationären Behandlung prinzipiell zuständig bleiben (*Stationäre systemische Kinder- und Jugendpsychiatrie*, Dortmund 1990). Dies läßt sich aber durchaus auf alle Patienten erweitern, auch dann, wenn sie die Aufnahme selbst veranlassen: Da setzt die institutionelle Routine ein, eine Eigendynamik, die weit über den ursprünglichen Auftrag hinausreicht.

39 Vgl. G. Weber und F. B. Simon, »Systemische Einzeltherapie«, in: *Zeitschrift für systemische Therapie* 5, 1987, S. 192–206; T. Weiss, *Familientherapie ohne Familie*, München 1988.

40 Wie bereits im Kapitel 5 ausgeführt, erlaubt es das Mitglied-Konzept, zwischen Mitgliedschaften und Mensch oder Person zu unterscheiden. Es kann angenommen werden, daß Personen im Verlauf ihres Lebens eine Vielzahl voneinander unabhängiger operationaler Kohärenzen aufbauen und dabei eigenständige Einheiten (Eigenwerte) konsolidieren, die mehr oder minder vereinbar sind oder in Konflikt stehen. Dieser Ansatz liefert eine konzeptionelle Unterlegung für die derzeit geführte Diskussion um das Konzept des Selbst. Dabei wird das bisher traditionelle Verständnis des Selbst als eines einheitlichen, dinghaft aufgefaßten »Behälters für Eigenschaften« hinterfragt, und durch Identität als »Knotenpunkt in der Verkettung von Beziehungen« oder das Konzept der »multiplen Persönlichkeit« ersetzt. (Vgl. K. J. Gergen, »Die Konstruktion des Selbst im Zeitalter der Postmoderne«, in: *Psychologische Rundschau* 41, 1990, S. 191–199, und *The Saturated Self*, New York 1991, sowie die Arbeiten der Münchener Arbeitsgruppe für Sozialpsychologie in H. Keupp und H. Bilden, *Verunsicherungen. Das Subjekt im gesellschaftlichen Wandel*, Göttingen Toronto Zürich 1989; aus systemtherapeutischer Sicht: L. Reiter, »Identität aus systemtheoretischer Sicht«, in: *Praxis der Kinderpsychologie und Kinderpsychotherapie* 39, 1990, S. 222–228.)

41 Das Konzept »klinische Konstellation« hat Ludwig Reiter geprägt, um zu verdeutlichen, daß klinische Kategorien umfassende Konzepte sind, die nicht nur biologische, psychische und soziale Aspekte vereinen, sondern auch den Kliniker und dessen Denk- und Erfahrungshintergrund einbeziehen. Vgl. »Clinical Constellations«, in: W. Tschacher et al. (Hrsg.), *Self-Organization and Clinical Psychology*, Berlin Heidelberg New York 1991.

42 K. Minde, »Hyperaktives Syndrom«, in: H. Remschmidt und M. H. Schmidt (Hrsg.), *Kinder- und Jugendpsychiatrie in Klinik und Praxis*, Stuttgart New York 1985, Band III, S. 1–18.

43 Vgl. M. Prendergast et al., »The diagnosis of childhood hyperactivity«, in: *Journal of Child Psychology & Psychiatry* 29, 1988, S. 289–300.

44 Vgl. R. Voss (Hrsg.), *Pillen für den Störenfried*, München Basel 1983.

45 Vgl. Minde, *op. cit.*, mit weiteren Nachweisen.

46 Vgl. M. Rutter et al., »Hyperactivity and minimal brain dysfunction: Epidemiological perspectives on questions of causes and classification«, in: R. E. Tarter (Hrsg.), *The Child at Psychiatric Risk*, New York Oxford 1983, S. 80–107.

47 Vgl. B. Henker und C. K. Whalen, »Hyperactivity and attention deficits«, in: *American Psychologist* 44, 1989, S. 216–223.

48 *Ibid.*

49 Vgl. auch H. G. Eisert, »Kognitiv-verhaltenstherapeutische Interventionen bei hyperaktiv-aggressiven Kindern«, in: U. Franke (Hrsg.), *Aggressive und hyperaktive Kinder in der Therapie*, Berlin Heidelberg New York 1988, S. 71–82.

50 Minde (*op. cit.*) schränkt jedoch ein, dies gelte nur für strukturierte Spielsituationen, die ruhiges, angepaßtes Verhalten erfordern, nicht dagegen für freies Spielen.

51 *Ibid.*

52 Vgl. Eisert, *op. cit.*

53 Vgl. Franke (Hrsg.), *op. cit.*

54 Vgl. Henker und Whalen, *op. cit.*

55 Vgl. Minde, *op. cit.*, sowie Henker und Whalen, *op. cit.*

56 H. Kilian, »Eine systemische Betrachtung zur Hyperaktivität – Überlegungen und Fallbeispiele«, in: *Praxis der Kinderpsychologie und Kinderpsychiatrie* 38, 1989, S. 90–96.

57 Vgl. Minde, *op. cit.*

58 Vgl. P. Dell, »Untersuchung der Familientheorien zur Schizophrenie. Eine Übung in epistemologischer Konfusion«, in: *Familiendynamik* 6, 1981, S. 310–332.

59 Henker und Whalen (*op. cit.*) weisen darauf hin, daß bei einem nicht geringen Teil der Klientel von Psychiatrien kindliche Unruhe vorausging.

60 Man vergegenwärtige sich das Ergebnis von Maßnahmen, die nach G. Bateson das Maximieren der einen Variable auf Kosten der anderen in einem komplexen, selbstregulierenden System haben können: »Akklimatisierung und Abhängigkeit sind spezielle Fälle dieses Prozesses. Mit der Zeit wird das System abhängig von

der dauernden Anwendung dieses ursprünglichen äußeren Einflusses« (*Ökologie des Geistes, op. cit.*, S. 568).

61 1989 erschien von Gunthard Weber und Helm Stierlin *In Liebe entzweit*. Der Buchtitel läßt zwar eine inhaltliche Übereinstimmung mit meinem Verständnis erwarten, das Buch selbst behandelt jedoch Liebe aus einem anderen Blickwinkel: Die Folgen der Liebe für »bezogene Individuation« (vgl. Stierlin, *Delegation und Familie*, Frankfurt am Main 1978). Dabei steht das Bedürfnis nach Geliebtwerden und dessen Nicht-Befriedigung im Mittelpunkt. Das wird an anderer Stelle deutlich, wo Stierlin die Grundannahmen in Familien mit psychosomatischen Problemen auf die Kurzformel bringt: »1. Ich bin alleine nicht überlebensfähig; 2. Mir geht es nur gut, wenn es dem/den anderen auch gutgeht ... Mit diesen Grundannahmen verbindet sich dann 3. ... typischerweise die Neigung, wichtige Beziehungssituationen und/oder Lebensziele im Sinne eines strikten Entweder-Oder ... zu betrachten und zu bewerten« (»Über die Familie als Ort psychosomatischer Erkrankungen«, in: *Familiendynamik* 13, 1988, S. 289 f.). Ich sehe die Sätze 1 und 3 dieser Kurzformel als Folge von Satz 2: Erst wenn es dem/den Anderen gutgeht, kann ich allein überleben und auf die Entweder-Oder-Logik verzichten.

62 Das Konzept »Externalisierung« geht auf den Australier Michael White zurück (vgl. *Selected Papers, op. cit.*). Das Problem wird gewissermaßen zum unterdrükkenden, störenden Subjekt gemacht. Durch seine Externalisierung kann man lähmende internalisierte Beschreibungen aus der Außenperspektive betrachten und so um Alternativen erweitern oder durch passendere ersetzen. Dieser Ansatz regt zudem in Anlehnung an die moderne Anthropologie an, das Problem, das in der eigenen Biographie als »dominante Geschichte« empfunden wird, neu zu verfassen (»re-authoring«) und im Anschluß zum »Zirkulieren« zu bringen, sie also bedeutsamen Anderen mitzuteilen. Trifft sie auf eine bestätigende »Audienz«, kann sie dominant werden und die alte Geschichte ersetzen.

63 Vgl. etwa G. Weber et al., »Die Therapie der Familien mit manisch-depressivem Verhalten«, in: *Familiendynamik* 12, 1987, S. 139–161; F. B. Simon et al., »›Schizo-affektive‹ Muster: Eine systemische Beschreibung«, in: *Familiendynamik* 14, 1989, S. 190–213.

64 Vgl. K. Dörner, *Bürger und Irre*, Frankfurt am Main 1969. Ein bemerkenswerter »systemischer« Umstand: Als die Vereinigung der Irrenärzte gegründet wurde, kristallisierte sich auch schon ihr Hauptthema heraus, die Schizophrenie. Das soziale System und sein Thema konstituieren einander.

65 Vgl. T. S. Szasz, *Schizophrenia*, New York 1976.

66 T. S. Kuhn, *Die Struktur wissenschaftlicher Revolutionen*, Frankfurt am Main 1967.

67 M. Bleuler, *Die schizophrenen Geistesstörungen im Lichte langjähriger Kranken- und Familiengeschichten*, Stuttgart 1972, S. 5.

68 W. Janzarik, »Concept of schizophrenia: History and problems«, in: H. Häfner

et al. (Hrsg.), *Search for the Causes of Schizophrenia*, Berlin Heidelberg New York 1987, S. 17.

69 Vgl. Häfner et al., *op. cit.*, mit weiteren Hinweisen.

70 H. Häfner, »Epidemiology of Schizophrenia«, in: Häfner et al., *op. cit.*, S. 47–74.

71 Vgl. S. Hirsch, »Biological hypothesis of schizophrenia«, in: Häfner et al., *op. cit.*, S. 267–272.

72 Vgl. J. K. Wing, »History, classification, and research strategies: Discussion«, in: Häfner et al., *op. cit.*, S. 39–43. Der Verlauf der psychiatrisch nicht erfaßten Fälle bleibt jedoch naturgemäß unbekannt.

73 Vgl. J. Zubin, »Epidemiology and course of schizophrenia«, in: Häfner et al., *op. cit.*, S. 114–119.

74 Vgl. E. Kringlen, »Contribution of genetic studies on schizophrenia«, in: Häfner et al., *op. cit.*, S. 123–142.

75 Vgl. F. Schulsinger und S. A. Mednick, »Implications from the first 18 years of a perspective study on children at high risk for schizophrenia«, in: E. Huber (Hrsg.), *Schizophrenie. Stand und Entwicklungstendenzen der Forschung*, Stuttgart New York 1981, S. 167–198.

76 Vgl. R. Cohen und U. Borst, »Psychological models of schizophrenia impairments«, in: Häfner et al., *op. cit.*, S. 189–202.

77 Vgl. Zubin, *op. cit.*; H. Katschnig, »Vulnerability and trigger models/Rehabilitation: Discussion«, in: Häfner et al., *op. cit.*, S. 353–358; M. Shepherd, »Formulations of new research strategies on schizophrenia«, in: Häfner et al., *op. cit.*, S. 29–38.

78 Vgl. Hunter et al., »Family therapy in trouble: Psychoeducation as a solution and as a problem«, in: *Family Process* 27, 1988, S. 327–338, und die kontroverse Diskussion hierzu in Heft 3, 1989 der Zeitschrift *System Familie*.

79 Vgl. C. Eggers, *Verlaufsweisen kindlicher und präpuberaler Schizophrenien*, Berlin Heidelberg New York 1973; auch verschiedentlich in R. Lempp (Hrsg.), *Psychische Entwicklung und Schizophrenie*, Bern Stuttgart Toronto 1989.

80 Dagegen verwehren sich aus unterschiedlichen Gründen manche Schizophrenieforscher wie Szasz (*op. cit.*) und F. S. Simon, (*Meine Psychose, mein Fahrrad und ich*, Heidelberg 1990).

81 Gunthard Weber schlägt hierzu vor, anstelle von »Rückfällen«, die eine dinghafte Kontinuität von Ereignissen implizieren, lieber von erneuten »Vorfällen« zu sprechen (Workshop beim Heidelberger Kongreß im April 1991).

82 Vgl. L. Ciompi, *Affektlogik*, Stuttgart 1982.

83 Ibid., S. 289 und 311.

84 Den experimentellen Nachweis hierfür erbrachten in den sechziger Jahren die Untersuchungen zur sensorischen Deprivation. Die ganz von äußeren Reizen abgeschirmten Versuchspersonen begannen nach einiger Zeit, selbst Reize zu erzeugen, also zu halluzinieren.

85 Vgl. Ciompi, *op. cit.*

86 Vgl. P. Watzlawick et al., *Lösungen, op. cit.*

87 Eine andere Variante ist die »paradoxe Intervention«. Sie stiftet kommunikative Verwirrung, motiviert den Betroffenen und eventuell seine Angehörigen dazu, neue Mittel einzusetzen, um die Verwirrung zu bewältigen.

88 Vgl. M. Shepherd, *op. cit.*, S. 37.

89 A. S. Gurman und D. P. Kniskern, »Technolatry, methodolatry, and the results of family therapy«, in: *Family Process* 17, 1978, S. 275–281.

90 Vgl. z. B. H. Bommert et al., *Indikation zur Familientherapie*, Stuttgart Berlin Köln 1990, mit weiteren Nachweisen.

91 Vgl. etwa B. Bozok und K. E. Bühler, »Wirkfaktoren der Psychotherapie – spezifische und unspezifische Einflüsse«, in: *Fortschritte der Neurologie und Psychiatrie* 56, 1988, S. 119–132, mit weiteren Hinweisen.

92 Vgl. auch D. Zimmer (Hrsg.), *Die therapeutische Beziehung*, Weinheim 1983.

93 Die wichtigsten Ergebnisse der Meta-Analyse von M. L. Smith, G. V. Glass und T. I. Miller (*The Benefits of Psychotherapy*, Baltimore London 1980) sind: 1) Psychotherapie ist besser als keine Behandlung (dem Durchschnittspatienten geht es am Ende der Therapie besser als achtzig Prozent der Nicht-Behandelten); 2) negative Effekte der Psychotherapie sind geringfügig und selten; 3) verbale und Verhaltenstherapien sind etwa gleich wirkungsvoll; 4) die Wirkung von Psychotherapie läßt nach zwei Jahren stark nach; 5) weibliche Patienten profitieren mehr als männliche; 6) bei depressiven und monosymptomatischen Patienten wirkt die Therapie besser als bei psychotischen, neurotischen oder behinderten; 7) Dauer der Therapie und Erfahrung der Therapeuten beeinflussen nicht den gemessenen Effekt; 8) Individual- und Gruppentherapien sind gleich effizient; und 9) methodisch streng konzipierte Evaluationsstudien zeigen die besten Resultate.

Bei ihrer Meta-Analyse von 79 deutschsprachigen Erfolgsstudien ermittelten W. W. Wittmann und G. E. Matt eine geringere Effizienz als Smith et al.: Danach ging es dem Durchschnittspatienten besser als 66 Prozent der Nicht-Therapierten; zudem schien die Verhaltenstherapie anderen erfaßten Verfahren (klientenzentrierte und psychodynamische Therapie) überlegen zu sein. (»Meta-Analyse als Integration von Forschungsergebnissen am Beispiel deutschsprachiger Arbeiten zur Effektivität von Psychotherapie«, in: *Psychologische Rundschau* 37, 1986, S. 20–40).

94 A. S. Gurman und D. P. Kniskern, »Family Therapy Outcome Research. Knowns and Unkowns«, in: Gurman und Kniskern (Hrsg.), *Handbook of Family Therapy*, New York 1981.

95 R. A. Wells und A. E. Dezen, »The results of family therapy revisited: The nonbehavioral methods«, in: *Family Process* 17, 1978, S. 251–274.

96 H. P. Heekerens, »Familientherapie bei Problemen von Kindern und Jugendlichen: Eine Sekundärevaluation der Effektivitätsstudien«, in: *System Familie* 3, 1990, S. 8 f.

97 Vgl. Bommert et al., *op. cit.*

98 Lesenswerte Kritiken an Fragestellung und Methodik der Evaluationsforschung in der Familientherapie wurden Anfang der achtziger Jahre veröffentlicht: J. Lebow (»Issues in the assessment of outcome in family therapy«, in: *Family Process* 20, 1981, S. 167–188), W. M. Pinsof (»Family therapy process research« in: Gurman und Kniskern [Hrsg.], *Handbook, op. cit.*, S. 699–741) und C. Rabin (»The single-case design in family therapy evaluation research«, in: *Family Process* 20, 1981, S. 351–366). Diese Kritik erfaßte offenbar die allgemeine Enttäuschung über die Ergebnissen der Jahre davor und bremste den Forschungselan nachhaltig; seitdem sind kaum nennenswerte Studien zu verzeichnen.

99 J. Haley, *Direktive Familientherapie, op. cit.*, S. 102 f.

100 L. C. Wynne, »Zum Stand der Forschung in der Familientherapie: Probleme und Trends«, in: *System Familie* 1, 1988, S. 13.

101 S. de Shazer et al., »Kurztherapie – Zielgerichtete Entwicklung von Lösungen«, in: *Familiendynamik* 11, 1986, S. 204.

102 Vgl. C. A. Woodward et al., »Client, treatment, and therapist variables related to outcome in brief, systems-oriented family therapy«, in: *Family Process* 20, 1981, S. 189–197, mit weiteren Hinweisen.

103 Vgl. R.-J. Green und M. Herget, »Outcomes of systemic/strategic team consultation«, in: *Family Process* 28, 1989, S. 37-58 und 419-437.

104 Vgl. de Shazer et al., »Kurztherapie«, *op. cit.*

105 Vgl. J. Weakland et al., »Brief therapy: Focused problem resolution«, in: *Family Process* 13, 1974, S. 141–168; umfassender in: J. K. Zeig und S. B. Gilligan (Hrsg.), *Brief Therapy. Myths, Methods, and Metaphors*, New York 1990.

106 Vgl. G. Miller und S. de Shazer, »Jenseits von Beschwerden: Ein Entwurf der Kurztherapie«, in: Reiter und Ahlers, *op. cit.*, S. 117–135.

107 Vgl. G. Weber et al., *op.cit.*; ders. und Stierlin, *op. cit.*; A. Retzer et al., »Eine Katamnese manisch-depressiver und schizo-affektiver Psychosen nach systemischer Familientherapie«, in: *Familiendynamik* 14, 1989, S. 214–235.

108 Vgl. etwa S. Reiter-Theil et al., »Einstellungen von Klienten zur Eheberatung und Beratungserfolg«, in: *Familiendynamik* 10, 1985, S. 147–169; S. Klimek, »Ergebnisse einer empirischen Studie zur Untersuchung der Wirksamkeit von systemischer Familientherapie«, in: L. Reiter (Hrsg.), *Theorie und Praxis der systemischen Familientherapie*, 1986, S. 154–164.

109 Vgl. M. Talmon, *Single-Session-Therapy*, San Francisco 1990.

110 Vgl. K. I. Howard et al., »The dose-effect relationship in psychotherapy«, in: *American Psychologist* 41, 1986, S. 159–164.

111 Vgl. K. Ludewig, R. Schwarz und H. Kowerk, »Systemische Therapie mit Familien mit einem ›psychotischen‹ Jugendlichen«, in: *Familiendynamik* 9, 1984, S. 108–125; ders. und R. Schwarz, »Ambulante Familientherapie: Versuch einer empirischen Bewertung«, in: H. Remschmidt (Hrsg.), *Psychotherapie mit Kindern, Jugendlichen und Familien*, Stuttgart 1984, Band 1, S. 99–107; sowie

die unveröffentlichten Diplomarbeiten am Fachbereich Psychologie der Universität Hamburg von Raili Ludewig, Thomas Manthey und Stefan Scharowsky. Eine zusammenfassende Darstellung dieser Arbeiten erscheint voraussichtlich 1992 in *System Familie*.

112 N. A. Cummings, »The dismantling of our Health System. Strategies for the survival of psychological practice«, in: *American Psychologist* 41, 1986, S. 430.

Personenregister

Sachregister

Konzepte der Humanwissenschaften

Bücher bei Klett-Cotta für Sozial- und Erziehungsberufe.
Eine Auswahl.

Familiendynamik / Systemische Therapie

Peggy Papp:
Die Veränderung des Familiensystems
Aus dem Amerikanischen von Ulrike Stopfel.
1989. 292 Seiten, broschiert, ISBN 3-608-95463-5

Mara Selvini Palazzoli u. a.:
Paradoxon und Gegenparadoxon
Ein neues Therapiemodell für die Familie mit schizophrener Störung
Aus dem Italienischen von Georgine Steininger.
9. Auflage 1996. 167 Seiten, broschiert, ISBN 3-608-95375-2

Mara Selvini Palazzoli u. a.:
Die psychotischen Spiele in der Familie
Aus dem Italienischen von Ruth Ensslin-Frey.
2., in der Ausstattung veränderte Auflage, 1996.
402 Seiten, brosch., ISBN 3-608-91806-X

Mara Selvini Palazzoli:
Magersucht
Aus dem Amerikanischen von Hilde Weller.
6. Aufl. 1995. 331 Seiten, brosch., ISBN 3-608-95095-8

Steve de Shazer:
Wege der erfolgreichen Kurztherapie
Vorwort von John H. Weakland und Lyman C. Wynne.
Aus dem Amerikanischen von Ulrike Stopfel.
5. Aufl. 1995. 244 Seiten, brosch., ISBN 3-608-95505-4

Michael Wirsching / Helm Stierlin:
Krankheit und Familie
Konzepte – Forschungsergebnisse – Therapie.
2. Aufl. 1994. 292 S., broschiert, ISBN 3-608-95127-X

Konzepte der Humanwissenschaften

Bücher bei Klett-Cotta für Sozial- und Erziehungsberufe.
Eine Auswahl.

Familiendynamik / Systemische Therapie

Helm Stierlin / Ingeborg Rücker-Embden / Norbert Wetzel / Michael Wirsching

Das erste Familiengespräch

Theorie – Praxis – Beispiele.

7. Aufl. 1996. 225 S., broschiert, ISBN 3-608-95362-0

»Wer sich in seinem Beruf mit Familienauflösung, Delinquenz, Kindesmißhandlung, Drogen- und Suizidgefährdung und ähnlich schwerwiegenden Problemen konfrontiert sieht, findet in diesem Buch einen Ratgeber, der zuverlässig über Grenzen und Möglichkeiten der Familientherapie informiert.«

Praxis der Psychotherapie

Richard Fisch / John H. Weakland / Lynn Segal:

Strategien der Veränderung

Lösungen in der Kurzzeittherapie.

Aus dem Amerikanischen von Modeste zur Nedden Pferdekamp.

3. Aufl. 1996. 345 S., broschiert, ISBN 3-608-95358-2

Kurt Ludewig:

Systemische Therapie

Grundlagen klinischer Theorie und Praxis

3. Auflage 1995. 228 Seiten, broschiert, ISBN 3-608-91648-2

Hier finden Therapeuten und Studenten alle grundlegenden Informationen zur systemischen Therapie – eine neue Form der Psychotherapie, die versucht, das heutige Verständnis des Menschen als eines prinzipiell autonomen und kommunizierenden Lebewesens in die Praxis umzusetzen.

Salvador Minuchin / Bernice L. Rosman / Lester Baker:

Psychosomatische Krankheiten in der Familie

Aus dem Amerikanischen von Ulrike Stopfel.

6. Aufl. 1995. 387 S., broschiert, ISBN 3-608-95228-4